# 丛书编委会

**主编** 思 美

**编委**（以姓氏笔画为序）

于爱军　石惠文　付西猛　成　奇
成　虎　刘海生　孙有进　李中臣
吴成刚　赵冬冰　段廉洁　费清天
徐心悦　徐志华　徐建伟　徐森林
黄达鹏　章青海　梁　乐　梁海英
彭　泽　满　涛　颜胤豪

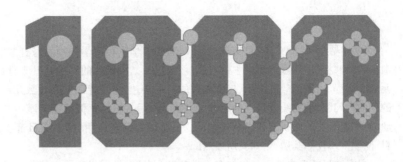

# 初中数学千题解

主编 思美

# 二次函数与相似

主编 成虎 付西猛

中国科学技术大学出版社

## 内容简介

《初中数学千题解》是"思美数学"团队为初中学生和数学教师量身打造的精品丛书.本分册由"二次函数"和"相似三角形"两个主题组成.前者包括二次函数的图像与基本性质、二次函数与不等式/一元二次方程、二次函数的应用、二次函数的新定义、抛物线背景下的代数几何综合问题、抛物线背景下的存在性问题、抛物线背景下的定值/最值问题;后者包括相似模型的基本类型、图形变化中的相似问题、与相似有关的面积问题以及勾股、全等、相似的综合运用.书中题目都有详解,并设"思路点拨"栏目,使学生不仅知其然,更知其所以然.

书中题目精选自全国各地知名中学的经典考题,具有很高的实战价值,同时兼顾了重点高中的自主招生考试.个别习题难度较大,适合尖子生研习.

## 图书在版编目(CIP)数据

二次函数与相似/成虎,付西猛主编.—合肥:中国科学技术大学出版社,2019.11(2024.9重印)

(初中数学千题解/思美主编)

ISBN 978-7-312-04803-6

Ⅰ.二… Ⅱ.①成… ②付… Ⅲ.中学数学课—初中—题解—升学参考资料 Ⅳ.G634.605

中国版本图书馆 CIP 数据核字(2019)第 242426 号

| | |
|---|---|
| 出版 | 中国科学技术大学出版社<br>安徽省合肥市金寨路 96 号,230026<br>http://press.ustc.edu.cn<br>https://zgkxjsdxcbs.tmall.com |
| 印刷 | 安徽国文彩印有限公司 |
| 发行 | 中国科学技术大学出版社 |
| 开本 | 787 mm×1092 mm  1/16 |
| 印张 | 18.5 |
| 字数 | 391 千 |
| 版次 | 2019 年 11 月第 1 版 |
| 印次 | 2024 年 9 月第 6 次印刷 |
| 印数 | 20001—24000 册 |
| 定价 | 48.00 元 |

# 总　　序

　　相遇,是多么动人的词语.茫茫人海中,我们因数学而相识,因数学而结缘.

　　2017年5月,我被邀请加入"浙江思美数学"微信群,里面汇聚了来自全国各地的近500位数学精英,有大咖,有职业教练,有一线数学教师,也有狂热的业余爱好者.虽然与他们未曾谋面,也与他们有着不同的背景和学历,我却特别感动,因为他们有诚挚的心,以及发自内心的对数学的痴迷和执着的追求,怀揣原创初中数学题的梦想,踏上了兢兢业业研发高端品牌教辅的创作之路.

　　数学之缘让一切等待不再是等待,因为这些数学爱好者选择了数学研究,一生因数学而生.他们大多数来自一线,从事过多年的数学教育培训,了解学生对数学知识的需求,掌握初中数学命题的规律,善于抓住数学教学中的重点,并巧妙攻克疑难问题.他们针对一线教学中遇到的问题,进行系统总结,摸索出一套解题方法,以题与解的形式呈现给读者.丛书定名为《初中数学千题解》,共分6册:《全等与几何综合》《反比例与最值问题》《二次函数与相似》《一次函数与四边形》《代数综合与圆》《中考压轴题》.丛书拒绝目前一些教辅图书粗制滥造的编写模式,每个题目都经过编者的精心研究,抓住中考数学难题的考查方向,以专题的形式深度剖析解题过程,从不同的角度给学生全程全方位的辅导,希望能够帮助学生从实践运用中找到突破口,寻找问题本质,发散数学思维,提升解题技能.书中的题目解法别致,精彩美妙,令人不禁感叹"高手在民间",相信它一定会给读者一种茅塞顿开之感,帮助读者从中领略到数学之美.

　　值此新书发行之际,我想对《初中数学千题解》说:"遇见你是广大读者的缘.祝贺浙江思美数学团队!希望你们为数学教育做出更大的努力和贡献."

2019年6月

# 前　言

又是金秋时节，硕果飘香，《初中数学千题解》第3册在读者的殷切期盼中终于出版了．回首第1册《全等与几何综合》和第2册《反比例与最值问题》的销量和口碑双丰收，编者备受鼓舞，竭尽全力地投入新书的创作，力求精益求精，使其成为学生学习数学的好帮手．

本书分为4个部分，由二次函数100题和相似三角形100题及其解析组成，紧扣课程标准，突出重点，注重启发引导、抽丝剥茧，提升学生的构思能力和解题能力．本书解析细致，推理严谨，通过思路点拨，一定会让学生面对数学问题时豁然开朗．本书也特别适合作为初中生中考、自主招生考试数学学科的教学辅导书．书中各章节知识点经过精心打磨，直剖问题本质，不仅破解了各类疑难问题，同时引导设问，循循善诱，使读者面对各类疑难问题时能够寻根究底．

我们希望这本书可以带给广大初中学子成功的体验，帮助大家领略"波澜壮阔之势，运筹帷幄之能，对称和谐之美，茅塞顿开之境"．

我们特别感谢中国科学技术大学苏淳教授对晚辈们的鼓励与支持，也非常感谢参与教研的广大数学题友，欢迎读者朋友加入QQ群731330929讨论交流．

书中可能存在不足与错误之处，望广大读者批评指正！

编　者

2019年10月

# 目　　录

总序 ... I

前言 ... III

第一部分　二次函数100题 ... 001

第二部分　二次函数100题解析 ... 055

第三部分　相似三角形100题 ... 145

第四部分　相似三角形100题解析 ... 199

# 第一部分　二次函数100题

```
二次函数 ┬─ 二次函数的图像与基本性质（1~10题）
        ├─ 二次函数与不等式、一元二次方程（11~20题）
        ├─ 二次函数的应用（21~25题）
        ├─ 二次函数的新定义（26~30题）
        ├─ 抛物线背景下的代数几何综合问题（31~60题）
        ├─ 抛物线背景下的存在性问题（61~80题）┬─ 等腰三角形存在性问题（61~64题）
        │                                    ├─ 直角三角形存在性问题（65~67题）
        │                                    ├─ 有关面积的存在性问题（68~71题）
        │                                    ├─ 全等三角形存在性问题（72~73题）
        │                                    ├─ 相似三角形存在性问题（74~76题）
        │                                    └─ 平行四边形存在性问题（77~80题）
        └─ 抛物线背景下的定值、最值问题（81~100题）┬─ 抛物线背景下的定值问题（81~86题）
                                                   └─ 抛物线背景下的最值问题（87~100题）┬─ 面积最值问题（87~90题）
                                                                                         ├─ 阿氏圆问题（91~93题）
                                                                                         ├─ 胡不归问题（94~97题）
                                                                                         └─ 线段和差的最值问题（98~100题）
```

1. 如图1.1所示,已知 $y=ax^2+bx+c$($a,b,c$是常数,$a\neq 0$)图像的一部分与 $x$ 轴的交点在点$(2,0)$和$(3,0)$之间,对称轴是 $x=1$.有下列说法:
① $ab<0$;
② $2a+b=0$;
③ $3a+c>0$;
④ $a+b\geqslant m(am+b)$($m$ 为实数);
⑤ 当 $-1<x<3$ 时,$y>0$.
其中正确的是( ).

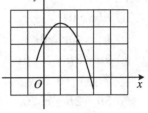

图1.1

A. ①②④  B. ①②⑤  C. ②③④  D. ①④⑤

2. 已知二次函数 $y=ax^2+bx+c$ 的图像如图1.2所示,分析下列四个结论:
① $abc<0$;② $b^2-4ac>0$;③ $3a+c>0$;④ $(a+c)^2<b^2$.
其中正确结论的个数为( ).
A. 1  B. 2  C. 3  D. 4

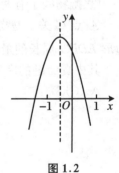

图1.2

3. 抛物线 $y=ax^2+bx+c$ 的对称轴为直线 $x=-1$,部分图像如图 1.3 所示. 有下列判断：

① $abc>0$；
② $b^2-4ac>0$；
③ $9a-3b+c=0$；
④ 若点 $(-0.5,y_1)$,$(-2,y_2)$ 均在抛物线上,则 $y_1>y_2$；
⑤ $5a-2b+c<0$.

其中正确的个数为(　　).

A. 2　　　　　　　B. 3

C. 4　　　　　　　D. 5

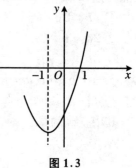

图 1.3

4. 抛物线 $y=-x^2+2x+m+1$ 交 $x$ 轴于点 $A(a,0)$ 和 $B(b,0)(a<b)$,交 $y$ 轴于点 $C$,抛物线的顶点为 $D$. 有下列四个命题：

① $x>0$ 时,$y>0$.
② 若 $a=-1$,则 $b=4$.
③ 抛物线上有两点 $P(x_1,y_1)$ 和 $Q(x_2,y_2)$,若 $x_1<1<x_2$,且 $x_1+x_2>2$,则 $y_1>y_2$.
④ 点 $C$ 关于抛物线对称轴的对称点为 $E$,点 $G$、$F$ 分别在 $x$ 轴和 $y$ 轴上,当 $m=2$ 时,四边形 $EDFG$ 周长的最小值为 $6\sqrt{2}$.

其中真命题的序号是(　　).

A. ①③　　　B. ③　　　C. ②④　　　D. ④

5. 函数 $y = ax^2 - 2x + 1$ 和 $y = ax - a$（$a$ 是常数，且 $a \neq 0$）在同一平面直角坐标系中的图像可能是（　　）.

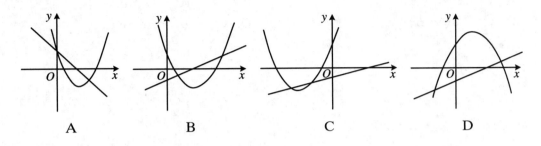

6. 已知二次函数 $y = ax^2 + bx + c$ 的图像如图 1.4 所示，则一次函数 $y = bx + a$ 与反比例函数 $y = \dfrac{a+b+c}{x}$ 在同一平面直角坐标系中的图像大致是（　　）.

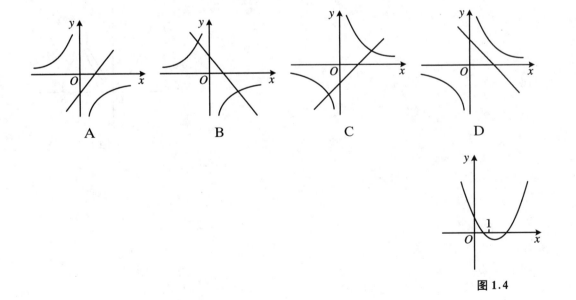

图 1.4

7. 已知抛物线 $C_1: y = ax^2 + bx + c$,抛物线 $C_2$ 与 $C_1$ 关于 $y$ 轴对称,抛物线 $C_3$ 与 $C_2$ 关于 $x$ 轴对称,则 $C_3$ 的解析式为( ).

A. $y = ax^2 - bx + c$ 
B. $y = -ax^2 - bx + c$
C. $y = -ax^2 + bx + c$ 
D. $y = -ax^2 + bx - c$

8. 如图1.5所示,在平面直角坐标系 $xOy$ 中,以扇形 $OAB$ 的顶点 $O$ 为原点,半径 $OB$ 所在的直线为 $x$ 轴,建立平面直角坐标系,点 $B$ 的坐标为 $(2,0)$,扇形的圆心角是 $60°$.若抛物线 $y = x^2 + k$ 与扇形 $OAB$ 的边界总有两个公共点,则实数 $k$ 的取值范围是_____.

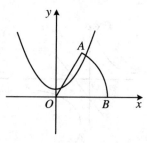

图1.5

9. 定义 $\{a,b,c\}$ 为函数 $y=ax^2+bx+c$ 的特征数,下面给出特征数为 $\{2m, 1-m, -1-m\}$ 时关于函数的一些结论,其中不正确的是( ).

A. 当 $m=-3$ 时,函数图像的顶点坐标是 $\left(\dfrac{1}{3}, \dfrac{8}{3}\right)$

B. 当 $m>0$ 时,函数图像截 $x$ 轴所得的线段长度大于 $\dfrac{3}{2}$

C. 当 $m\neq 0$ 时,函数图像恒过两个定点,且定点之间的距离为 $\dfrac{3\sqrt{3}}{2}$

D. 当 $m<0$ 时,函数在 $x<\dfrac{1}{4}$ 时,$y$ 随 $x$ 的增大而增大

10. 若不等式组 $\begin{cases} x>a+2 \\ x<3a-2 \end{cases}$ ($x$ 为未知数)无解,则函数 $y=(3-a)x^2-x+\dfrac{1}{4}$ 的图像与 $x$ 轴( ).

A. 相交于一点  B. 没有交点
C. 相交于一点或两点  D. 相交于一点或无交点

11. 已知二次函数 $y=-(x-h)^2$（$h$ 为常数），当自变量 $x$ 的值满足 $2\leqslant x\leqslant 5$ 时，与其对应的函数值 $y$ 的最大值为 $-1$，则 $h$ 的值为（　　）.

A. 3 或 6　　　　B. 1 或 6　　　　C. 1 或 3　　　　D. 4 或 6

12. 已知二次函数 $y=ax^2+2ax+3a^2+3$（其中 $x$ 是自变量），当 $x\geqslant 2$ 时 $y$ 随 $x$ 的增大而增大，且 $-2\leqslant x\leqslant 1$ 时 $y$ 的最大值为 9，则 $a$ 的值为（　　）.

A. 1 或 $-2$　　　B. $\pm\sqrt{2}$　　　C. $\sqrt{2}$　　　D. 1

13. 在平面直角坐标系 $xOy$ 中,已知点 $M(-1,2)$, $N(2,1)$,若抛物线 $y=ax^2-x+2$ ($a\neq 0$)与线段 $MN$ 有两个不同的交点,则 $a$ 的取值范围是(　　).

   A. $a\leqslant -1$ 或 $\dfrac{1}{4}\leqslant a<\dfrac{1}{3}$ 　　　　B. $\dfrac{1}{4}\leqslant a<\dfrac{1}{3}$

   C. $a\leqslant \dfrac{1}{4}$ 或 $a>\dfrac{1}{3}$ 　　　　D. $a\leqslant -1$ 或 $a\geqslant \dfrac{1}{4}$

14. 当 $-2\leqslant x\leqslant 1$ 时,二次函数 $y=-(x-m)^2+m^2+1$ 有最大值 4,则实数 $m$ 的值为(　　).

   A. $-\dfrac{7}{4}$ 　　　　B. $\pm\sqrt{3}$ 　　　　C. $-\sqrt{3}$ 或 2 　　　　D. $-\sqrt{3}$ 或 2 或 $-\dfrac{7}{4}$

15. 已知二次函数 $y_1 = ax^2 + bx + c$ 和 $y_2 = bx^2 + ax + c$，$a > b$，则下列说法正确的是（　　）.

　　A. 当 $x < 0$ 时，$y_1 < y_2$　　　　　　B. 当 $0 < x < 1$ 时，$y_1 < y_2$

　　C. 当 $0 < x < 1$ 时，$y_1 > y_2$　　　　D. 当 $x > 1$ 时，$y_1 < y_2$

16. 已知两点 $A(-5, y_1)$，$B(3, y_2)$ 均在抛物线 $y = ax^2 + bx + c\,(a \neq 0)$ 上，点 $C(x_0, y_0)$ 是该抛物线的顶点，若 $y_1 > y_2 \geqslant y_0$，则 $x_0$ 的取值范围是（　　）.

　　A. $x_0 > -5$　　　B. $x_0 > -1$　　　C. $-5 < x_0 < -1$　　　D. $-2 < x_0 < 3$

17. 若关于 $x$ 的方程 $m(x+h)^2+k=0$ ($m,h,k$ 均为常数,$m\neq 0$)的解是 $x_1=-3$, $x_2=2$,则方程 $m(x+h-3)^2+k=0$ 的解是(　　).

  A. $x_1=-6, x_2=-1$      B. $x_1=0, x_2=5$

  C. $x_1=-3, x_2=5$      D. $x_1=-6, x_2=2$

18. 设二次函数 $y_1=a(x-x_1)(x-x_2)$ ($a\neq 0, x_1\neq x_2$)的图像与一次函数 $y_2=dx+e$ 的图像交于 $(x_1,0)$. 若函数 $y=y_1+y_2$ 的图像与 $x$ 轴仅有一个交点,则(　　).

  A. $a(x_1-x_2)=d$      B. $a(x_2-x_1)=d$

  C. $a(x_1-x_2)^2=d$      D. $a(x_1+x_2)^2=d$

19. 已知抛物线 $y=ax^2+bx+c(a\neq 0)$ 与 $x$ 轴的交点坐标为 $(-1,0),(3,0)$，当 $-2\leqslant x\leqslant 5$ 时，$y$ 有最大值 12，则该抛物线的解析式为 $y=x^2-2x-3$ 或 $y=-3x^2+6x+9$ .

20. 已知二次函数 $y=ax^2+bx+c$，一次函数 $y=k(x-1)-\dfrac{1}{4}k^2$，若它们的图像对于任意实数 $k$ 都只有一个交点，则二次函数的解析式为 $y=x^2-2x+1$ .

21. 如图 1.6 所示,在矩形 $ABCD$ 中,$AB=a$,$BC=b$,$\dfrac{b}{3}\leqslant a\leqslant 3b$,$AE=AH=CF=CG$,则矩形 $ABCD$ 的内接四边形 $EFGH$ 面积的最大值是(    ).

A. $\dfrac{1}{16}(a+b)^2$    B. $\dfrac{1}{8}(a+b)^2$

C. $\dfrac{1}{4}(a+b)^2$    D. $\dfrac{1}{2}(a+b)^2$

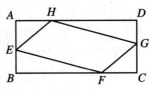

图 1.6

22. 如图 1.7 所示,$P$ 是边长为 $a$ 的正方形 $ABCD$ 对角线 $AC$ 上一动点(点 $P$ 与点 $A$、$C$ 不重合),点 $E$ 在 $BC$ 上,且 $PE=PB$.设 $AP=x$,问:当 $x$ 为何值时,$S_{\triangle PBE}$ 取得最大值?最大值是多少?

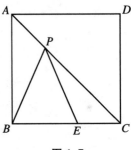

图 1.7

23. 某经销店代销一种不锈钢材料,当每吨售价为 2.6 万元时,月销售量为 45 吨. 为提高经营利润,准备采取降价的方式进行促销. 经市场调查发现,若每吨售价降低 1000 元,则月销售量就会增加 7.5 吨. 综合考虑各种因素,每售出 1 吨不锈钢材料共需支付 1 万元. 设月销售量为 $z$ 吨,每吨钢材售价为 $x$ 万元,该经销店的月利润为 $y$ 万元.

(1) 写出月销售量 $z$ 与售价 $x$ 之间的关系式.

(2) 求出 $y$ 与 $x$ 之间的函数关系式.

(3) 根据上述关系式,该店要获得最大月利润,售价应定为每吨多少万元?

(4) 求月销售额 $w$ 与 $x$ 之间的函数关系. 根据该关系式,要获得最大月销售额,售价应定为每吨多少万元?

24. 如图 1.8 所示,在四边形 $ABCD$ 中,$AD \parallel BC$,$AB = CD = AD = 6$,$\angle ABC = 60°$,点 $E$、$F$ 分别在线段 $AD$、$DC$ 上(点 $E$ 与点 $A$、$D$ 不重合),且 $\angle BEF = 120°$. 设 $AE = x$,$DF = y$,当 $x$ 何值时,$y$ 有最大值? 最大值是多少?

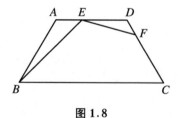

图 1.8

25. 如图1.9所示，$D$、$E$ 分别是 $\triangle ABC$ 的边 $BC$、$AB$ 上的点，$\triangle ABC$、$\triangle BDE$、$\triangle ACD$ 的周长分别记为 $c, c_1, c_2$. 已知 $\angle 1 = \angle 2 = \angle 3$，设 $y = \dfrac{c_1 + c_2}{c}$，求 $y$ 的最大值.

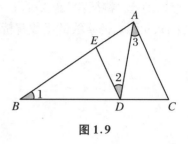

图1.9

26. 定义符号 $\min\{a, b\}$ 为：当 $a \geq b$ 时 $\min\{a, b\} = b$；当 $a < b$ 时 $\min\{a, b\} = a$. 例如，$\min\{1, -3\} = -3$，$\min\{-4, -2\} = -4$，则 $\min\{-x^2 + 1, -x\}$ 的最大值是（　　）.

A. $\dfrac{\sqrt{5} - 1}{2}$      B. $\dfrac{\sqrt{5} + 1}{2}$      C. 1      D. 0

27. 定义$\{a,b,c\}$为函数$y=ax^2+bx+c$的"特征数".

(1) 将"特征数"是$\{0,1,2\}$的函数图像向下平移一个单位,得到一个新函数,求这个新函数的解析式.

(2) 设"特征数"是$\{2m,1-m,-1-m\}(m\neq 0)$的函数图像恒过两个定点$A$、$B$,求经过$A$、$B$两点的直线的函数解析式.

28. 在平面直角坐标系$xOy$中,对于点$P(x,y)$,如果$Q(x,y')$的纵坐标满足$y'=\begin{cases}x-y(x\geqslant y)\\y-x(x<y)\end{cases}$,那么称点$Q$为点$P$的"关联点".

(1) 请直接写出点$(3,5)$的"关联点"的坐标:_____.

(2) 如果点$P$在函数$y=x-2$的图像上,其"关联点"$Q$与点$P$重合,求点$P$的坐标.

(3) 如果点$M(m,n)$的"关联点"$N$在函数$y=2x^2$的图像上,当$0\leqslant m\leqslant 2$时,求线段$MN$的最大值.

29. 定义:如果一条抛物线 $y=ax^2+bx+c(a\neq 0)$ 与 $x$ 轴有两个交点,那么以该抛物线的顶点和这两个交点为顶点的三角形称为这条抛物线的"直观三角形".

(1) 抛物线 $y=x^2-2\sqrt{3}x$ 的"直观三角形"是( ).

A. 等腰三角形 B. 等边三角形

C. 直角三角形 D. 等腰直角三角形

(2) 若抛物线 $y=ax^2+2ax-3a$ 的"直观三角形"是直角三角形,求 $a$ 的值.

(3) 如图 1.10 所示,面积为 $12\sqrt{3}$ 的矩形 $ABCO$ 的对角线 $OB$ 在 $x$ 轴的正半轴上,$AC$、$OB$ 交于点 $E$,若 $\triangle ABE$ 是抛物线 $y=ax^2+bx+c$ 的"直观三角形",求此抛物线的解析式.

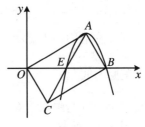

图 1.10

30. 定义:若抛物线 $y=ax^2+bx+c(a\neq 0)$ 的顶点在反比例函数 $y=\dfrac{k}{x}(k\neq 0)$ 的图像上,则称该抛物线为反比例函数的"思美抛物线".

(1) 若抛物线 $y=x^2-2x+c$ 为反比例函数 $y=\dfrac{3}{x}$ 的"思美抛物线",则 $c=$ _____.

(2) 如图 1.11 所示,在平面直角坐标系 $xOy$ 中,直线 $y=\dfrac{3}{4}x+m$ 交 $x$ 轴于点 $D$,交 $y$ 轴正半轴于点 $A$,交 $y=\dfrac{k}{x}(k>0, x>0)$ 图像于点 $B$.若菱形 $ABCO$ 的面积为 5,已知反比例函数的"思美抛物线" $y=-(x-b)^2+h$ 的顶点为 $B$,求该抛物线与 $x$ 轴的两个交点之间的距离.

(3) 如图 1.12 所示,在平面直角坐标系 $xOy$ 中,若反比例函数 $y=\dfrac{k}{x}(k>0, x>0)$ 的"思美抛物线"为 $y=\left(x-\dfrac{3}{n}\right)^2+4n$,点 $A$ 在反比例函数图像上,以 $OA$ 为直径的圆交 $x$ 轴于点 $B$,$\overset{\frown}{OBA}$ 的中点为 $C$,点 $C$ 在第四象限,直线 $CB$ 与 $OA$ 交于点 $D$,若 $CD=5\sqrt{2}$,$BD>BC$,求点 $A$ 的坐标.

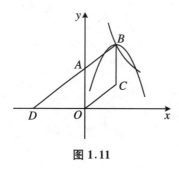

图 1.11

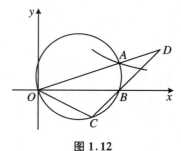

图 1.12

31. 如图 1.13 所示,在平面直角坐标系 $xOy$ 中,已知二次函数 $y=x^2-2x-3$ 的图像与 $x$ 轴交于 $A$、$B$ 两点,与 $y$ 轴交于点 $C$,点 $D$ 在线段 $AB$ 上,满足 $AD=AC$,动点 $P$ 从点 $A$ 出发,沿线段 $AB$ 以每秒 $1$ 个单位长度的速度运动,作 $PQ \perp CD$ 交 $BC$ 于点 $Q$,经过 $t$ 秒,线段 $CD$ 垂直平分 $PQ$,则 $t$ 等于( ).

A. $\dfrac{3}{2}$  B. $\dfrac{5}{2}$

C. $\dfrac{7}{3}$  D. $\dfrac{8}{3}$

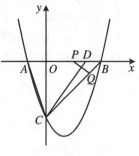

图 1.13

32. 如图 1.14 所示,在平面直角坐标系 $xOy$ 中,抛物线 $y=-\dfrac{1}{3}x^2+3$ 交 $x$ 轴于 $A$、$B$ 两点(点 $A$ 在点 $B$ 的左侧),交 $y$ 轴于点 $C$,点 $E$、$D$、$G$ 分别是线段 $AC$、$BC$、$AB$ 上异于端点的三个动点,始终满足 $\angle EDA=2\angle DAG=2\alpha$,$EG \perp AD$ 于点 $F$,设点 $G$ 的坐标为 $(t,0)$,则 $S_{\triangle ADB}$ 为( ).

A. $3(t+3)$  B. $\dfrac{3}{2}(t+3)$

C. $\dfrac{3}{2}t^2$  D. $\dfrac{1}{4}(t+3)^2$

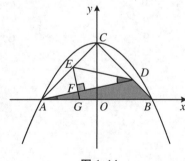

图 1.14

33. 已知抛物线 $y=-x^2+1$ 的顶点为 $P$，点 $A$ 是第一象限内该二次函数图像上一点，过点 $A$ 作 $x$ 轴的平行线交二次函数图像于点 $B$，交 $y$ 轴于点 $F$，分别过点 $B$、$A$ 作 $x$ 轴的垂线，垂足分别为 $C$、$D$，连接 $PA$、$PD$，$PD$ 交 $AB$ 于点 $E$，则 $\triangle PAD$ 与 $\triangle PEA$ 相似吗？（　　）

　　A. 始终不相似
　　B. 始终相似
　　C. 只有在 $AB=AD$ 时相似
　　D. 只有在 $AB=2AD$ 时相似

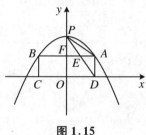

图 1.15

34. 如图 1.16 所示，在平面直角坐标系 $xOy$ 中，抛物线 $y=-x^2+2x+3$ 交 $x$ 轴于 $A$、$B$ 两点（点 $A$ 在点 $B$ 的左侧），交 $y$ 轴于点 $C$，直线 $y=kx+1(k>0)$ 与 $y$ 轴交于点 $F$，交线段 $BC$ 于点 $E$，当 $\dfrac{DE}{EF}$ 的值最大时，$k$ 为（　　）.

　　A. $\dfrac{5}{6}$ 　　B. $\dfrac{6}{7}$

　　C. $\dfrac{8}{9}$ 　　D. $\dfrac{11}{6}$

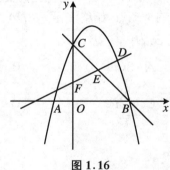

图 1.16

35. 如图 1.17 所示,在平面直角坐标系 $xOy$ 中,$A(12,0)$,$P$ 是线段 $OA$ 上异于端点的一动点,过 $P$、$O$ 两点的二次函数 $y_1$ 和过 $P$、$A$ 两点的二次函数 $y_2$ 的图像开口均向下,它们的顶点分别为 $B$、$C$,射线 $OB$ 与 $AC$ 相交于点 $D$,当 $OD=AD=8$ 时,这两个二次函数的最大值之和等于(    ).

A. 5

B. $2\sqrt{7}$

C. 8

D. 非定值,与点 $P$ 的位置有关

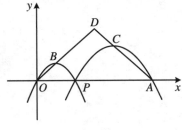

图 1.17

36. 如图 1.18 所示,在平面直角坐标系 $xOy$ 中,抛物线 $y=2x^2-2ax+b$ 与 $x$ 轴交于 $A(x_1,0)$、$B(x_2,0)(0<x_1<x_2)$ 两点,与 $y$ 轴交于点 $C$. 若 $AB=2$,$\dfrac{OB}{OC}=\dfrac{1}{2}$,则抛物线的解析式为_____.

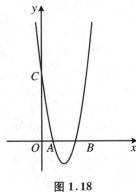

图 1.18

37. 如图1.19所示,在平面直角坐标系 $xOy$ 中,抛物线 $y=-x^2+6x-5$ 交 $x$ 轴于 $A$、$B$ 两点,交 $y$ 轴于点 $C$,连接 $AC$、$BC$,$M$ 是直线 $BC$ 上一动点,当 $AM$ 与 $BC$ 之间的夹角等于 $2\angle ACB$ 时,求点 $M$ 的坐标.

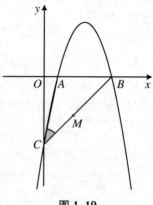

图 1.19

38. 如图1.20所示,在平面直角坐标系 $xOy$ 中,抛物线 $y=ax^2+bx+c(a<0)$ 交 $x$ 轴于 $A$、$B$ 两点,与 $y$ 轴交于点 $C$,且 $AC\perp BC$,线段 $AB$ 上有一点 $D$,满足 $AC=AD$,线段 $AC$ 的中点为 $E$,且 $\angle CDE=45°$. 若 $A\left(-\dfrac{32}{5},0\right)$,$S_{CEDB}=\dfrac{72}{5}$,则抛物线的对称轴为 _____.

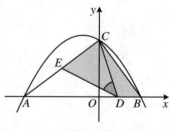

图 1.20

39. 如图1.21所示,在平面直角坐标系 $xOy$ 中,抛物线 $y=-\dfrac{\sqrt{3}}{9}(x+4)(x-9)$ 与 $x$ 轴交于 $A$、$B$ 两点(点 $A$ 在点 $B$ 的左侧),与 $y$ 轴交于点 $D$,过点 $B$ 的直线 $y=-\sqrt{3}x+b$ 在第一象限内有一动点 $C$,连接 $AC$,交 $y$ 轴于点 $G$,过点 $D$ 作 $DF\perp AC$ 于点 $F$,交 $x$ 轴于点 $E$. 若 $BC=2$,则:

(1) $\tan\angle DEA =$ _____ ;

(2) $DG =$ _____ ;

(3) $S_{ABCD} =$ _____ .

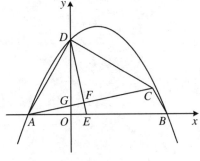

图 1.21

40. 如图1.22所示,在平面直角坐标系 $xOy$ 中,抛物线 $y=ax(x-6)$ $(a<0)$ 与 $x$ 轴交于 $O$、$A$ 两点,点 $B(m,m)$ $(m>0)$ 在抛物线上,作 $OD\perp AB$ 于点 $D$,点 $D$ 在线段 $AB$ 上. 若 $OD=4BD$,则 $a=$ _____ .

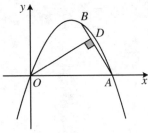

图 1.22

41. 如图 1.23 所示,抛物线 $y=-x^2+2x+3$ 的图像与 $x$ 轴交于 $A$、$B$ 两点(点 $A$ 在 $x$ 轴的负半轴上),点 $D$ 是 $x$ 轴下方抛物线上一点,连接 $BD$、$AD$. 若 $\angle ADB + 2\angle DAB = 90°$,则点 $D$ 的坐标为_____.

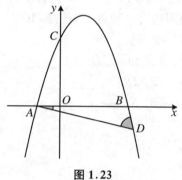

图 1.23

42. 如图 1.24 所示,在平面直角坐标系 $xOy$ 中,抛物线 $y=-\dfrac{\sqrt{3}}{6}(x+2)(x-2\sqrt{3})$ 与 $x$ 轴交于 $A$、$B$ 两点(点 $A$ 在点 $B$ 的左侧),与 $y$ 轴交于点 $C$,线段 $OB$ 上有一点 $D$,连接 $CD$,点 $E$ 为 $CD$ 的中点,连接 $BE$. 若 $\angle BED = 45°$,则 $BD =$_____.

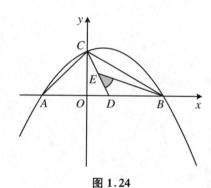

图 1.24

43. 如图 1.25 所示，在平面直角坐标系 $xOy$ 中，抛物线 $y=-\dfrac{3}{4}(x+1)(x-4)$ 与 $x$ 轴的正半轴交于点 $A$，与 $y$ 轴交于点 $B$，在 $x$ 轴上有一动点 $E(m,0)(0<m<4)$，作 $EP\perp x$ 轴于点 $E$，交抛物线于点 $P$，交 $AB$ 于点 $N$，作 $PM\perp AB$ 于点 $M$. 设 $\triangle PMN$ 的周长为 $c_1$，$\triangle AEN$ 的周长为 $c_2$，若 $\dfrac{c_1}{c_2}=\dfrac{6}{5}$，则 $m=$ _____ .

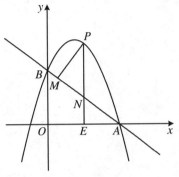

图 1.25

44. 如图 1.26 所示，在平面直角坐标系 $xOy$ 中，抛物线 $y=\dfrac{1}{2}x^2-nx+\dfrac{1}{2}n^2+\dfrac{6}{n}$ ($n>0$) 的顶点为 $A$，反比例函数 $y=\dfrac{k}{x}(k>0,x>0)$ 的图像过点 $A$，$B$ 为反比例函数上一点，作 $BD\perp x$ 轴于点 $D$，直线 $y=mx+b$ 过点 $B$，交 $x$ 轴于点 $C$，交 $y$ 轴于点 $E$，连接 $ED$. 若 $S_{\triangle COE}=4$，则 $S_{\triangle EOD}=$ _____ .

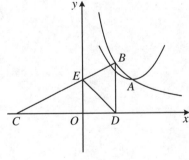

图 1.26

45. 如图 1.27 所示,在平面直角坐标系 $xOy$ 中,抛物线 $y = \frac{1}{\sqrt{3}}x^2 - \sqrt{3}$ 与 $x$ 轴交于 $A$、$B$ 两点(点 $A$ 在点 $B$ 的左侧),与 $y$ 轴交于点 $C$,连接 $BC$,点 $D$ 在 $x$ 轴上方的抛物线上,使得 $\angle DCB = 15°$,则点 $D$ 的坐标为_____.

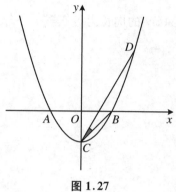

图 1.27

46. 如图 1.28 所示,在平面直角坐标系 $xOy$ 中,抛物线 $y = -x^2 + 4x - 3$ 交 $x$ 轴于 $A$、$B$ 两点(点 $A$ 在点 $B$ 的左侧),交 $y$ 轴于点 $C$,若直线 $BC$ 下方的抛物线上存在点 $P$,使得 $\angle ACB = \angle BCP$,则点 $P$ 的坐标为_____.

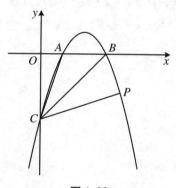

图 1.28

47. 如图1.29所示,抛物线 $y = ax^2 - 4ax + c$ 经过点 $A(0,2)$,顶点 $B$ 的纵坐标为3.将直线 $AB$ 向下平移,与 $x$ 轴、$y$ 轴分别交于点 $C$、$D$,与抛物线的一个交点为 $P$. 若 $D$ 是线段 $CP$ 的中点,则点 $P$ 的坐标为_____.

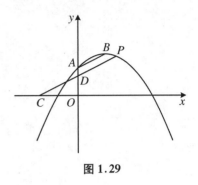

图 1.29

48. 如图1.30所示,在平面直角坐标系 $xOy$ 中,抛物线 $y = -(x+1)(x-5)$ 与 $x$ 轴的正半轴交于点 $A$,与 $y$ 轴交于点 $C$,点 $B$ 位于 $x$ 轴上点 $A$ 右侧,连接 $AC$、$BC$,作 $AD \perp BC$ 于点 $D$,直线 $y = x$ 交 $AC$、$BC$ 分别于点 $F$、$E$. 若 $\dfrac{BD}{CD} = \dfrac{3}{10}$,则:

(1) 点 $B$ 的坐标为_____;

(2) $OE = $_____.

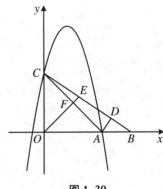

图 1.30

49. 如图1.31所示,在平面直角坐标系 $xOy$ 中,抛物线 $y=ax^2+bx+c(a<0)$ 与 $x$ 轴交于 $A(-1,0)$、$B$ 两点,与 $y$ 轴交于点 $C$,且 $\tan\angle ACB=2$,抛物线的对称轴为 $x=1$,则抛物线的解析式为_____.

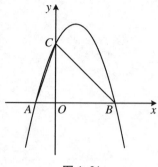

图1.31

50. 如图1.32所示,在平面直角坐标系 $xOy$ 中,抛物线 $y=-\dfrac{1}{2}(x+1)(x-6)$ 交 $x$ 轴于点 $A$、$B$,交 $y$ 轴于点 $C$,点 $D$ 为第一象限抛物线上的点.若 $\tan\angle BDC=3$,则点 $D$ 的坐标为_____.

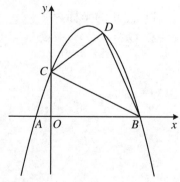

图1.32

51. 如图 1.33 所示,在平面直角坐标系 $xOy$ 中,抛物线 $y = ax^2 + bx$ 与 $x$ 轴正半轴交于点 $C$,直线 $CD$ 交 $y$ 轴正半轴于点 $D$,抛物线的对称轴交 $CD$ 于点 $E$,交 $x$ 轴于点 $P$. 连接 $OE$,点 $A$ 在线段 $CD$ 上,过点 $A$ 作 $OE$ 的垂线,垂足为点 $F$,交 $y$ 轴正半轴于点 $B$. 若 $\dfrac{AB}{AC} = \dfrac{1}{3}$,$AF = OF$,则 $\dfrac{DA}{DC} = $ _____ .

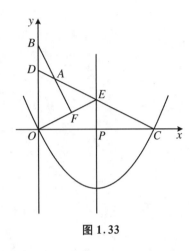

图 1.33

52. 如图 1.34 所示,在平面直角坐标系 $xOy$ 中,抛物线 $y = x^2 - 2x + 4$ 的顶点为 $D$,与 $y$ 轴交于点 $C$,直线 $y = -\dfrac{1}{3}x + 8$ 与 $y$ 轴交于点 $A$,与抛物线在第一象限交于点 $B$,连接 $BC$、$BD$,则 $\angle ABC - \angle CBD = $ _____ .

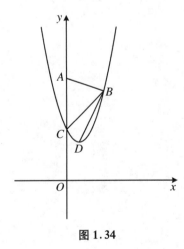

图 1.34

53. 如图 1.35 所示,在平面直角坐标系 $xOy$ 中,抛物线过点 $A(-1,0)$、$B(4,0)$,与 $y$ 轴交于点 $C$,且 $\angle ACB = 90°$,$M$ 是第一象限中抛物线上一动点,$MH \perp x$ 轴于点 $H$,$MF \perp y$ 轴于点 $F$,$MH$ 交 $BC$ 于点 $N$,连接 $FN$. 若点 $M$ 使得 $\angle FNM$ 与 $\triangle ABC$ 中的某个内角互余,则点 $M$ 的坐标为_____.

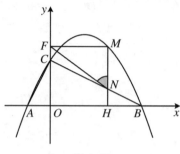

图 1.35

54. 如图 1.36 所示,在平面直角坐标系 $xOy$ 中,抛物线 $y = \dfrac{1}{2}x^2 - 2x - n\,(n > 0)$ 与 $x$ 轴交于 $A$、$B$ 两点(点 $A$ 在点 $B$ 的左侧),与 $y$ 轴的交点为 $C$,过点 $A$ 作直线 $BC$ 的平行线交抛物线于另一点 $D$,交 $y$ 轴于点 $E$. 若 $\dfrac{AE}{ED} = \dfrac{1}{3}$,则 $n = $_____.

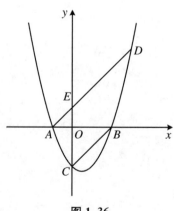

图 1.36

55. 如图 1.37 所示,在平面直角坐标系 $xOy$ 中,抛物线 $y = x^2 - 2x - 3$ 交 $x$ 轴于 $A$、$B$ 两点(点 $A$ 在点 $B$ 的左侧),交 $y$ 轴于点 $C$,直线 $y = kx$ 交抛物线于 $D$、$E$ 两点(点 $D$ 在点 $E$ 的左侧).

(1) 当 $DO = EO$ 时, $k =$ _____ ;

(2) 当 $\triangle CDE$ 的面积为 6 时, $k =$ _____ .

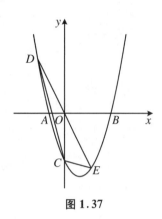

图 1.37

56. 如图 1.38 所示,在平面直角坐标系 $xOy$ 中,抛物线 $y = -\dfrac{4}{15}(x+3)(x-5)$ 交 $y$ 轴于点 $A$,交 $x$ 轴正半轴于点 $C$,$AB \perp y$ 轴在第一象限交抛物线于点 $B$,点 $D$ 为 $y$ 轴上一动点,连接 $BD$、$CD$.当 $\angle BDC$ 取得最大值时,$OD =$ _____ .

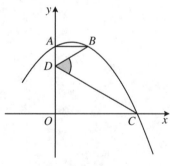

图 1.38

57. 如图1.39所示,在平面直角坐标系 $xOy$ 中,抛物线 $y=-2x^2+4x+6$ 交 $x$ 轴于 $A$、$B$ 两点(点 $A$ 在点 $B$ 的左侧),交 $y$ 轴于点 $C$,顶点为 $D$,点 $P$ 是抛物线的对称轴上一点,⊙$P$ 经过 $A$、$B$ 两点.若⊙$P$ 与直线 $CD$ 相切,则点 $P$ 的坐标为_____.

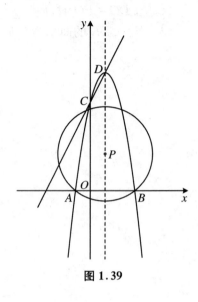

图1.39

58. 如图1.40所示,在平面直角坐标系 $xOy$ 中,抛物线 $y=-\dfrac{1}{2}(x+1)(x-3)$ 与 $y$ 轴交于点 $A$,与 $x$ 轴交于点 $B$、$C$(点 $B$ 在点 $C$ 的左侧),连接 $AB$、$AC$.设 $\angle ABC=\beta$,将线段 $AC$ 绕点 $A$ 逆时针旋转 $2\beta$ 得到线段 $AD$,连接 $BD$,则 $BD=$_____.

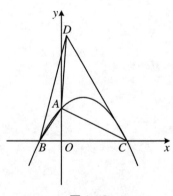

图1.40

59. 如图 1.41 所示,在平面直角坐标系 $xOy$ 中,△$AOB$ 为等腰直角三角形,∠$OAB = 90°$,点 $B(-4,0)$,过点 $C(4,0)$ 的直线交 $AB$ 于点 $P$,交 $AO$ 于点 $Q$,以 $P$ 为顶点的抛物线经过点 $A$,当△$APQ$ 和△$COQ$ 的面积相等时,则抛物线的解析式为_____.

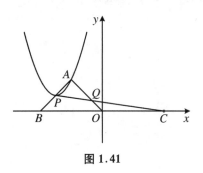

图 1.41

60. 如图 1.42 所示,已知直线 $y = -\dfrac{3}{4}x + 3$ 分别交 $x$ 轴、$y$ 轴于 $A$、$B$ 两点,线段 $OA$ 上有一动点 $P$ 由原点向点 $A$ 运动,速度为每秒 1 个单位长度,过点 $P$ 作 $x$ 轴的垂线交直线 $AB$ 于点 $C$. 设运动时间为 $t$ 秒,以 $C$ 为顶点的抛物线 $y = (x-m)^2 + n$ 与直线 $AB$ 的另一交点为 $D$,设△$COD$ 的 $OC$ 边上的高为 $h$,当 $t = $_____时,$h$ 的值最大.

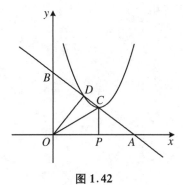

图 1.42

61. 如图 1.43 所示,在平面直角坐标系 $xOy$ 中,抛物线 $y=-\dfrac{1}{2}(x+2)(x-4)$ 与 $x$ 轴交于 $A$、$B$ 两点(点 $A$ 在点 $B$ 的左侧),与 $y$ 轴交于点 $C$,在抛物线的对称轴上有一动点 $P$. 是否存在点 $P$ 使得 $\triangle ACP$ 为等腰三角形? 如果存在,请求出点 $P$ 的坐标;如果不存在,请说明理由.

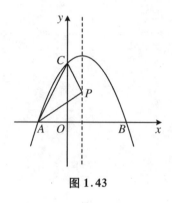

图 1.43

62. 如图 1.44 所示,在平面直角坐标系 $xOy$ 中,抛物线 $y=\dfrac{1}{2}x^2-3x-8$ 与 $x$ 轴交于 $A$、$B$ 两点(点 $A$ 在点 $B$ 的左侧),与 $y$ 轴交于点 $C$,直线 $l:y=-\dfrac{4}{3}x$ 与抛物线在第四象限的交点为 $D$. 若 $P$ 是 $y$ 轴负半轴上的一个动点,直线 $PB$ 与直线 $l$ 交于点 $Q$,是否存在点 $P$ 使得 $\triangle OPQ$ 是等腰三角形? 如果存在,请求出所有满足题意的点 $P$ 的坐标;如果不存在,请说明理由.

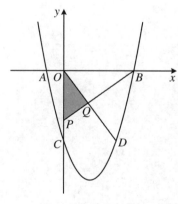

图 1.44

63. 如图 1.45 所示,在平面直角坐标系 $xOy$ 中,抛物线 $y=-\dfrac{1}{2}x^2+4x$ 的顶点为 $A$,与 $x$ 轴交于点 $C$,作 $AB\perp x$ 轴于点 $B$,四边形 $ABCD$ 为矩形,动点 $P$ 从点 $A$ 出发,沿线段 $AB$ 向终点 $B$ 运动,同时点 $Q$ 从点 $C$ 出发,沿线段 $CD$ 向终点 $D$ 运动,速度均为每秒 1 个单位长度,运动时间为 $t$ 秒,过点 $P$ 作 $PE\perp AB$ 交 $AC$ 于点 $E$,连接 $EQ$,在点 $P$、$Q$ 运动的过程中,有几个时刻使得 △$CEQ$ 为等腰三角形?求出相应的 $t$ 的值.

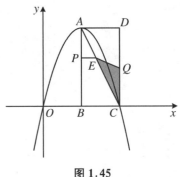

图 1.45

64. 如图 1.46 所示,在平面直角坐标系 $xOy$ 中,抛物线 $y=-\dfrac{4}{15}(x+3)(x-5)$ 交 $x$ 轴于点 $C$,交 $y$ 轴于点 $A$,$AB\perp y$ 轴在第一象限交抛物线于点 $B$,点 $D$ 是线段 $AO$ 上一动点,连接 $CD$、$BD$,抛物线的对称轴分别交 $CD$、$BD$ 于点 $F$、$E$,交 $AB$ 于点 $P$,交 $x$ 轴于点 $Q$.当 △$DEF$ 为等腰三角形时,求点 $D$ 的坐标.

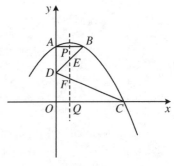

图 1.46

65. 如图1.47所示,在平面直角坐标系 $xOy$ 中,抛物线 $y = \frac{1}{2}x^2 - \frac{3}{2}x + 1$ 与 $x$ 轴交于点 $B$、$C$(点 $B$ 在点 $C$ 的左侧),与 $y$ 轴交于点 $A$,过点 $A$ 的直线与 $x$ 轴交于 $D(-2,0)$,与抛物线交于点 $E$,一动点 $P$ 在 $x$ 轴上移动,当△$PAE$ 是直角三角形时,求点 $P$ 的坐标.

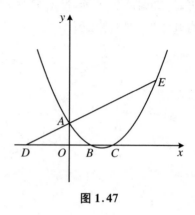

图1.47

66. 如图1.48所示,在平面直角坐标系 $xOy$ 中,抛物线 $y = -x^2 + 2x + 3$ 与 $y$ 轴交于点 $A$,与 $x$ 轴交于 $B$、$E$ 两点(点 $B$ 在点 $E$ 的左侧),连接 $AE$,$P$ 为直线 $AE$ 上方抛物线上的一点,点 $P$ 的横坐标为 $t$,是否存在点 $P$,使得△$PAE$ 为直角三角形?若存在,求出 $t$ 的值;若不存在,说明理由.

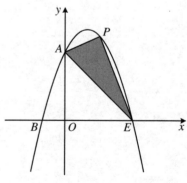

图1.48

67. 如图 1.49 所示,在平面直角坐标系 $xOy$ 中,抛物线 $y=-\dfrac{3}{8}x^2-\dfrac{3}{4}x+3$ 与 $x$ 轴交于 $A$、$B$ 两点(点 $A$ 在点 $B$ 的左侧),与 $y$ 轴交于点 $C$. 已知直线 $l$ 过点 $E(4,0)$,点 $M$ 为直线 $l$ 上的一个动点,若以 $A$、$B$、$M$ 为顶点所作的直角三角形有且只有三个,求直线 $l$ 的表达式.

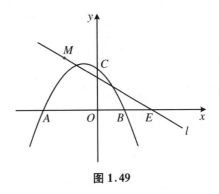

图 1.49

68. 如图 1.50 所示,在平面直角坐标系 $xOy$ 中,$y=-\dfrac{2}{3}(x-1)(x+3)$ 的图像与 $x$ 轴交于 $A$、$B$ 两点(点 $A$ 在点 $B$ 的左侧),与 $y$ 轴交于点 $C$,点 $P$ 是直线 $AC$ 上方的抛物线上一动点,使 $\triangle ACP$ 的面积为整数的点 $P$ 有几个?说明理由.

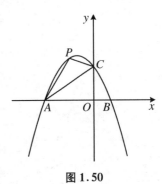

图 1.50

69. 如图 1.51 所示,在平面直角坐标系 $xOy$ 中,抛物线 $y=-(x+1)(x-3)$ 与 $x$ 轴交于 $A$、$B$ 两点(点 $A$ 在点 $B$ 的左侧),与 $y$ 轴交于点 $C$,抛物线的对称轴与抛物线交于点 $P$,与 $x$ 轴交于点 $G$,与直线 $BC$ 交于点 $M$,连接 $PB$.抛物线上是否存在点 $Q$(除点 $P$ 以外),使得 $\triangle QMB$ 与 $\triangle PMB$ 的面积相等? 若存在,请求出点 $Q$ 的坐标;若不存在,请说明理由.

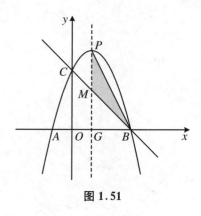

图 1.51

70. 如图 1.52 所示,在平面直角坐标系 $xOy$ 中,抛物线 $y=-(x+1)(x-3)$ 与 $x$ 轴正半轴交于点 $A$,与 $y$ 轴交于点 $B$.设 $Q$ 为抛物线上一动点,若抛物线上有且只有三个点 $Q$ 使得 $S_{\triangle ABQ}=m$,求 $m$ 的值.

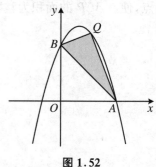

图 1.52

71. 如图1.53所示,在平面直角坐标系 $xOy$ 中,抛物线 $y=-(x+1)(x-3)$ 与 $x$ 轴交于 $A$、$B$ 两点(点 $A$ 在点 $B$ 的左侧),点 $P$ 为对称轴右侧、$x$ 轴上方抛物线上一点,过点 $P$ 作 $PE \perp x$ 轴于点 $E$,以 $AE$、$PE$ 为邻边作矩形 $AEPC$,$PC$ 交抛物线于点 $D$,连接 $CE$、$BD$、$AP$,$CE$ 与 $AP$ 交于点 $F$,$DB$ 交 $PE$ 于点 $H$,交 $AP$ 于点 $G$.若 $S_{GFEB} = 2S_{DCFG}$,求点 $P$ 的坐标.

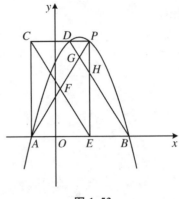

图 1.53

72. 如图1.54所示,在平面直角坐标系 $xOy$ 中,抛物线 $y = x^2 - 4x - 5$,点 $M$ 的坐标为 $(7,0)$,过抛物线上的一点 $D$(在 $x$ 轴的下方)作 $DE \parallel x$ 轴,与抛物线的另一个交点为点 $E$,作 $DF \perp x$ 轴于点 $F$,已知在线段 $DF$ 上存在点 $P$,使得 $\triangle PED \cong \triangle MPF$,则所有满足题意的点 $D$ 的横坐标的和为(    ).

A. 3  B. 5  C. $\dfrac{5+\sqrt{17}}{2}$  D. $\dfrac{15-3\sqrt{17}}{2}$

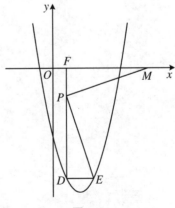

图 1.54

73. 如图 1.55 所示，在平面直角坐标系 $xOy$ 中，抛物线 $y=-\dfrac{1}{3}x^2+\dfrac{2\sqrt{3}}{3}x+3$ 与 $x$ 轴交于 $A$、$B$ 两点（点 $A$ 在点 $B$ 的左侧），与 $y$ 轴交于点 $C$，直线 $BC$ 与抛物线的对称轴交于点 $D$，该抛物线的顶点为 $P$，连接 $PA$、$AD$．在 $y$ 轴或抛物线的对称轴上是否存在一点 $Q$，使得以 $Q$、$C$、$D$ 为顶点的三角形与 $\triangle ADP$ 全等？若存在，求出点 $Q$ 的坐标；若不存在，请说明理由．

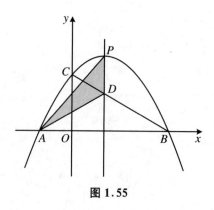

图 1.55

74. 如图 1.56 所示，在平面直角坐标系 $xOy$ 中，抛物线 $y=x^2-1$ 与 $x$ 轴交于 $A$、$B$ 两点（点 $A$ 在点 $B$ 的左侧），与 $y$ 轴交于点 $C$，过点 $A$ 作 $AP\parallel CB$ 交抛物线于点 $P$，在 $x$ 轴上方的抛物线上有一动点 $M$，过点 $M$ 作 $MG\perp x$ 轴于点 $G$．若以 $A$、$M$、$G$ 三点为顶点的三角形与 $\triangle PCA$ 相似，求点 $M$ 的坐标．

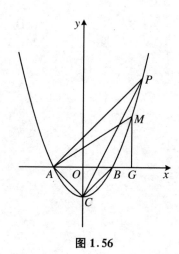

图 1.56

75. 如图 1.57 所示,在平面直角坐标系 $xOy$ 中,抛物线 $y=\dfrac{1}{2}x^2-\dfrac{3}{2}x-2$ 与 $x$ 轴交于 $A$、$B$ 两点(点 $A$ 在点 $B$ 的左侧),已知点 $D(1,n)$ 在抛物线上,过点 $A$ 且平行于 $BD$ 的直线交抛物线于另一点 $E$.若点 $P$ 在 $x$ 轴上,是否存在这样的点 $P$,使得以点 $P$、$B$、$D$ 为顶点的三角形与 $\triangle AEB$ 相似?若存在,求出所有符合条件的点 $P$ 的坐标;若不存在,请说明理由.

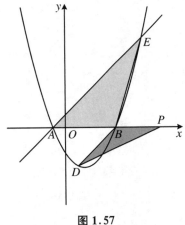

图 1.57

76. 如图 1.58 所示,在平面直角坐标系 $xOy$ 中,抛物线 $y=\dfrac{1}{2}x^2-4x+6$ 与 $y$ 轴交于 $A$ 点,已知点 $Q(7,n)$ 在抛物线上,抛物线的顶点为 $D$,连接 $AQ$ 交抛物线的对称轴于点 $E$,点 $E$ 关于点 $D$ 的对称点为点 $F$,抛物线的对称轴交 $x$ 轴于点 $G$,连接 $AF$、$QF$ 分别交 $x$ 轴于点 $B$、$C$.点 $P$ 为点 $A$ 下方 $y$ 轴上一动点,是否存在点 $P$,使得 $\triangle AFP$ 与 $\triangle FDQ$ 相似?若存在,求出所有符合条件的点 $P$ 的坐标;若不存在,请说明理由.

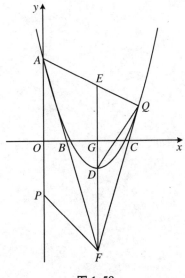

图 1.58

77. 如图1.59所示,在平面直角坐标系 $xOy$ 中,抛物线 $y=-x^2-2x+3$ 与 $x$ 轴交于 $A$、$B$ 两点(点 $A$ 在点 $B$ 的左侧),与 $y$ 轴交于点 $C$,顶点为 $P$,$D$ 为平面内一动点,如果以点 $P$、$A$、$C$、$D$ 为顶点的四边形是平行四边形,求点 $D$ 的坐标.

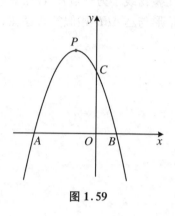

图1.59

78. 如图1.60所示,在平面直角坐标系 $xOy$ 中,抛物线 $y=-\dfrac{\sqrt{3}}{9}(x+9)(x-3)$ 与 $x$ 轴交于 $A$、$B$ 两点(点 $A$ 在点 $B$ 的左侧),顶点为 $C$,延长 $AC$ 交 $y$ 轴于点 $D$,点 $F$ 为抛物线上一点,点 $N$ 为抛物线的对称轴上一点,若以 $A$、$D$、$F$、$N$ 为顶点的四边形为平行四边形,求点 $F$ 的坐标.

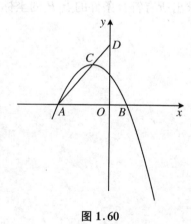

图1.60

79. 如图 1.61 所示,在平面直角坐标系 $xOy$ 中,抛物线 $y=-x^2+\dfrac{9}{2}x+1$ 与 $y$ 轴交于点 $A$,过点 $A$ 的直线交抛物线第一象限的图像于 $B(4,b)$,交 $x$ 轴于点 $D$,连接 $BO$,作 $BC\perp x$ 轴于点 $C$,平行于 $y$ 轴的直线交线段 $AB$ 于点 $N$,交抛物线于点 $M$.若四边形 $MNCB$ 是平行四边形,求 $\tan\angle ABO$ 和点 $M$ 的坐标.

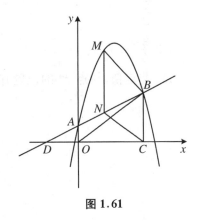

图 1.61

80. 如图 1.62 所示,在平面直角坐标系 $xOy$ 中,抛物线 $y=x^2-2x+a(a<0)$ 与 $y$ 轴交于点 $A$,顶点为 $M$,直线 $y=\dfrac{1}{2}x-a$ 与 $x$ 轴、$y$ 轴分别交于 $B$、$C$ 两点,与直线 $AM$ 交于点 $N$.

(1) 用含 $a$ 的代数式表示点 $N$ 的坐标.

(2) 如图(a)所示,若将△$NAC$ 沿 $y$ 轴翻折,点 $N$ 的对称点 $Q$ 恰好落在抛物线上,求 $a$.

(3) 如图(b)所示,抛物线上 $y$ 轴右侧是否存在一点 $P$,使得以 $P$、$A$、$C$、$N$ 为顶点的四边形是平行四边形?若存在,求出点 $P$ 的坐标;若不存在,请说明理由.

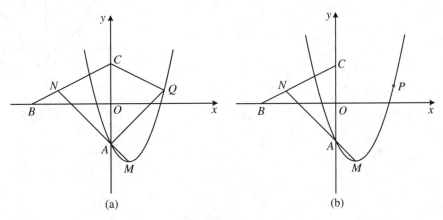

图 1.62

81. 如图 1.63 所示,已知抛物线 $y=x^2-2x-3$ 与 $x$ 轴交于 $A$、$B$ 两点(点 $A$ 在点 $B$ 的左侧),交 $y$ 轴于点 $C$,点 $M$ 是线段 $BC$ 上异于端点的一动点,$MN\perp AC$ 于点 $N$,直线 $l$ 过点 $C$ 且与 $x$ 轴平行,$MG\perp l$ 于点 $G$,则 $\tan\angle NGC$ 为( ).

A. $\dfrac{1}{2}$

B. $\dfrac{1}{3}$

C. $\dfrac{3}{4}$

D. 非定值,与点 $M$ 的位置有关

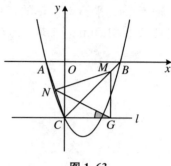

图 1.63

82. 如图 1.64 所示,已知在平面直角坐标系 $xOy$ 中,定点 $C(0,c)(c<0)$,$M$ 为 $y$ 轴上一定点,过点 $M$ 任作直线交抛物线 $y=kx^2(k>0)$ 于点 $A$、$B$,连接 $AC$、$BC$.若定点 $M$ 使得 $\triangle ABC$ 的内心总是在 $y$ 轴上,则线段 $MC$ 的长度为( ).

A. $2c$ B. $3c$ C. $-2c$ D. $-4c$

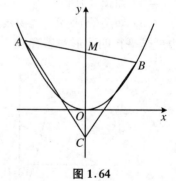

图 1.64

83. 如图 1.65 所示,在平面直角坐标系 $xOy$ 中,抛物线 $y=ax^2+bx+c(a<0)$ 与 $x$ 轴交于 $A$、$B$ 两点($A$、$B$ 两点分别位于 $y$ 轴两侧,点 $A$ 在 $x$ 轴的负半轴),交 $y$ 轴于点 $C$,点 $G$ 为第一象限抛物线上一动点,连接 $CG$、$BC$,将线段 $CG$ 绕点 $C$ 逆时针旋转 $90°$ 得到 $CD$,点 $D$ 落在第一象限,连接 $DG$,点 $G$ 关于 $BC$ 的对称点为 $H$,连接 $DH$、$GH$,$DH$ 交 $BC$ 于点 $E$,$GH$ 交 $BC$ 于点 $F$.下列结论正确的是( ).

A. $\angle CED$ 为定值,$\dfrac{CF}{DE}=\dfrac{2}{\sqrt{5}}$ 为定值

B. $\angle CED$ 为非定值,$\dfrac{CF}{DE}=\dfrac{1}{\sqrt{2}}$ 为定值

C. $\angle CED$,$\dfrac{CF}{DE}$ 均为非定值,与抛物线本身以及点 $G$ 的位置有关

D. $\angle CED$ 为定值,$\dfrac{CF}{DE}=\dfrac{1}{\sqrt{2}}$ 为定值

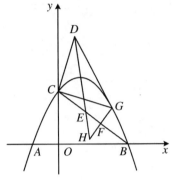

图 1.65

84. 如图 1.66 所示,在平面直角坐标系 $xOy$ 中,直线 $y=-2x+8$ 与 $y$ 轴交于点 $A$,抛物线 $y=x^2-2x+4$ 与 $y$ 轴交于点 $C$,直线 $y=kx(k\neq 0)$ 与抛物线交于不同的两点 $P$、$Q$(点 $P$ 在点 $Q$ 的左侧),并与直线 $y=-2x+8$ 交于点 $R$,分别过点 $P$、$Q$、$R$ 作 $x$ 轴的垂线,其垂足依次为点 $P_1$、$Q_1$、$R_1$.若 $\dfrac{1}{OP_1}+\dfrac{1}{OQ_1}=\dfrac{n}{OR_1}$,求 $n$ 的值.

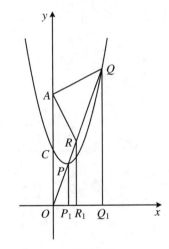

图 1.66

85. 如图1.67所示,在平面直角坐标系 $xOy$ 中,抛物线 $y=-\dfrac{1}{3}(x+\sqrt{3})(x-3\sqrt{3})$ 交 $x$ 轴于 $A$、$B$ 两点(点 $A$ 在点 $B$ 的左侧),交 $y$ 轴于点 $C$,连接 $AC$、$BC$,$\angle CAB$ 的平分线交 $BC$ 于点 $E$,交 $y$ 轴于点 $D$,过点 $D$ 的直线 $l$ 交射线 $AB$ 于点 $N$,交射线 $AC$ 于点 $M$,求 $\dfrac{1}{AM}+\dfrac{1}{AN}$ 的值.

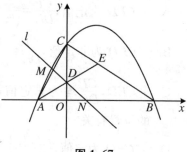

图1.67

86. 如图1.68所示,在平面直角坐标系 $xOy$ 中,抛物线 $y=ax^2+c(a>0,c<0)$ 与 $x$ 轴交于 $A$、$B$ 两点(点 $A$ 在点 $B$ 的左侧),抛物线的顶点为 $C$,点 $P$ 为抛物线上位于 $x$ 轴下方的一动点,直线 $PA$、$PB$ 与 $y$ 轴分别交于 $E$、$F$ 两点,求 $\dfrac{OE+OF}{OC}$.

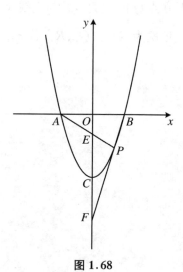

图1.68

87. 如图 1.69 所示,抛物线 $y=\dfrac{1}{2}x^2-\dfrac{3}{2}x-2$ 的图像与 $x$ 轴交于 $A$、$B$ 两点(点 $A$ 在点 $B$ 的左侧),与 $y$ 轴交于点 $C$.若点 $M$ 是 $BC$ 下方的抛物线上的一动点,连接 $CM$、$BM$,求 $S_{\triangle MBC}$ 的最大值.

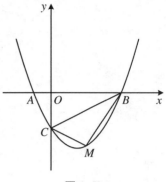

图 1.69

88. 如图 1.70 所示,抛物线 $y=x^2-4x+3$ 与 $x$ 轴交于 $A$、$B$ 两点(点 $A$ 在点 $B$ 的左侧),过点 $A$ 的直线与抛物线交于点 $C(4,c)$,若 $E$ 是抛物线上的一个动点,且位于直线 $AC$ 的下方,求 $S_{\triangle ACE}$ 的最大值和点 $E$ 的坐标.

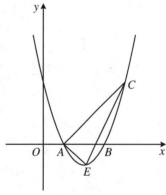

图 1.70

89. 如图 1.71 所示,直线 $y = -3x + 3$ 与 $x$ 轴、$y$ 轴分别交于 $A$、$B$ 两点,抛物线 $y = -x^2 + 2x + c$ 经过点 $B$,已知 $M$ 是抛物线上的一个动点,并且点 $M$ 在第一象限内,连接 $AM$、$BM$,求 $S_{\triangle ABM}$ 的最大值.

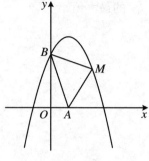

图 1.71

90. 如图 1.72 所示,在平面直角坐标系 $xOy$ 中,$A$、$B$、$C$ 是抛物线 $y = -x^2 + 2x + 3$ 上的三点,且点 $A$ 在直线 $BC$ 的上方. 若 $x_C - x_B = 4$,求 $S_{\triangle ABC}$ 的最大值.

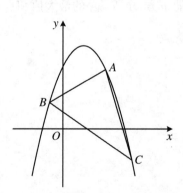

图 1.72

91. 如图 1.73 所示,在平面直角坐标系 $xOy$ 中,抛物线 $y=-\dfrac{3}{4}(x+1)(x-4)$ 与 $x$ 轴的正半轴交于点 $A$,与 $y$ 轴交于点 $B$,在 $x$ 轴上有一点 $E(2,0)$. 现将线段 $OE$ 逆时针旋转 $\alpha(0<\alpha<90°)$ 得到线段 $OF$,连接 $AF$、$BF$,求:

(1) $BF+\dfrac{1}{2}AF$ 的最小值;

(2) $3AF+2BF$ 的最小值.

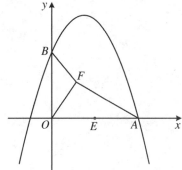

图 1.73

92. 如图 1.74 所示,在平面直角坐标系 $xOy$ 中,抛物线 $y=x^2+6x+6$ 的顶点为 $C$,直线 $y=x+2$ 与 $x$ 轴交于点 $P$,与抛物线交于 $A$、$B$ 两点,点 $A$ 在抛物线的对称轴左侧. 抛物线的对称轴与直线 $AB$ 交于点 $M$,作点 $B$ 关于直线 $MC$ 的对称点 $D$,以点 $M$ 为圆心、$MC$ 为半径的圆上存在一点 $Q$,使得 $QD+\dfrac{\sqrt{2}}{2}QB$ 的值最小,则这个最小值为多少?

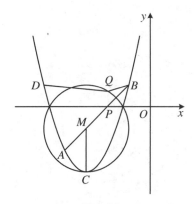

图 1.74

**93.** 如图1.75所示,在平面直角坐标系 $xOy$ 中,抛物线 $y=-x^2+2x+3$ 与 $x$ 轴交于 $A$、$B$ 两点(点 $A$ 在点 $B$ 的左侧),与 $y$ 轴交于点 $C$,$\odot D$ 过 $A$、$B$、$C$ 三点,$P$ 是 $\odot D$ 上一点,连接 $PC$、$PO$,求 $\sqrt{2}PC+\sqrt{5}PO$ 的最小值.

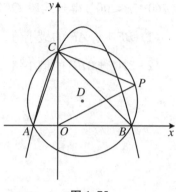

图 1.75

**94.** 如图1.76所示,在平面直角坐标系 $xOy$ 中,二次函数 $y=\dfrac{\sqrt{3}}{2}(x+1)(x-2)$ 的图像交 $x$ 轴于 $A$、$C$ 两点(点 $A$ 在点 $C$ 的左侧),交 $y$ 轴于点 $B$,抛物线的对称轴与 $x$ 轴交于点 $D$,$P$ 为 $y$ 轴上一动点,连接 $PD$,求 $\dfrac{1}{2}PB+PD$ 的最小值.

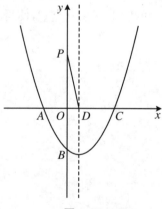

图 1.76

95. 如图1.77所示,在平面直角坐标系 $xOy$ 中,抛物线 $y=\dfrac{\sqrt{3}}{9}(x+2)(x-4)$ 与 $x$ 轴从左至右依次交于点 $A$、$B$,与 $y$ 轴交于点 $C$,经过点 $B$ 的直线 $y=-\dfrac{\sqrt{3}}{3}x+\dfrac{4\sqrt{3}}{3}$ 与抛物线的另一个交点为 $D$.设 $F$ 为线段 $BD$ 上异于端点的一动点,连接 $AF$,一动点 $M$ 从点 $A$ 出发,沿线段 $AF$ 以每秒1个单位长度的速度运动到点 $F$,再沿线段 $FD$ 以每秒2个单位长度的速度运动到点 $D$ 后停止,当点 $M$ 在整个运动过程中用时最少时,求点 $F$ 的坐标.

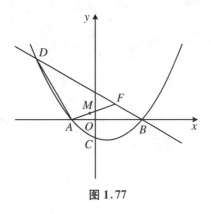

图 1.77

96. 如图1.78所示,在平面直角坐标系 $xOy$ 中,抛物线 $y=x^2-2x-3$ 与 $x$ 轴交于 $A$、$B$ 两点,过点 $B$ 的直线交抛物线于点 $E$,且 $\tan\angle EBA=\dfrac{4}{3}$.有一只蚂蚁从点 $A$ 出发,先以每秒1个单位长度的速度爬到线段 $BE$ 上的点 $D$ 处(可以沿任意方向做直线运动),再以每秒1.25个单位长度的速度沿着 $DE$ 爬到点 $E$ 处,求蚂蚁从点 $A$ 到点 $E$ 所需的最短时间 $t$.

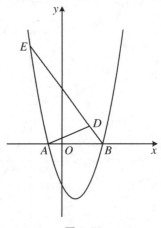

图 1.78

97. 如图 1.79 所示,在平面直角坐标系 $xOy$ 中,抛物线 $y = \dfrac{1}{2}(x-1)^2 - 2$ 与 $x$ 轴交于 $A$、$B$ 两点(点 $A$ 在点 $B$ 的左侧),$D$ 为抛物线的顶点,抛物线上一点 $C(5,c)$,过点 $A$ 任作直线 $l$ 交线段 $CD$ 于点 $P$. 若点 $C$、$D$ 到直线 $l$ 的距离分别记为 $d_1$,$d_2$,求 $d_1 + d_2$ 的最大值.

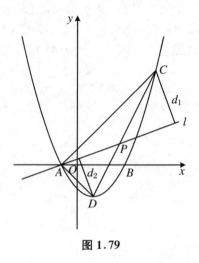

图 1.79

98. 如图 1.80 所示,在平面直角坐标系 $xOy$ 中,抛物线 $y = x^2 - 4x + 3$ 与 $x$ 轴交于 $A$、$B$ 两点(点 $A$ 在点 $B$ 的左侧),交 $y$ 轴于点 $E$,过点 $A$ 的直线交抛物线在第一象限的图像于点 $C(4,c)$.

(1) 如图(a)所示,抛物线的对称轴上是否存在点 $P$,使得 $|EP - BP|$ 的值最大?若存在,求出点 $P$ 的坐标和 $|EP - BP|$ 的最大值;若不存在,请说明理由.

(2) 如图(b)所示,抛物线的对称轴上是否存在点 $D$,使得 $\triangle BCD$ 的周长最小?若存在,求出点 $D$ 的坐标;若不存在,请说明理由.

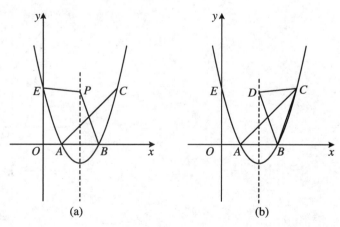

图 1.80

99. 如图 1.81 所示,在平面直角坐标系 $xOy$ 中,抛物线 $y = x^2 - 2x - 3$ 与 $x$ 轴交于 $A$、$B$ 两点(点 $A$ 在点 $B$ 的左侧),过点 $B$ 的直线交抛物线在第二象限的图像于点 $E(-2, t)$,直线 $BE$ 上有一动点 $C$,连接 $AC$,将线段 $AC$ 绕点 $C$ 顺时针旋转 $90°$ 得到线段 $CD$,连接 $AD$、$BD$.求 $AD + BD$ 的最小值.

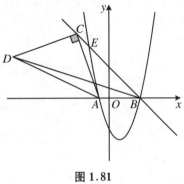

图 1.81

100. 如图 1.82 所示,在平面直角坐标系 $xOy$ 中,抛物线 $y = -\frac{\sqrt{3}}{2}x^2 - \sqrt{3}x + \frac{3\sqrt{3}}{2}$ 的顶点为 $H$,与 $x$ 轴交于 $A$、$B$ 两点(点 $A$ 在点 $B$ 的左侧),过点 $A$ 的直线 $l: y = \frac{\sqrt{3}}{3}x + \sqrt{3}$ 与过点 $B$ 且平行于 $AH$ 的直线交于点 $K$,$M$、$N$ 分别为直线 $AH$ 和直线 $l$ 上的两个动点,连接 $HN$、$MN$、$MK$,求 $HN + MN + MK$ 的最小值.

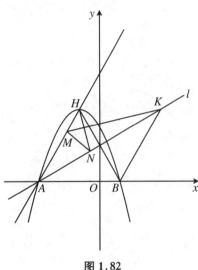

图 1.82

# 第二部分 二次函数100题解析

1. **解** ∵ 抛物线开口向下(图 2.1)，

∴ $a<0$.

∵ 抛物线的对称轴是 $x=1$，

∴ $-\dfrac{b}{2a}=1 \Rightarrow b=-2a>0 \Rightarrow 2a+b=0$，

∴ $ab=-2a^2<0$.

∵ 由对称性可知，抛物线与 $x$ 轴的另一个交点应在 $-1$ 到 $0$ 之间，即当 $x=-1$ 时，$y<0$，

∴ $a-b+c<0$.

∵ $b=-2a$，

∴ $3a+c<0$.

∵ 当 $x=1$ 时，$y=ax^2+bx+c$ 取得最大值，

$$f(1)\geqslant f(m),$$

∴ $a+b+c\geqslant am^2+bm+c \Rightarrow a+b\geqslant m(am+b)$.

∵ 抛物线与 $x$ 轴的交点 $A$ 在点 $(2,0)$ 和 $(3,0)$ 之间，开口向下，

∴ 当 $-1<x<3$ 时，$y>0$ 错误.

综上，选项 A 正确.

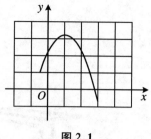

图 2.1

### 思路点拨

对于开口向下的抛物线，参数 $a$、$b$ 的正负性满足"左同右异"的规律，即：当抛物线开口向下时，若对称轴在 $y$ 轴左侧，则 $a$、$b$ 同号；若对称轴在 $y$ 轴右侧，则 $a$、$b$ 异号.

由于抛物线具有对称性，可以根据其中一个根判断另一个根的大致位置. 当抛物线开口向下时，二次函数有最大值，这是判断说法④的依据.

2. **解** ① ∵ 抛物线的开口向下，抛物线的对称轴在 $y$ 轴左侧(图 2.2)，

∴ $a$、$b$ 的正负性满足"左同右异"的规律，即 $ab>0$.

∵ 抛物线与 $y$ 轴的交点在 $y$ 轴的正半轴上，

∴ $c>0$，

∴ $abc>0$.

② ∵ 抛物线与 $x$ 轴有两个交点，

∴ $\Delta=b^2-4ac>0$.

③ 由图像可知，抛物线的对称轴为 $-\dfrac{b}{2a}>-1$.

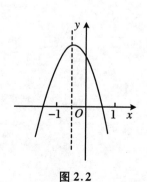

图 2.2

∵ $a<0$,

∴ $2a<b$,

∴ $2a+a+c<a+b+c=f(1)<0,3a+c<0$.

④ ∵ 由图像可知,$f(1)=a+b+c<0,f(-1)=a-b+c>0$,

∴ $f(1)\cdot f(-1)=(a+b+c)(a-b+c)<0$,

∴ $(a+c)^2-b^2<0$,即 $(a+c)^2<b^2$.

综上,选项 B 正确.

**思路点拨**

> 本题的难点是对于结论④的判定.因为 $f(1)=a+b+c<0,f(-1)=a-b+c>0$,所以 $f(1)\cdot f(-1)=(a+b+c)(a-b+c)<0$,即 $(a+c)^2<b^2$.

3. **解** ① ∵ 抛物线开口向上(图2.3),

∴ $a>0$.

∵ 抛物线的对称轴为直线 $x=-1$,

∴ $\dfrac{b}{-2a}=-1 \Rightarrow b=2a \Rightarrow b>0$.

∵ 抛物线与 $y$ 轴的交点在 $y$ 轴的负半轴,

∴ $c<0$,

∴ $abc<0$.

② ∵ 抛物线与 $x$ 轴有两个交点,

∴ $\Delta = b^2-4ac>0$.

③ ∵ 由图像可知,抛物线与 $x$ 轴正半轴的交点横坐标为 $x=1$,

又抛物线的对称轴为 $x=-1$,

∴ 抛物线与 $x$ 轴的另一个交点的横坐标为 $x=-3$,

$f(-3)=9a-3b+c=0$.

④ ∵ 抛物线的对称轴为 $x=-1$,

∴ $f(-2)=f(0)$.

∵ 抛物线开口向上,在 $x>-1$ 时,单调递增,

∴ $f(-0.5)<f(0)=f(-2)$,即 $y_1<y_2$.

⑤ ∵ $f(1)=a+b+c=0 \Rightarrow c=-(a+b)=-3a$,

∴ $5a-2b+c=5a-2b-3a=2a-2b=-b<0$.

综上,选项 B 正确.

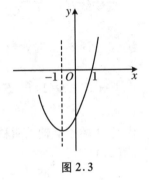

图 2.3

### 思路点拨

本题的难点是对于结论④的判定.由于点$(-0.5, y_1)$,$(-2, y_2)$分别位于抛物线的对称轴两侧,不好比较函数值大小,通过对称法将这两个点放到同一个单调区间,这样利用单调性比较大小就容易多了.

4. 解 ① ∵ 抛物线开口向下,$f(a) = f(b) = 0$,
∴ $a < x < b$ 时,$y > 0$.
② ∵ $y = -x^2 + 2x + m + 1 = -(x-1)^2 + m + 2$,
∴ 抛物线的对称轴为 $x = 1$,
∴ $a = -1$ 时,$b = 3$.
③ $x_1 + x_2 > 2 \Rightarrow x_2 - 1 > 1 - x_1$.
即 $Q(x_2, y_2)$ 离抛物线对称轴 $x = 1$ 的距离大于 $P(x_1, y_1)$ 离抛物线对称轴的距离.
∵ 抛物线开口向下,
∴ $y_1 > y_2$.
④ ∵ 当 $m = 2$ 时,
$y = -x^2 + 2x + m + 1 = -(x-1)^2 + 4$,
∴ $C(0, 3), D(1, 4), E(2, 3)$,
∴ $ED = \sqrt{2}$.

作点 $D$ 关于 $y$ 轴的对称点 $M$,作点 $E$ 关于 $x$ 轴的对称点 $N$(图 2.4).
∴ $M(-1, 4), N(2, -3)$.
∵ $DF = MF, EG = NG$,
∴ $DF + FG + EG + ED = MF + FG + GN + \sqrt{2}$.
∵ 两点之间线段最短,
∴ $MF + FG + GN \geq MF + FN \geq MN = \sqrt{58}$(当且仅当 $M、F、G、N$ 四点共线时取等号),
∴ 四边形 $EDFG$ 周长的最小值为 $\sqrt{58} + \sqrt{2}$.
综上,选项 B 正确.

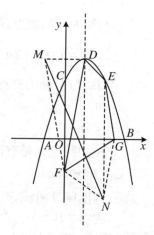

图 2.4

### 思路点拨

对于命题③、④的判定有难度.
命题③:对于开口向下的抛物线,横坐标与对称轴的水平距离越小,函数值越大.对于开口向上的抛物线,横坐标与对称轴的水平距离越小,函数值越小.
命题④:通过两次对称,将四条线段和转化成两点之间线段最短.

**5. 解** 选项 A 中(图 2.5)：

抛物线开口向上，$a>0$；

直线过一、二、四象限，$a<0$.

矛盾.

选项 B 中(图 2.6)：

抛物线开口向上，$a>0$；

抛物线的对称轴在 $y$ 轴右侧，即 $\dfrac{2}{a}>0 \Rightarrow a>0$；

直线过一、三、四象限，$a>0$.

满足题意.

选项 C 中(图 2.7)：

抛物线开口向上，$a>0$；

抛物线的对称轴在 $y$ 轴左侧，即 $\dfrac{2}{a}<0 \Rightarrow a<0$；

直线过一、三、四象限，$a>0$.

矛盾.

选项 D 中(图 2.8)：

抛物线开口向下，$a<0$；

直线过一、三、四象限，$a>0$.

矛盾.

综上，选项 B 正确.

图 2.5

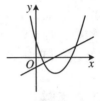

图 2.6

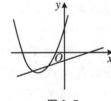

图 2.7

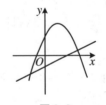

图 2.8

**思路点拨**

二次函数的二次项系数与一次函数图像的斜率相同. 两个图像是否在同一平面直角坐标系中，要从三个方面考虑：

(1) 抛物线开口的方向；

(2) 直线斜率；

(3) 抛物线对称轴的位置.

**6. 解** ∵ 由 $y=ax^2+bx+c$ 的图像(图 2.9)可知
$$f(1)=a+b+c<0,$$

∴ $y=\dfrac{a+b+c}{x}$ 的图像在二、四象限，

∴ 选项 C、D 错误.

∵ $y=ax^2+bx+c$ 的图像开口向上，

∴ $a>0$，

∴ $y=bx+a$ 与 $y$ 轴的交点必然在 $y$ 轴的正半轴上，

∴ 选项 A 错误.

综上，选项 B 正确.

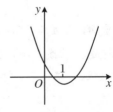

图 2.9

### 思路点拨

反比例函数的系数的正负性决定了双曲线所在的象限. 二次函数的二次项系数决定了开口方向. 一次函数与 $y$ 轴的交点位置由 $y = bx + a$ 中的参数 $a$ 的正负性决定.

**7. 解** 抛物线 $C_2: y = a(-x)^2 + b(-x) + c$, 即 $y = ax^2 - bx + c$.

抛物线 $C_3: -y = ax^2 - bx + c$, 即 $y = -ax^2 + bx - c$.

综上, 选项 D 正确.

### 思路点拨

在平面直角坐标系中, 点 $(x, y)$ 关于 $y$ 轴的对称点为 $(-x, y)$; 关于 $x$ 轴的对称点为 $(x, -y)$. 抛物线上所有的点均满足此规律.

**8. 解** (1) 将 $B(2, 0)$ 代入 $y = x^2 + k$, 解得 $k = -4$. 此时, 直线 $OA$ 与抛物线只有一个交点(图 2.10).

(2) ∵ $OA = OB = 2, \angle AOB = 60°$,

∴ $A(1, \sqrt{3})$,

∴ $y_{OA} = \sqrt{3} x$.

令 $x^2 + k = \sqrt{3} x$, 即

$$x^2 - \sqrt{3} x + k = 0.$$

当 $\Delta = 3 - 4k = 0$, 即 $k = \dfrac{3}{4}$ 时, 直线 $OA$ 与抛物线只有一个交点.

综上, $-4 < k < \dfrac{3}{4}$.

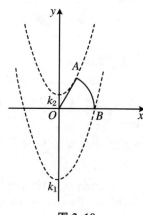

图 2.10

### 思路点拨

这是抛物线与特定图形的交点问题, 即求参数的范围. 对于这一类问题, 主要根据临界点的参数值, 确定参数的范围.

本题要判断抛物线与扇形总有两个交点的情况下参数的取值范围, 直接求解不容易, 我们可以从临界点入手, 先求只有一个交点时参数的值, 再确定范围.

**9. 解** (1) $m = -3$ 时，有

$$y = -6x^2 + 4x + 2 = -6\left(x - \frac{1}{3}\right)^2 + \frac{8}{3}.$$

函数图像的顶点坐标为 $\left(\frac{1}{3}, \frac{8}{3}\right)$，A 项正确．

(2) $\because y = 2mx^2 + (1-m)x - (1+m)$，

$\therefore |x_1 - x_2| = \sqrt{(x_1 + x_2)^2 - 4x_1 x_2}.$

由韦达定理得

$$x_1 + x_2 = \frac{m-1}{2m}, \quad x_1 x_2 = -\frac{m+1}{2m}.$$

$\therefore |x_1 - x_2| = \sqrt{\dfrac{9m^2 + 6m + 1}{4m^2}} = \left|\dfrac{3m+1}{2m}\right|.$

$\because m > 0$，

$\therefore |x_1 - x_2| = \dfrac{3}{2} + \dfrac{1}{2m} > \dfrac{3}{2}$，B 项正确．

(3) $\because y = 2mx^2 + (1-m)x - (1+m) = m(2x^2 - x - 1) + x - 1.$

$\therefore$ 令 $\begin{cases} 2x^2 - x - 1 = 0 \\ y = x - 1 \end{cases}$，则

$\begin{cases} x = 1 \\ y = 0 \end{cases}$ 或 $\begin{cases} x = -\dfrac{1}{2} \\ y = -\dfrac{3}{2} \end{cases}$，

$\therefore$ 抛物线恒过定点 $(1, 0)$，$\left(-\dfrac{1}{2}, -\dfrac{3}{2}\right)$，

$\therefore$ 两个定点之间的距离为 $\dfrac{3\sqrt{2}}{2}$，C 项错误．

(4) 抛物线的对称轴为

$$x = \frac{m-1}{4m} = \frac{1}{4} - \frac{1}{4m}.$$

$\because m < 0$，

$\therefore$ 抛物线开口向下，对称轴在点 $\left(\dfrac{1}{4}, 0\right)$ 右侧，

$\therefore$ 当 $x < \dfrac{1}{4}$ 时，$y$ 随 $x$ 的增大而增大，D 项正确

**思路点拨**

选项 A：根据 $m$ 的值得到一组特征数，代入函数式，即可求得抛物线的顶点坐标，比较容易判定．

选项 B：抛物线截 $x$ 轴的长度，即两根之间的距离，通过恒等变形，利用韦达定理求解．

本题难点在于对选项 C、D 的判定．

选项C:关于抛物线过定点的问题,首先要将参数分离出来,然后转化为代数式恒成立的问题,建立方程求解点坐标,从而定点之间的距离就很容易解决了.

选项D:由抛物线的解析式可知抛物线对称轴方程,在确定参数 $m$ 的正负性之后,可确定抛物线开口方向和对称轴的大致位置,再通过数形结合确定函数的增减区间.

10. **解** $\because \begin{cases} x > a+2 \\ x < 3a-2 \end{cases}$ 无解,

$\therefore a+2 \geqslant 3a-2$,

$\therefore a \leqslant 2$.

$\because y = (3-a)x^2 - x + \dfrac{1}{4}$,

$\therefore$ 抛物线开口向上,且 $\Delta = a - 2 \leqslant 0$,

$\therefore$ 函数 $y = (3-a)x^2 - x + \dfrac{1}{4}$ 的图像与 $x$ 轴相交于一点或无交点.

**思路点拨**

判断抛物线与 $x$ 轴有无交点,主要依据判别式的正负性.一元一次不等式组无解的问题是中考高频考点,可以通过数形结合,先确定参数的取值范围,再确定判别式的正负性.

11. **解** (1) 当 $2 \leqslant h \leqslant 5$ 时,$y_{\max} = f(h) = 0$,不满足题意.

$\therefore h=3$ 和 $h=4$ 均舍去.

(2) 当 $h > 5$ 时,$y_{\max} = f(5) = -(5-h)^2 = -1$.

$\therefore h=6$ 或 $h=4$(舍去).

(3) 当 $h < 2$ 时,$y_{\max} = f(2) = -(2-h)^2 = -1$.

$\therefore h=1$ 或 $h=3$(舍去).

综上,$h=1$ 或 $h=6$.

故选项B正确.

**思路点拨**

本题属于"轴动区间定"类型.分类讨论,将 $x$ 轴分为三段,在每个区间确定对称轴的值.

12. **解** $\because y = ax^2 + 2ax + 3a^2 + 3 = a(x+1)^2 + 3a^2 - a + 3$,

∴ 抛物线的对称轴为 $x = -1$.
∵ 当 $x \geqslant 2$ 时，$y$ 随 $x$ 的增大而增大，
∴ $a > 0$，抛物线开口向上.
当抛物线开口向上，且 $-2 \leqslant x \leqslant 1$ 时，离对称轴越远，函数值越大.
∴ $f(1) = 3a^2 + 3a + 3 = 9 \Rightarrow (a-1)(a+2) = 0$，
∴ $a = 1$ 或 $a = -2$（舍去）.
故选项 D 正确.

### 思路点拨

抛物线的对称性是重要的几何特征，与单调性有着紧密的关联.通过单调区间与对称轴的位置，可以判定抛物线的开口方向，再根据开口方向判定所给区间内最大值的位置，建立方程解决问题.

**13. 解** ∵ $M(-1, 2)$，$N(2, 1)$，
∴ $y_{MN} = -\dfrac{1}{3}x + \dfrac{5}{3}$ $(-1 \leqslant x \leqslant 2)$.

令 $-\dfrac{1}{3}x + \dfrac{5}{3} = ax^2 - x + 2 \Rightarrow 3ax^2 - 2x + 1 = 0$.

(1) 当 $a > 0$ 时，抛物线开口向上，则

$$\begin{cases} f(-1) = 3a + 3 \geqslant 0 \\ f(2) = 12a - 3 \geqslant 0 \\ \Delta = 4 - 12a > 0 \\ -1 < \dfrac{1}{3a} < 2 \end{cases} \Rightarrow \dfrac{1}{4} \leqslant a < \dfrac{1}{3}.$$

(2) 当 $a < 0$ 时，抛物线开口向下，则

$$\begin{cases} f(-1) = 3a + 3 \leqslant 0 \\ f(2) = 12a - 3 \leqslant 0 \\ \Delta = 4 - 12a > 0 \\ -1 < \dfrac{1}{3a} < 2 \end{cases} \Rightarrow a \leqslant -1.$$

综上，选项 A 正确.

### 思路点拨

抛物线与定线段的交点问题首先要转化成二次方程的根的分布问题，再分类讨论，根据抛物线开口方向分为两种情况，每一种情况下必须考虑以下几个决定性因素：
(1) 区间端点函数值的正负性；
(2) 判别式的正负性；
(3) 抛物线对称轴的位置.

**14. 解** ∵ $y = -(x-m)^2 + m^2 + 1$,

∴ 顶点的坐标为$(m, m^2+1)$,抛物线的对称轴为$x = m$,开口向下.

(1) ∵ 当 $m < -2$ 时,函数在 $x = -2$ 时取得最大值,

∴ $f(-2) = f_{\max} = 4 \Rightarrow m = -\dfrac{7}{4}$(舍去).

(2) ∵ 当 $-2 \leqslant m \leqslant 1$ 时,函数在 $x = m$ 时取得最大值,

∴ $f(m) = f_{\max} = 4 \Rightarrow m = -\sqrt{3}$ 或 $m = \sqrt{3}$(舍去).

(3) ∵ 当 $m > 1$ 时,函数在 $x = 1$ 时取得最大值,

∴ $f(1) = f_{\max} = 4 \Rightarrow m = 2$.

综上,$m = -\sqrt{3}$ 或 $m = 2$.

故选项 C 正确.

### 思路点拨

本题属于"轴动区间定"类型.所谓轴动,即抛物线的对称轴含有参数,不能确定位置.所谓区间定,即自变量的取值范围既定.对于这种类型的问题,必须分类讨论,将整个 $x$ 轴分为三段,在每个区间确定参数的值.

**15. 解** 令 $y = y_1 - y_2 = (a-b)x^2 - (a-b)x = (a-b)x(x-1)$.

∵ $a > b$,

∴ $a - b > 0$,

∴ $y$ 的图像开口向上,与 $x$ 的交点坐标为$(0,0)$和$(1,0)$.

作 $y$ 的图像草图(图 2.11).

当 $0 < x < 1$ 时,$y < 0$,即 $y_1 - y_2 < 0 \Rightarrow y_1 < y_2$.

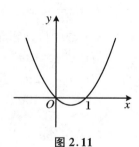

图 2.11

### 思路点拨

初中阶段,比较两数大小,通常采用作差法和作商法.有时也会采用先取倒数比较大小,再确定原数大小的方法.本题通过作差构造新的二次函数,数形结合,将比较大小的问题转化为函数值正负性的问题,简洁明快.

**16. 解** ∵ $y_1 > y_2 \geqslant y_0$,点 $C(x_0, y_0)$ 是该抛物线的顶点,

∴ 抛物线 $y = ax^2 + bx + c$ 开口向上,

∴ 点 $A(-5, y_1)$ 比 $B(3, y_2)$ 距离对称轴更远,即 $|x_0 + 5| > |x_0 - 3|$,

∴ $x_0^2+10x_0+25 > x_0^2-6x_0+9 \Rightarrow x_0 > -1$.

#### 思路点拨

据题意,函数具有最小值,则抛物线开口向上.那么抛物线上的点距离对称轴越远,函数值越大.

17. **解** 令 $y_1=m(x+h)^2+k(m\neq 0)$,则该函数的对称轴为 $x=-h$.

令 $y_2=m(x+h-3)^2+k$,则该函数的对称轴为 $x=-h+3$.

∴ 函数 $y_2$ 是由函数 $y_1$ 向右平移三个单位得到的,

∴ $m(x+h-3)^2+k=0$ 的解为
$$x_1=-3+3=0, \quad x_2=2+3=5.$$

#### 思路点拨

二次函数与二次方程有着紧密的联系,二次函数的图像与 $x$ 轴的交点即为二次方程的解.本题中 $m(x+h)^2+k=0$ 的解已知,而 $y_2$ 的图像与 $y_1$ 的图像的关系比较容易分析,前者是通过平移后者得到的,故 $m(x+h-3)^2+k=0$ 的解与 $m(x+h)^2+k=0$ 的解之间的关系一目了然.

18. **解** ∵ $y_2=dx+e$ 过点 $(x_1,0)$,

∴ $dx_1+e=0 \Rightarrow e=-dx_1$,

∴ $y=y_1+y_2=a(x-x_1)(x-x_2)+dx+e=a(x-x_1)\cdot(x-x_2)+d(x-x_1)=(x-x_1)[a(x-x_2)+d]$.

∵ 当 $x=x_1$ 时,函数 $y=0$,即 $(x_1,0)$ 为函数 $y=y_1+y_2$ 的图像与 $x$ 轴的交点,

又函数 $y=y_1+y_2$ 的图像与 $x$ 轴仅有一个交点,

∴ $x=x_1$ 是方程 $a(x-x_2)+d=0$ 的解,

∴ $a(x_2-x_1)=d$.

#### 思路点拨

显然,函数 $y=y_1+y_2$ 为二次函数,此函数与 $x$ 轴仅有一个交点.常规的解题思路是利用判别式为零来分析参数关系.这当然无可非议,但这样一来,计算量超大,容易出错.

本题通过因式分解将函数化简为交点式,即可得到 $(x_1,0)$ 为函数 $y=y_1+y_2$ 的图像与 $x$ 轴的交点,从而可知 $x=x_1$ 是方程 $a(x_1-x_2)+d=0$ 的解,即 $a(x_2-x_1)=d$.这种解法计算量相对小很多.

**19. 解** 据题意,设二次函数的解析式为
$$y = a(x+1)(x-3).$$
根据抛物线的对称性,可知对称轴为 $x = 1$.

① 若抛物线开口向下,则在整个实数范围内存在唯一最大值.

∴ $f(1) = 12$,即 $a(1+1)(1-3) = 12 \Rightarrow a = -3$.

∴ $y = -3(x+1)(x-3)$.

② 若抛物线开口向上,根据图像的对称性,自变量 $x$ 离对称轴越远,函数值越大.

∴ $f(5) = 12$,即 $a(5+1)(5-3) = 12 \Rightarrow a = 1$.

∴ $y = (x+1)(x-3)$.

> **思路点拨**
>
> 求二次函数的解析式是中考的高频考点,通常出现在二次函数压轴题第二问的位置或者在填空题中.
>
> 二次函数的解析式的类型有三种:一般式、顶点式和交点式.要根据具体情况确定解析式的类型,如本题给出了抛物线与 $x$ 轴的两个交点,当然采用交点式较为简洁.但是由于二次项系数的正负性不确定,要分类讨论,尤其是当抛物线开口向上的时候,自变量 $x$ 距离对称轴越远,函数值越大,因此先确定最值点,再建立方程.

**20. 解** 将
$$\begin{cases} y = ax^2 + bx + c \\ y = k(x-1) - \dfrac{1}{4}k^2 \end{cases}$$

化简得
$$4ax^2 + 4(b-k)x + (4c + 4k + k^2) = 0.$$

∵ 只有一个交点,即上述方程仅有一个解,

∴ $\Delta = 16(b-k)^2 - 16a(4c + 4k + k^2) = 0$,化简得
$$k^2(1-a) - 2k(b+2a) + (b^2 - 4ac) = 0.$$

∵ 对于任意 $k$ 值,上述等式都成立,

∴ $\begin{cases} 1-a = 0 \\ b+2a = 0 \\ b^2 = 4ac \end{cases} \Rightarrow \begin{cases} a = 1 \\ b = -2 \\ c = 1 \end{cases}$,

∴ $y = x^2 - 2x + 1$.

二次函数与恒成立问题的结合在中考题中不常见，但在自主招生考试中大行其道．本题是将参数 $k$ 看作主元，解关于 $k$ 的二次方程，当且仅当 $\begin{cases} 1-a=0 \\ b+2a=0 \\ b^2=4ac \end{cases}$ 时，满足题意．

21. **解** 如图 2.12 所示，易证 $\triangle AHE \cong \triangle CFG$（SAS），$\triangle HDG \cong \triangle FBE$（SAS），则
$$S_{EFGH}=S_{ABCD}-2(S_{\triangle AHE}+S_{\triangle HDG}).$$
设 $AE=AH=CF=CG=x$，则
$$S_{EFGH}=ab-[x^2+(a-x)(b-x)]=-2x^2+(a+b)x.$$
∴ 当 $x=\dfrac{a+b}{4}$ 时，$S_{EFGH}$ 有最大值 $\dfrac{1}{8}(a+b)^2$．

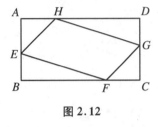

图 2.12

本题采用割补法将内接四边形 $EFGH$ 的面积用线段 $AE$ 的值表示为二次函数的形式，利用函数求解面积最值．由于线段 $AE$ 的值对四边形 $EFGH$ 的面积产生了影响，是自变量与应变量的关系，采用函数解决变量问题就顺理成章了，再根据全等三角形的判定，采用割补法求四边形 $EFGH$ 的面积不是难事．

22. **解** 作 $PF \perp AB$ 于点 $F$，$PH \perp BC$ 于点 $H$，则四边形 $PFBH$ 为矩形（图 2.13）．

∵ $\angle FAP = \angle HCP = 45°$，

∴ $\triangle FAP$ 与 $\triangle HCP$ 均为等腰直角三角形，

∴ $PF=BH=\dfrac{AP}{\sqrt{2}}=\dfrac{x}{\sqrt{2}}$，$PH=\dfrac{PC}{\sqrt{2}}=\dfrac{AC-AP}{\sqrt{2}}=\dfrac{\sqrt{2}a-x}{\sqrt{2}}$．

∵ $PE=PB$，

∴ $BE=2BH=\dfrac{2x}{\sqrt{2}}$，

∴ $S_{\triangle PBE}=\dfrac{1}{2}PH\cdot BE=\dfrac{1}{2}x(\sqrt{2}a-x)$．

∴ 当 $x=\dfrac{\sqrt{2}a}{2}$ 时，$S_{\triangle PBE}$ 有最大值 $\dfrac{a^2}{4}$．

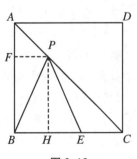

图 2.13

#### 思路点拨

欲求 $S_{\triangle PBE}$，则需知 $PH$、$BE$ 与 $AP$ 之间的关系. 不难发现，$BH = \dfrac{x}{\sqrt{2}}$，$PH = \dfrac{\sqrt{2}a - x}{\sqrt{2}}$，同时 $BE = 2BH = \dfrac{2x}{\sqrt{2}}$，故 $S_{\triangle PBE} = \dfrac{1}{2}x(\sqrt{2}a - x)$.

23. 解 (1) 据题意，得
$$z = \dfrac{2.6 - x}{0.1} \times 7.5 + 45 = -75x + 240.$$

(2) 据题意，得
$$\begin{aligned} y &= xz - z \cdot 1 = (-75x + 240)x - (-75x + 240) \\ &= -75(x - 3.2)(x - 1). \end{aligned}$$

(3) 根据以上关系式，该店要获得最大月利润，售价应定为每吨 $\dfrac{3.2 + 1}{2} = 2.1$ 万元.

(4) 据题意，得
$$\begin{aligned} w &= zx = (-75x + 240)x = -75x^2 + 240x \\ &= -75x(x - 3.2). \end{aligned}$$

根据以上关系式，该店要获得最大月销售额，售价应定为每吨 $\dfrac{0 + 3.2}{2} = 1.6$ 万元.

#### 思路点拨

有关月销售量、月利润、销售单价、销售额以及降价销售的实际问题，在绝大多数地区的中考中都会出现，是必须要掌握的一类问题. 一般来说，由于降价销售，月销售量 $z$ 与售价 $x$ 之间是一次函数关系；而月利润 $y = xz - z \cdot 1 = z(x - 1)$，与 $x$ 之间为二次函数关系. 特别要提醒的是，由于二次项系数较大，若写成顶点式，则计算量较大，也容易出错，可以考虑写成交点式. 这样一来，利用两根的和的一半求解对称轴方程，再代入原式求最大值，比较简单. 月销售额 $w$ 与销售单价 $x$ 之间是二次函数关系，同样可以利用交点式求得对称轴方程，再代入原式求解最大值.

24. 解 ∵ $AD \parallel BC$, $AB = CD$（图 2.14），
∴ 四边形 $ABCD$ 为等腰梯形.
∵ $\angle ABC = 60°$，

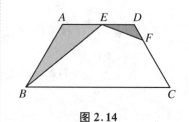

图 2.14

∴ $\angle A = \angle D = \angle BEF = 120°$,

∴ $\angle AEB + \angle DEF = 60°$.

∵ $\angle ABE + \angle AEB = 60°$,

∴ $\angle ABE = \angle DEF$,

∴ $\triangle ABE \backsim \triangle DEF$(AA),

∴ $\dfrac{AB}{DE} = \dfrac{AE}{DF}$.

∵ $AE = x, AB = AD = 6$,

∴ $DE = 6 - x$,

∴ $\dfrac{6}{6-x} = \dfrac{x}{y} \Rightarrow y = \dfrac{1}{6}x(6-x) = -\dfrac{1}{6}(x-3)^2 + \dfrac{3}{2}$.

当 $x = 3$ 时,$y$ 有最大值,最大值是 $\dfrac{3}{2}$.

**思路点拨**

由已知条件不难发现四边形 $ABCD$ 为等腰梯形,从而有 $\angle A = \angle D = \angle BEF = 120°$,这是典型的"一线三等角",那么必然存在相似三角形,由此得到 $AE$ 与 $DF$ 之间的关系,再通过二次函数求得最大值.

25. 解 ∵ $\angle 2 = \angle 3$(图2.15),

∴ $DE \parallel AC$,

∴ $\triangle BDE \backsim \triangle BCA$,

∴ $\dfrac{c_1}{c} = \dfrac{BD}{BC}$.

∵ $\angle 1 = \angle 3, \angle ACD = \angle BCA$,

∴ $\triangle ACD \backsim \triangle BCA$(AA),

∴ $\dfrac{S_{\triangle ACD}}{S_{\triangle BCA}} = \left(\dfrac{c_2}{c}\right)^2 = \dfrac{DC}{BC} \Rightarrow \dfrac{c_2}{c} = \sqrt{\dfrac{DC}{BC}}$.

设 $\dfrac{BD}{BC} = \dfrac{1}{k}(k > 0)$,则 $\dfrac{DC}{BC} = \dfrac{k-1}{k} = 1 - \dfrac{1}{k}$.

∴ $y = \dfrac{c_1 + c_2}{c} = \dfrac{1}{k} + \sqrt{1 - \dfrac{1}{k}}$.

令 $\sqrt{1 - \dfrac{1}{k}} = t(t > 0)$,则 $\dfrac{1}{k} = 1 - t^2$.

∴ $y = 1 - t^2 + t = -\left(t - \dfrac{1}{2}\right)^2 + \dfrac{5}{4}$.

当 $t = \dfrac{1}{2}$ 时,$y_{\max} = \dfrac{5}{4}$.

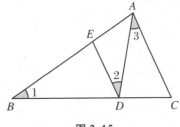

图 2.15

### 思路点拨

本题的核心思路有两点:相似比等于周长比,面积比等于周长比的平方;利用换元法将无理函数转化为二次函数.

虽然 $y=\dfrac{c_1+c_2}{c}=\dfrac{1}{k}+\sqrt{1-\dfrac{1}{k}}$ 这种无理函数在初中阶段没有接触过,但是通过换元,令 $\sqrt{1-\dfrac{1}{k}}=t(t>0)$,可以转化为 $y=1-t^2+t$,这是典型的二次函数,从而把问题带到我们熟悉的轨道上. 本题考查知识迁移能力,是一道经典好题.

26. **解** 在同一坐标系中作 $y=-x^2+1$ 与 $y=-x$ 的图像(图 2.16).

据题意,函数 $\min\{-x^2+1,-x\}$ 如图 2.17 所示.

设 $y=-x^2+1$ 与 $y=-x$ 的图像的交点为 $A$、$B$,点 $A$ 在点 $B$ 的左侧,则 $\min\{-x^2+1,-x\}$ 的最大值 $=y_A$.

解方程组
$$\begin{cases} y=-x^2+1, \\ y=-x \end{cases}$$
得
$$\begin{cases} x_A=\dfrac{1-\sqrt{5}}{2} \\ y_A=\dfrac{\sqrt{5}-1}{2} \end{cases}.$$

∴ $\min\{-x^2+1,-x\}$ 的最大值 $=\dfrac{\sqrt{5}-1}{2}$.

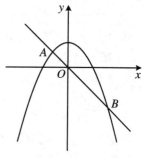

图 2.16

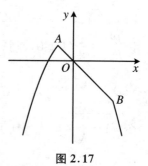

图 2.17

### 思路点拨

对于 $\min\{a,b,c,\cdots\}$ 或 $\max\{a,b,c,\cdots\}$ 函数,当括号中的对象为函数解析式时,通常采用数形结合的方法,在同一坐标系中作出括号中每个函数的图像,再由定义确定最大值函数或最小值函数的图像. 这样一来,问题的解决就方便了许多.

27. **解** (1) 由定义可知,"特征数"是 $\{0,1,2\}$ 的函数解析式为 $y=x+2$.

将函数 $y=x+2$ 向下平移一个单位得 $y=x+1$.

(2) 由定义可知,"特征数"是 $\{2m,1-m,-1-m\}$ ($m\ne 0$)的函数解析式为

$$y = 2mx^2 + (1-m)x - (1+m),$$

整理可得

$$m(2x^2 - x - 1) + (x - y - 1) = 0.$$

∴ 函数图像过定点,即 $m(m \neq 0)$ 取任意值,等式均成立,

∴ $\begin{cases} 2x^2 - x - 1 = 0 \\ x - y - 1 = 0 \end{cases} \Rightarrow \begin{cases} x = 1 \\ y = 0 \end{cases}$ 或 $\begin{cases} x = -\dfrac{1}{2} \\ y = -\dfrac{3}{2} \end{cases}.$

设过 $A$、$B$ 两点的直线解析式为 $y = kx + b$.

将点 $(1,0)$ 与 $\left(-\dfrac{1}{2}, -\dfrac{3}{2}\right)$ 代入解析式得 $y = x - 1$.

**思路点拨**

第一问比较简单,由定义可得函数为一次函数,一次函数 $y = kx + b$ 在竖直方向上下平移 $a$ 个单位,得到的新一次函数解析式为 $y = kx + b \pm a$;若在水平方向上左右平移 $a$ 个单位,得到的新一次函数解析式为 $y = k(x \pm a) + b$.

第二问涉及抛物线恒过定点的问题.对于这类问题,常规方法是将原函数解析式重新整理,将参数分离出来,转化为恒成立问题,建立方程组解决问题.若得到两个定点坐标,再求解直线解析式就很简单了.

28. **解** (1) $(3,2)$.

(2) ∵ 点 $P$ 在函数 $y = x - 2$ 的图像上,

∴ 点 $P(x, x-2)$.

∵ $x > x - 2$,

∴ $Q(x, 2)$.

∵ 点 $P$ 和点 $Q$ 重合,

∴ $x - 2 = 2 \Rightarrow x = 4$,

∴ $P(4, 2)$.

(3) 点 $M(m, n)$ 的"关联点"是点 $N$,由"关联点"的定义可知:

① 当 $m \geqslant n$ 时,$N(m, m-n)$.

∵ 点 $N$ 在函数 $y = 2x^2$ 的图像上,

∴ $m - n = 2m^2$,$n = -2m^2 + m$,

∴ $y_M = -2m^2 + m$,$y_N = 2m^2$,

∴ $MN = |y_M - y_N| = |-4m^2 + m|$.

当 $0 \leqslant m \leqslant \dfrac{1}{4}$ 时,$-4m^2 + m > 0$.

∴ $MN = -4m^2 + m = -4\left(m - \dfrac{1}{8}\right)^2 + \dfrac{1}{16}$,

∴ 当 $m = \dfrac{1}{8}$ 时，线段 $MN$ 的最大值是 $\dfrac{1}{16}$.

当 $\dfrac{1}{4} < m \leqslant 2$ 时，$-4m^2 + m < 0$.

∴ $MN = 4m^2 - m = 4\left(m - \dfrac{1}{8}\right)^2 - \dfrac{1}{16}$,

∴ 当 $m = 2$ 时，线段 $MN$ 的最大值是 $14$.

综上所述，当 $m \geqslant n$ 时，线段 $MN$ 的最大值是 $14$.

② 当 $m < n$ 时，点 $N$ 的坐标为 $(m, n - m)$.

∵ 点 $N$ 在函数 $y = 2x^2$ 的图像上，

∴ $n - m = 2m^2 \Rightarrow n = 2m^2 + m$,

∴ $y_M = 2m^2 + m$，$y_N = 2m^2$,

∴ $MN = |y_M - y_N| = |m|$.

∵ $0 \leqslant m \leqslant 2$,

∴ $MN = m$,

∴ 当 $m < n$ 时，线段 $MN$ 的最大值是 $2$.

综上所述，当 $m \geqslant n$ 时，线段 $MN$ 的最大值是 $14$；当 $m < n$ 时，线段 $MN$ 的最大值是 $2$.

思路点拨

新定义类题型近年来在中考中异军突起，要求应试者在较短的时间内准确理解新定义，并具备延展、迁移知识点的能力.

对于本题的第一问与第二问，只要牢牢把握定义就可以解答. 主要的难点在于第三问，第三问必须要分类讨论，特别在 $m \geqslant n$ 时，还要分区间讨论参数 $m$ 的值，否则不容易判定最大值. 当然，如果对套上绝对值符号的二次函数的图像比较熟悉，建议数形结合，作函数图像草图解决问题. 设 $f(x) = |ax^2 + bx + c|$，则将函数 $y = ax^2 + bx + c$ 的图像在 $x$ 轴下方的部分沿 $x$ 轴翻折，所得到的新的函数图像即为 $f(x)$ 的图像.

**29. 解** （1）如图 2.18 所示，在平面直角坐标系 $xOy$ 中，设抛物线 $y = x^2 - 2\sqrt{3}x$ 与 $x$ 轴的交点为 $A$、$B$，顶点为 $D$.

∴ $A(0,0)$，$B(2\sqrt{3}, 0)$，$D(\sqrt{3}, -3)$,

∴ $AD = BD = AB = 2\sqrt{3}$,

∴ $\triangle ABD$ 是等边三角形，

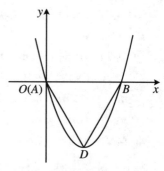

图 2.18

∴ 抛物线 $y = x^2 - 2\sqrt{3}x$ 对应的"直观三角形"是等边三角形. 选项 B 正确.

(2) 如图 2.19 所示,在平面直角坐标系 $xOy$ 中,设抛物线 $y = ax^2 + 2ax - 3a$ 与 $x$ 轴的交点为 $A$、$B$,顶点为 $D$,作 $DH \perp x$ 轴于点 $H$.

∵ $y = ax^2 + 2ax - 3a = a(x-1)(x+3)$,

∴ $A(-3,0), B(1,0), D(-1,-4a)$.

∵ 抛物线 $y = ax^2 + 2ax - 3a$ 对应的"直观三角形"是直角三角形,且点 $A$、$B$ 关于直线 $DH$ 对称,

∴ $\triangle ABD$ 为等腰直角三角形,

∴ $DH = AH = BH$,即

$$DH = |4a| = \frac{1}{2}AB = 2 \Rightarrow a = \pm\frac{1}{2}.$$

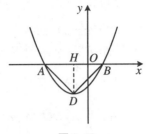

图 2.19

(3) 如图 2.20 所示,作 $AH \perp x$ 轴于点 $H$.

∵ 四边形 $ABCO$ 是矩形,

∴ $S_{\triangle ABE} = \frac{1}{4}S_{ABCO} = 3\sqrt{3}$,且 $OE = BE = AE$.

∵ 根据抛物线的对称性,$AE = AB$,

∴ $AE = AB = BE$,

∴ $\triangle ABE$ 是等边三角形,

∴ $\frac{\sqrt{3}}{4}BE^2 = 3\sqrt{3} \Rightarrow BE = OE = 2\sqrt{3}$,

∴ $AH = 3, EH = BH = \sqrt{3}$,

∴ $A(3\sqrt{3},3), B(4\sqrt{3},0), E(2\sqrt{3},0)$.

设抛物线的解析式为 $y = a(x-2\sqrt{3})(x-4\sqrt{3})$,将点 $A(3\sqrt{3},3)$ 代入,解得 $a = -1$.

∴ $y = -(x-2\sqrt{3})(x-4\sqrt{3}) = -x^2 + 6\sqrt{3}x - 24$.

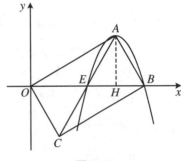

图 2.20

### 思路点拨

(1) 先确定抛物线与 $x$ 轴的交点坐标和顶点坐标,进而求出 $AD$、$BD$,即可判断出抛物线的"直观三角形".

(2) 根据抛物线的"直观三角形"是直角三角形以及点 $A$、$B$ 的对称性,可知 $\triangle ABD$ 为等腰直角三角形,再由 $DH = AH = BH$ 可知 $DH = |4a| = 2$,求得 $a = \pm\frac{1}{2}$.

由于抛物线开口方向未知,故 $DH$ 长度的数学表达式要带上绝对值符号,防止漏解.

(3) 先判断出 $\triangle ABE$ 是等边三角形,即可求出 $A$、$B$、$E$ 三点的坐标,再利用交点式或者顶点式求出抛物线的解析式.

30. 解 (1) ∵ $y = x^2 - 2x + c = (x-1)^2 + c - 1$,
∴ 抛物线的顶点坐标为 $(1, c-1)$.
∵ 抛物线的顶点在反比例函数 $y = \dfrac{3}{x}$ 的图像上,
∴ $1 \times (c-1) = 3 \Rightarrow c = 4$.

(2) 作 $BE \perp y$ 轴于点 $E$(图 2.21).

∵ $y_{BD} = \dfrac{3}{4}x + m$,

∴ $AO = m$, $DO = \dfrac{4}{3}m$,

∴ $\tan \angle DAO = \dfrac{4}{3}$.

∵ $\angle DAO = \angle BAE$,

∴ $\sin \angle BAE = \dfrac{4}{5}$, $\cos \angle BAE = \dfrac{3}{5}$.

∵ 四边形 $ABCO$ 为菱形,

∴ $AB = AO = BC = OC = m$.

∵ $S_{ABCO} = BE \cdot AO = AB \cdot \sin \angle BAE \cdot AO$,

∴ $\dfrac{4}{5}m^2 = 5 \Rightarrow m = \dfrac{5}{2}$,

∴ $BE = AB \cdot \sin \angle BAE = \dfrac{4}{5}m = 2$.

∵ $OE = AO + AE = AO + AB\cos \angle BAE = m + \dfrac{3}{5}m = \dfrac{8}{5}m = 4$,

∴ $B(2, 4)$,

∴ $y = -(x-2)^2 + 4 = -x^2 + 4x$.

令 $-x^2 + 4x = 0$.

∴ $x_1 = 0$, $x_2 = 4$,

∴ 抛物线与 $x$ 轴的两个交点之间的距离为 $4$.

(3) 连接 $AC$、$AB$(图 2.22).

∵ $\overset{\frown}{OBA}$ 的中点为 $C$,

∴ $AC = OC$.

∵ $AO$ 为圆的直径,

∴ $\angle ACO = 90°$, $\angle ABO = 90°$,

∴ $\triangle ACO$ 为等腰直角三角形,

∴ $\angle OAC = \angle AOC = 45°$.

∵ 四边形 $AOCB$ 为圆的内接四边形,

∴ $\angle ABD = \angle AOC = 45°$,

∴ $\angle D + \angle ACD = \angle ACD + \angle CAB = 45°$,

∴ $\angle D = \angle CAB$.

又 $\angle DOB = \angle ACB$,

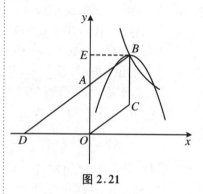

图 2.21

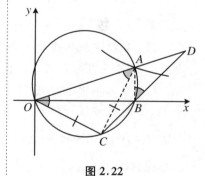

图 2.22

∴△DOB∽△ACB(AA),

∴ $\dfrac{DB}{AB}=\dfrac{OB}{CB}\Rightarrow AB\cdot OB=DB\cdot CB$.

∵ $y=\left(x-\dfrac{3}{n}\right)^2+4n$ 的交点坐标为 $\left(\dfrac{3}{n},4n\right)$,

∴ $k=\dfrac{3}{n}\cdot 4n=12=AB\cdot OB$,

∴ $DB\cdot CB=12$.

∵ $CD=DB+CB=5\sqrt{2}$,

∴ $DB$、$CB$ 为方程 $x^2-5\sqrt{2}x+12=0$ 的两个根.

∵ $x^2-5\sqrt{2}x+12=(x-2\sqrt{2})(x-3\sqrt{2})=0$,

又 $BD>BC$,

∴ $BD=3\sqrt{2},BC=2\sqrt{2}$.

作 $DE\perp x$ 轴于点 $E$(图 2.23).

∵ $\angle ABD=45°,AB\perp OE$,

∴ $\angle DBE=45°$,

∴ △$DBE$ 为等腰直角三角形,

∴ $BE=DE=\dfrac{DB}{\sqrt{2}}=3$.

设 $OB=x$,则 $AB=\dfrac{12}{x}$.

∵ $AB\parallel DE$,

∴ $\dfrac{AB}{DE}=\dfrac{OB}{OE}$,

∴ $\dfrac{12}{3x}=\dfrac{x}{x+3}\Rightarrow (x+2)(x-6)=0\Rightarrow x=6$,

∴ $A(6,2)$.

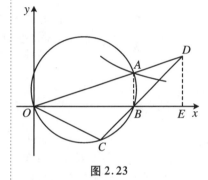

图 2.23

### 思路点拨

第一问比较简单,"思美抛物线"的关键特征是抛物线的顶点在反比例函数的图像上,即顶点坐标满足反比例关系式.

第二问中,由于抛物线的顶点为点 $B$,只要知道了点 $B$ 的坐标,求抛物线的解析式便是水到渠成的事,再求出抛物线与 $x$ 轴的交点坐标,从而两个交点之间的距离就算出来了.本小题的关键在于巧妙地利用参数 $m$,解得线段 $BE$、$OE$ 的值,即得点 $B$ 的坐标.

第三问的综合性较强,在准确理解"思美抛物线"定义的基础上,易求得 $k=12$,即 $AB\cdot OB=12$,由△$DOB$∽△$ACB$ 可知 $AB\cdot OB=DB\cdot CB=12$,进而解得 $BD=3\sqrt{2}$.最后由平行线分线段成比例定理解得 $OB=6$.

31. 解 连接 $DQ$(图 2.24).

∵ $y = x^2 - 2x - 3 = (x+1)(x-3)$,

∴ $A(-1,0), B(3,0), C(0,-3)$,

∴ $AC = AD = \sqrt{10}, AB = 4$.

∵ $AD = AC$,

∴ $\angle ACD = \angle ADC$.

∵ $CD$ 垂直平分 $PQ$,

∴ $\angle ADC = \angle CDQ, PD = DQ = AD - AP = \sqrt{10} - t$,

∴ $\angle ACD = \angle CDQ$,

∴ $AC \parallel DQ$,

∴ $\dfrac{DQ}{AC} = \dfrac{BD}{AB} \Rightarrow \dfrac{\sqrt{10}-t}{\sqrt{10}} = \dfrac{4-\sqrt{10}}{4} \Rightarrow t = \dfrac{5}{2}$.

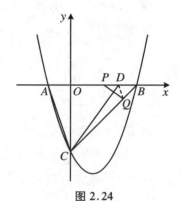

图 2.24

### 思路点拨

等腰和垂直平分线是轴对称图形的特征. 连接 $DQ$ 势在必行. 通过导角, 发现 $AC \parallel DQ$, 这是破题的关键点.

32. 解 ∵ $y = -\dfrac{1}{3}x^2 + 3$,

∴ $A(-3,0), B(3,0), C(0,3)$,

∴ △$ACO$、△$BCO$、△$ACB$ 均为等腰直角三角形.

作 $AH \perp x$ 轴交 $DE$ 的延长线于点 $H$(图 2.25).

∴ $\angle HAE = \angle GAE = 45°, \angle HAD = 90° - \alpha$,

∴ $\angle AHD = 180° - 2\alpha - (90° - \alpha) = 90° - \alpha$.

又 $\angle AGE = 90° - \alpha$,

∴ $\angle AHE = \angle AGE = \angle HAD$,

∴ $DH = DA$.

∵ 在△$AHE$ 与△$AGE$ 中,

$\begin{cases} \angle AHE = \angle AGE \\ \angle HAE = \angle GAE \\ AE = AE \end{cases}$,

∴ △$AHE \cong$ △$AGE$(AAS),

∴ $AH = AG$,

∴ △$AHG$ 为等腰直角三角形.

连接 $HG$ 交 $AC$ 于点 $N$, 连接 $DN$, 作 $DM \perp x$ 轴于点 $M$(图 2.26).

由对称性可知 $HG \perp AC, AN = GN = HN$.

∵ $BC \perp AC$,

∴ $GN \parallel DB$.

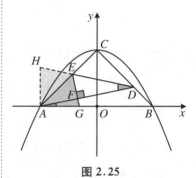

图 2.25

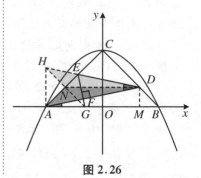

图 2.26

∵ 在 △DNH 与 △DNA 中,
$$\begin{cases} DH = DA \\ HN = AN \\ DN = DN \end{cases},$$
∴ △DNH≌△DNA（SSS）,
∴ ∠HDN = ∠ADN = α = ∠DAB,
∴ DN∥GB,
∴ 四边形 GBDN 为平行四边形,
∴ $DB = NG = \dfrac{AG}{\sqrt{2}}$,
∴ △DMB 为等腰直角三角形, $DB = \sqrt{2}DM$,
∴ $AG = 2DM$.
∵ $S_{\triangle ABD} = \dfrac{1}{2}AB \cdot DM$,
又∵ $AB = 6, G(t,0)$,
∴ $AG = 3 + t = 2DM$,
∴ $S_{\triangle ABD} = \dfrac{3}{2}(t+3)$.

答案是 B 项.

**思路点拨**

欲求 $S_{\triangle ADB}$, 则只需求 $DM$. 本题条件中只给出点 $G$ 的坐标, 即给出线段 $AG$ 的长, 那么只需确定 $DM$ 与 $AG$ 之间的数量关系即可求解. 由于 $DM$ 与 $AG$ 两条线段相对分散, 不容易判断它们之间的数量关系, 势必要另辟蹊径. 我们通过几何变换将它们转化到同一个三角形中以便判断数量关系. 本题首先采用对称变换, 再采用平移变换, 完美地解决了问题.

33. **解** 如图 2.27 所示, 据题意知 $OP = 1$.
设 $A(m, -m^2+1)$, 则
$$AD = OF = -m^2 + 1,$$
$$PF = OP - OF = m^2,$$
$$AF = OD = m.$$
∵ $AB \parallel x$ 轴,
∴ $\dfrac{PF}{OP} = \dfrac{EF}{OD}$,
∴ $\dfrac{PF}{EF} = \dfrac{OP}{OD} = \dfrac{1}{m}$.
∴ $\dfrac{AF}{PF} = \dfrac{m}{m^2} = \dfrac{1}{m}$,

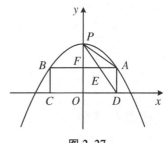

图 2.27

$$\therefore \frac{PF}{EF} = \frac{AF}{PF}.$$

又 $\angle PFE = \angle AFP = 90°$,

$\therefore \triangle PFE \backsim \triangle AFP$,

$\therefore \angle EPF = \angle PAF$.

$\therefore AD \parallel PF$,

$\therefore \angle ADP = \angle EPF$,

$\therefore \angle ADP = \angle PAF$,

$\therefore \triangle PAD \backsim \triangle PEA$(AA).

相似三角形的判定是中考高频考点.判定两个三角形是否相似,初中阶段只有两种方法,要么两个角分别对应相等,要么等角的两边对应成比例.本题使用第二种方法,先判定 $\triangle PFE \backsim \triangle AFP$,再通过平行线转移几何元素,最终判定 $\triangle PAD \backsim \triangle PEA$.

34. **解** 作 $DG \parallel y$ 轴交 $BC$ 于点 $G$(图2.28).

$\because y = -x^2 + 2x + 3 = -(x+1)(x-3)$,

$\therefore A(-1,0), B(3,0), C(0,3)$,

$\therefore y_{BC} = -x + 3$.

$\because y_{FD} = kx + 1$,

$\therefore F(0,1)$,

$\therefore CF = 2$.

设 $D(x, -x^2+2x+3)$,则 $G(x, -x+3)$.

$\therefore DG = (-x^2+2x+3) - (-x+3) = -x^2+3x$.

$\because DG \parallel y$ 轴,

$\therefore \frac{DG}{CF} = \frac{DE}{EF} = \frac{-x^2+3x}{2} = -\frac{1}{2}\left(x - \frac{3}{2}\right)^2 + \frac{9}{8}$.

当 $\frac{DE}{EF}$ 取得最大值时,$D\left(\frac{3}{2}, \frac{15}{4}\right), F(0,1)$.

$\therefore y_{FD} = \frac{11}{6}x + 1$,

$\therefore k = \frac{11}{6}$.

答案是 D 项.

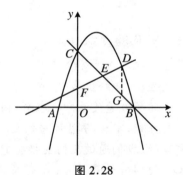

图 2.28

欲求当 $\frac{DE}{EF}$ 取得最大值时 $k$ 的值,需要先求何时 $\frac{DE}{EF}$ 取得最大值.

对于两条线段的比值,首先应该想到平行线和相似三角形的知识点.通过作$DG \parallel y$轴将$\dfrac{DE}{EF}$转化为$\dfrac{DG}{CF}$,由于$CF=2$,问题就转化为利用点$D$的坐标表示线段$DG$的长度.这样一来,求出$\dfrac{DE}{EF}$达到最大值时点$D$的坐标,自然就能解得$k$的值.

35. **解** 作$BG \perp x$轴于点$G$,$CF \perp x$轴于点$F$,$DH \perp x$轴于点$H$(图2.29).

$\because BG \parallel DH$,

$\therefore \dfrac{BG}{DH} = \dfrac{OG}{OH}$.

$\because CF \parallel DH$,

$\therefore \dfrac{CF}{DH} = \dfrac{AF}{AH}$.

$\therefore \dfrac{BG}{DH} + \dfrac{CF}{DH} = \dfrac{OG}{OH} + \dfrac{AF}{AH} = \dfrac{\frac{1}{2}OP + \frac{1}{2}AP}{\frac{1}{2}OA} = 1$,

$\therefore BG + CF = DH = (y_1 + y_2)_{max}$.

$\because A(12,0)$,

$\therefore AO = 12$,

$\therefore OH = AH = 6$.

$\because OD = AD = 8$,

$\therefore DH = 2\sqrt{7}$,

$\therefore (y_1 + y_2)_{max} = 2\sqrt{7}$.

答案是B项.

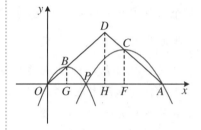

图2.29

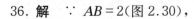

  显然,二次函数$y_1$与$y_2$的最大值都是变量,如果分别求,由于函数解析式未知,难度很大.既然代数求解有困难,那么我们改变思路,试试几何方法,通过数形结合的办法求解.经分析,虽然$y_1$与$y_2$的最大值都是变量,但是$(y_1 + y_2)_{max} = DH$,这就顺利解决了难题.

36. **解** $\because AB = 2$(图2.30),

$\therefore x_2 - x_1 = 2$,

$\because b = OC, x_2 = OB$,

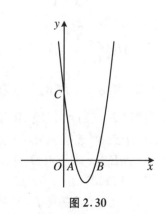

图2.30

$$\therefore \frac{x_2}{b} = \frac{1}{2} \Rightarrow x_2 = \frac{b}{2}.$$

$\because$ 由韦达定理知 $x_1 \cdot x_2 = \frac{b}{2}$,

$\therefore x_1 = 1, x_2 = 3,$

$\therefore x_1 + x_2 = 4 = \frac{2a}{2} \Rightarrow a = 4, x_2 = \frac{b}{2} \Rightarrow b = 6,$

$\therefore y = 2x^2 - 8x + 6.$

**思路点拨**

求抛物线的解析式是初中常见题型. 对于本题而言, 抛物线的解析式中有两个未知数, 那么必须建立两个有效方程才能解决问题. 条件 $AB = 2$ 的数学含义是指抛物线与 $x$ 轴的两个交点之间的距离, $\frac{OB}{OC} = \frac{1}{2}$ 的数学含义是参数 $b$ 与 $x_2$ 之间的数量关系. 这两个方程之间的桥梁就是韦达定理. 通过韦达定理将这两个看似毫无关联的方程完美统一, 是破解本题的关键.

37. **解法1** (1) 作线段 $AC$ 的垂直平分线交 $BC$ 于点 $M$, 交 $AC$ 于点 $N$, 连接 $AM$, 则点 $M$ 为所求(图2.31).

$\because A(1,0), B(5,0), C(0,-5),$

$\therefore N\left(\frac{1}{2}, -\frac{5}{2}\right), y_{AC} = 5x - 5,$

$\therefore y_{MN} = -\frac{1}{5}x - \frac{12}{5}.$

$\because y_{BC} = x - 5,$

$\therefore M\left(\frac{13}{6}, -\frac{17}{6}\right).$

(2) 作 $AH \perp BC$ 于点 $H$, 设点 $M$ 关于 $AH$ 的对称点为 $M'$, 连接 $AM'$, 则点 $M'$ 为所求(图2.32).

$\because y_{AH} = -x + 1,$

$\therefore H(3, -2),$

$\therefore M'\left(\frac{23}{6}, -\frac{7}{6}\right).$

综上所述, 点 $M$ 的坐标为 $\left(\frac{13}{6}, -\frac{17}{6}\right)$ 或 $\left(\frac{23}{6}, -\frac{7}{6}\right)$.

**解法2** (1) 作线段 $AC$ 的垂直平分线交 $BC$ 于点 $M$, 交 $AC$ 于点 $N$, 连接 $AM$, 则点 $M$ 为所求.

作 $ME \perp x$ 轴于点 $D$, 作 $ME \perp y$ 轴于点 $E$ (图2.33).

$\because A(1,0), B(5,0), C(0,-5),$

$\therefore \triangle OBC$ 为等腰直角三角形.

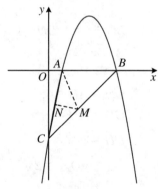

图 2.31

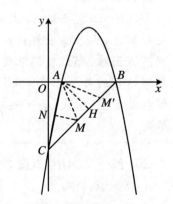

图 2.32

∴ △ECM 与 △DMB 均为等腰直角三角形.

设 EM = a.

∴ EC = EM = a, DM = OE = 5 − a, AD = a − 1,
MC = AM = $\sqrt{2}a$, BM = $\sqrt{2}DM$ = (5−a)$\sqrt{2}$.

∵ 在 Rt△ADM 中, $DM^2 = AM^2 - AD^2$,
又 $BM^2 = 2DM^2$,

∴ $2a^2 - (a-1)^2 = \frac{1}{2}(5\sqrt{2} - \sqrt{2}a)^2 \Rightarrow a = \frac{13}{6}$,

∴ $M\left(\frac{13}{6}, -\frac{17}{6}\right)$.

(2) 同解法1,求得第二个满足条件的点 $M'\left(\frac{23}{6}, -\frac{7}{6}\right)$.

综上所述,$M\left(\frac{13}{6}, -\frac{17}{6}\right)$ 或 $\left(\frac{23}{6}, -\frac{7}{6}\right)$.

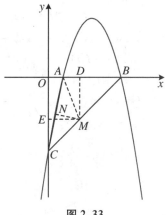

图 2.33

### 思路点拨

处理两倍角关系,一般采用构造等腰三角形的方法,利用三角形外角与内角的两倍关系定性分析存在性.以本题为例,构造等腰△AMC,先确定一个满足条件的点 M,再构造等腰△AMM',确定第二个满足条件的点 M,这样一来,点的位置确定了,计算点的坐标就不是一件困难的事情.

解法1侧重解析法,根据相互垂直的两条直线斜率的乘积为 −1,得到直线 MN 的解析式,求解点 M 的坐标,再由对称性得到满足条件的第二个点 M 的坐标.

解法2侧重几何法,利用等腰直角三角形的几何特性、三角形三边关系及勾股定理建立等量关系,求解 EM,即求得点 M 的横坐标,纵坐标随之解决,第二个满足条件的点 M 的求解与解法1相同,利用对称性先定性分析存在性,再定量计算.

**38.** 解法1 作 CH⊥ED 交 ED 于点 G,交 x 轴于点 H (图 2.34).

∵ ∠CDE = 45°,
∴ ∠DCG = 45°.
∵ AC = AD,
∴ ∠ACD = ∠ADC,
∴ ∠ACH = ∠ADE,
∴ △ACH ≌ △ADE(AAS),
∴ $AE = AH = \frac{1}{2}AC = \frac{1}{2}AD$.

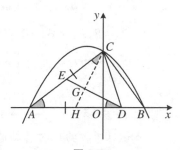

图 2.34

设 $\angle ACH = \angle ADE = \alpha$.

$\therefore \angle HCB = 90° - \alpha = \angle GHD$,

$\therefore BC = HB = HD + DB$.

设 $AC = AD = 2m, DB = n$.

$\therefore AH = HD = m, BC = HB = m + n$.

$\because$ 在 Rt$\triangle ABC$ 中，$AC^2 + BC^2 = AB^2$,

$\therefore 4m^2 + (m+n)^2 = (2m+n)^2 \Rightarrow m = 2n$,

$\therefore AD = 4DB$,

$\therefore \dfrac{S_{\triangle ACD}}{S_{\triangle CDB}} = \dfrac{1}{4}$.

$\because CE = AE$,

$\therefore S_{\triangle ACD} = 2S_{\triangle ECD}$,

$\therefore \dfrac{S_{CEDB}}{S_{\triangle ABC}} = \dfrac{3}{5} \Rightarrow S_{\triangle ABC} = 24$,

$\therefore \dfrac{1}{2} AC \cdot BC = 24 \Rightarrow n^2 = 4 \Rightarrow n = 2$,

$\therefore AB = 10$,

$\therefore$ 抛物线的对称轴为 $x = -\dfrac{32}{5} + \dfrac{10}{2} = -\dfrac{7}{5}$.

**解法 2** 作 $AH \perp DC$ 于点 $H$，交 $ED$ 于点 $G$，则点 $G$ 为等腰$\triangle ACD$ 的重心（图 2.35）.

由重心的性质得 $AG = 2GH$.

$\because \triangle GHD$ 为等腰直角三角形,

$\therefore HD = GH$,

$\therefore \tan\angle HAD = \dfrac{1}{3}$.

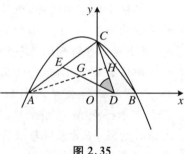

图 2.35

由"12345"模型得 $\tan\angle CAB = \dfrac{3}{4}$.

$\therefore BC : AC : AB = 3 : 4 : 5$.

$\because AC = AD$,

$\therefore AD : DB = 4 : 1$,

$\therefore S_{CEDB} = \dfrac{3}{5} S_{\triangle ABC} \Rightarrow S_{\triangle ABC} = 24$,

$\therefore AC = 8, BC = 6, AB = 10$,

$\therefore$ 抛物线的对称轴为 $x = -\dfrac{32}{5} + \dfrac{10}{2} = -\dfrac{7}{5}$.

### 思路点拨

本题欲求抛物线对称轴的方程，在已知点 $A$ 的坐标情况下，要么先求点 $B$ 的坐标，要么先求线段 $AB$ 的长度.

**解法1**：题设中有面积条件,显然与 $AB$ 的长度有关,那么探究 $AB$ 的长度是首要任务.题设条件中有 $45°$ 角,常常通过作垂线构造等腰直角三角形,以便求解点的坐标或者线段长度的数量关系.通过构造等腰直角三角形,我们发现了全等三角形和等腰三角形,那么相关线段的数量关系就越来越清晰了,最终根据勾股定理解得 $AB$ 的长度,轻松得到对称轴方程.

**解法2**：深刻地把握了几何图形的内在本质,从重心入手,利用重心的性质与"12345"模型理解图形的内涵,解法巧妙快速.

解法1对于初学者来说是常规思路,计算量稍大,但不失为一种好的解法,尤其针对解答题型.解法2对于应试者要求较高,但是针对选择填空题型,可以速解.

**39.** 解 (1) 作 $CH \perp x$ 轴于点 $H$(图 2.36).

$\because y_{BC} = -\sqrt{3}x + b$,

$\therefore \angle CBH = 60°$.

$\because BC = 2$,

$\therefore BH = 1, CH = \sqrt{3}$.

易求 $AB = 13, OD = 4\sqrt{3}$.

$\therefore AH = AB - BH = 12$.

$\because \angle DEA + \angle CAE = 90°, \angle ACH + \angle CAH = 90°$,

$\therefore \angle DEA = \angle ACH$,

$\therefore \tan \angle DEA = \tan \angle ACH = \dfrac{AH}{CH} = \dfrac{12}{\sqrt{3}} = 4\sqrt{3}$.

(2) $\because CH \parallel OG$,

$\therefore \dfrac{OG}{CH} = \dfrac{AO}{AH}$.

$\because AO = 4, CH = \sqrt{3}, AH = 12$,

$\therefore OG = \dfrac{\sqrt{3}}{3}$.

$\because OD = 4\sqrt{3}$,

$\therefore DG = OD - OG = \dfrac{11\sqrt{3}}{3}$.

(3) $\because$ 在 Rt$\triangle ACH$ 中,$CH = \sqrt{3}, AH = 12$,

$\therefore AC = \sqrt{CH^2 + AH^2} = 7\sqrt{3}$.

$\because$ 易证 $\triangle ACH \sim \triangle DGF$(AA)(图 2.37),

$\therefore \dfrac{AC}{DG} = \dfrac{AH}{DF} \Rightarrow \dfrac{7\sqrt{3}}{\dfrac{11\sqrt{3}}{3}} = \dfrac{12}{DF}$,

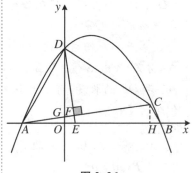

图 2.36

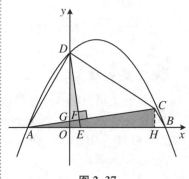

图 2.37

∴ $DF = \frac{44}{7}$.

∵ $S_{\triangle ADC} = \frac{1}{2} DF \cdot AC = 22\sqrt{3}$, $S_{\triangle ACB} = \frac{1}{2} CH \cdot AB = \frac{13\sqrt{3}}{2}$,

∴ $S_{ABCD} = \frac{57\sqrt{3}}{2}$.

### 思路点拨

第一问求 $\tan \angle DEA$，由于 $\angle DEA$ 是 $Rt\triangle DEO$ 的一个内角，但是只有 $OD$ 边已知，那么求 $OE$ 或者将角转化到其他易求的三角形中是必然的思路。本题是典型的"双十字架"模型，这类模型的特点是必然存在相似，通过角的转化，求 $\tan \angle ACH$ 就相对简单。当然，也可以利用相似先求出 $OE = 1$，再求 $\tan \angle DEA$。

第二问求 $DG$ 的长度，显然 $DG = OD - OG$，由于 $OD$ 已知，故求 $OG$ 势在必行。利用平行线分线段成比例定理易求出 $OG$。

第三问求四边形面积，所求四边形由两个三角形构成，分别求出 $S_{\triangle ADC}$ 和 $S_{\triangle ACB}$ 即可求出 $S_{ABCD}$，难点是求 $AC$ 和 $DF$ 的长度，可以利用勾股定理求解 $AC$，利用相似求解 $DF$。

40. **解** 作 $BF \perp x$ 轴于点 $F$（图 2.38）.

∵ $B(m, m)$,

∴ $OF = BF = m$.

∵ 易证 $\triangle OFE \cong \triangle BFA$（ASA），

∴ $FE = FA = 6 - m$,

∴ $BE = m - (6 - m) = 2m - 6$.

∵ 易证 $\triangle BED \sim \triangle OAD$（图 2.39），

∴ $\frac{BD}{OD} = \frac{BE}{OA} = \frac{2m-6}{6} = \frac{1}{4} \Rightarrow m = \frac{15}{4}$,

∴ $\frac{15}{4} = \frac{15a}{4}\left(\frac{15}{4} - 6\right) \Rightarrow a = -\frac{4}{9}$.

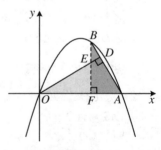

图 2.38

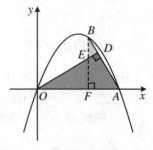

图 2.39

### 思路点拨

本题是典型的双十字架模型。由于 $OF = BF = m$，通过构造全等三角形，实现坐标与线段长度值之间的转化，再利用 $\triangle OFE \cong \triangle BFA$ 解决线段、坐标问题，最后利用坐标解决参数 $a$。

欲求抛物线解析式的参数 $a$，只要确定点 $B$ 的坐标即可. 点 $B$ 坐标的特殊性（即纵、横坐标相等）为构造全等三角形创造了条件. 同时，本题给出 $OD = 4BD$ 这样的数量关系，在构造全等三角形的同时，相似三角形也出现了. 给出的两条线段恰是两个相似三角形的对应边，那么问题就明朗化了.

41. **解** 设抛物线的对称轴与 $x$ 轴交于点 $E$，与 $AD$ 交于点 $G$，连接 $BG$，作 $DM \perp x$ 轴于点 $M$（图2.40）.

∵ 点 $A$、$B$ 关于 $EG$ 对称，

∴ $AG = BG$，$GE \perp x$ 轴，

∴ $\angle BGD = 2\angle DAB$，

∴ $\angle BGD + \angle ADB = 90°$，即 $BG \perp BD$.

设 $D(x, -x^2 + 2x + 3)$.

∴ $BM = x - 3$，$DM = x^2 - 2x - 3 = (x+1)(x-3)$，$AM = x + 1$.

易证 $\angle BAD = \angle ABG = \angle BDM$.

∵ $\tan \angle BAD = \dfrac{DM}{AM} = x - 3$，$\tan \angle BDM = \dfrac{BM}{DM} = \dfrac{1}{x+1}$，

∴ $x - 3 = \dfrac{1}{x+1} \Rightarrow x = \sqrt{5} + 1$（负值舍去），

∴ $D(\sqrt{5}+1, -1)$.

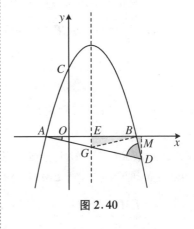

图2.40

### 思路点拨

抛物线的对称轴是重要的几何特征，通过对称轴将题设条件转化为三角形中两个互余的内角，这样就变成了我们比较熟悉的"一线三等角"相似模型，再根据等角关系利用点 $D$ 的坐标将其正切值表示出来，建立方程求解.

42. **解法1** 过点 $C$ 作 $CF \parallel EB$ 交 $x$ 轴于点 $F$，则 $\angle DCF = \angle BED = 45°$.

过点 $F$ 作 $FG \perp CB$ 交 $CB$ 的延长线于点 $G$（图2.41）.

∵ 据题意，$AO = CO = 2$，$BO = 2\sqrt{3}$，$CB = 4$，

∴ △$ACO$ 为等腰直角三角形，

∴ $AC = 2\sqrt{2}$，$\angle CAF = 45°$.

∴ $\tan \angle CBO = \dfrac{2}{2\sqrt{3}} = \dfrac{\sqrt{3}}{3}$，

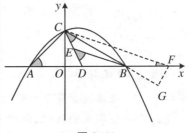

图2.41

$\therefore \angle CBO = 30° = \angle FBG$.

$\because CE = ED, EB /\!/ CF$,

$\therefore DB = BF$.

设 $DB = BF = 2m$.

$\therefore FG = m, BG = \sqrt{3}m, DF = 4m$,

$\therefore CG = CB + BG = 4 + \sqrt{3}m, AF = AB + BF = 2 + 2\sqrt{3} + 2m$.

$\because$ 在 $\text{Rt}\triangle CGF$ 中, $CF^2 = FG^2 + CG^2$,

$\therefore CF^2 = m^2 + (4+\sqrt{3}m)^2 = 4m^2 + 8\sqrt{3}m + 16$.

$\because$ 易证 $\triangle AFC \sim \triangle CFD$(AA),

$\therefore \dfrac{AF}{CF} = \dfrac{FC}{DF} \Rightarrow CF^2 = AF \cdot DF$,

$\therefore CF^2 = (2 + 2\sqrt{3} + 2m) \cdot 4m = 8m + 8\sqrt{3}m + 8m^2$,

$\therefore 4m^2 + 8\sqrt{3}m + 16 = 8m + 8\sqrt{3}m + 8m^2 \Rightarrow m = \sqrt{5} - 1$(负值舍去),

$\therefore BD = 2\sqrt{5} - 2$.

**解法 2** 作 $EM \perp x$ 轴于点 $M$, $DF \perp CD$ 交 $BE$ 于点 $F$, $FN \perp x$ 轴于点 $N$,则 $EM$ 为 $\triangle CDO$ 的中位线(图 2.42).

$\therefore EM = \dfrac{1}{2}CO = 1, OM = MD$.

$\because \angle BED = 45°$,

$\therefore \triangle EDF$ 为等腰直角三角形,

$\therefore ED = DF$.

$\because$ 易证 $\triangle EDM \cong \triangle DFN$(AAS),

$\therefore EM = DN = 1, MD = NF$.

设 $OM = MD = NF = a$.

$\therefore BD = BO - OD = 2\sqrt{3} - 2a$.

$\because FN /\!/ EM \Rightarrow \dfrac{FN}{EM} = \dfrac{BN}{BM} \Rightarrow \dfrac{a}{1} = \dfrac{BN}{2\sqrt{3}-a}$,

$\therefore BN = -a^2 + 2\sqrt{3}a$.

又 $BN = BM - (MD + DN) = 2\sqrt{3} - 2a - 1$,

$\therefore -a^2 + 2\sqrt{3}a = 2\sqrt{3} - 2a - 1 \Rightarrow a = 1 + \sqrt{3} - \sqrt{5}$,

$\therefore BD = 2\sqrt{5} - 2$.

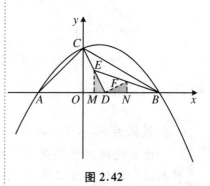

图 2.42

对于抛物线背景下的代数与几何综合问题,首先要对图形有一个基本的认识,即要对相关的线段、角度有一个分析的过程,只有分析出边角关系才能抓住破题的命门.

解法1：首先分析得出两个重要结论，即△ACO为等腰直角三角形，∠CBO=30°．同时，点E为CD的中点．30°、45°角和中位线定理是中考高频考点．遇见中点时构造中位线是解决问题的一种常见手段．通过中位线转移几何元素的同时又构造了子母相似三角形，那么图形中相关线段的数量关系均一目了然，解决问题就轻松多了．

解法2：充分利用45°角这个非常重要的条件，构造等腰直角三角形，再通过构造"一线三直角"，利用全等的性质解决线段数量关系问题，最后利用平行线分线段成比例定理建立方程，先算出MD，再求BD．这两种解法各有千秋．

43. 解 ∵ 如图2.43所示，据题意，$A(4,0)$，$B(0,3)$，

∴ $\tan \angle BAO = \dfrac{3}{4}$，

∴ $\cos \angle NAE = \dfrac{4}{5}$，

∴ $AN = \dfrac{5}{4}AE = \dfrac{5}{4}(4-m)$．

∵ $y_{AB} = -\dfrac{3}{4}x + 3$，

∴ $NE = -\dfrac{3}{4}m + 3$，

∴ $PN = PE - NE = -\dfrac{3}{4}(m+1)(m-4) - \left(-\dfrac{3}{4}m + 3\right) = -\dfrac{3}{4}m^2 + 3m$．

∵ 易证△PMN∽△AEN，

∴ $\dfrac{c_1}{c_2} = \dfrac{PN}{AN} = \dfrac{6}{5} \Rightarrow \dfrac{-\dfrac{3}{4}m^2 + 3m}{\dfrac{5}{4}(4-m)} = \dfrac{6}{5}$，

∴ $m^2 - 6m + 8 = 0 \Rightarrow (m-2)(m-4) = 0$．

∵ $0 < m < 4$，

∴ $m = 2$．

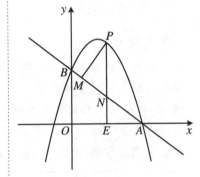

图 2.43

**思路点拨**

若两个三角形相似，则它们的周长之比等于相似比．本题比较容易判定△PMN∽△AEN，观察△PMN，只有斜边PN的长度容易利用点E的坐标表示，再观察△AEN的斜边，由于 $\cos \angle NAE = \dfrac{4}{5}$，可以利用点E的坐标表示AN．这样一来，就建立了方程，从而解决了问题．

44. 解 $\because y = \frac{1}{2}x^2 - nx + \frac{1}{2}n^2 + \frac{6}{n} = \frac{1}{2}(x-n)^2 + \frac{6}{n}$,

$\therefore A\left(n, \frac{6}{n}\right)$,

$\therefore k = n \cdot \frac{6}{n} = 6$.

连接 $BO$(图 2.44),则 $S_{\triangle BOD} = 3$.

$\because EO // BD$,

$\therefore S_{\triangle BOD} = S_{\triangle BED} = \frac{1}{2}k = 3$.

设 $S_{\triangle EOD} = x$.

$\because \frac{S_{\triangle BED}}{S_{\triangle CED}} = \frac{BE}{CE} = \frac{OD}{OC} = \frac{S_{\triangle EOD}}{S_{\triangle COE}}$,

$\therefore \frac{3}{x+4} = \frac{x}{4} \Rightarrow x^2 + 4x - 12 = 0 \Rightarrow (x-2)(x+6) = 0$,

$\therefore S_{\triangle EOD} = 2$.

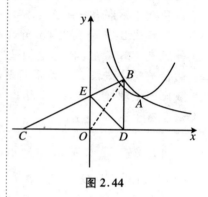

图 2.44

**思路点拨**

抛物线的顶点在反比例函数的图像上,那么先解得抛物线顶点的坐标势在必行.由此可得反比例函数的 $k$ 值,再由 $k$ 值的几何意义求得 $S_{\triangle BOD} = 3$.因为 $EO // BD$,所以 $S_{\triangle BED} = S_{\triangle BOD} = 3$,最后利用面积比与线段比之间的关系建立方程,解得 $S_{\triangle EOD} = 2$.

45. 解 作 $ED \perp y$ 轴于点 $E$(图 2.45).

$\because y = \frac{1}{\sqrt{3}}x^2 - \sqrt{3}$,

$\therefore A(-\sqrt{3}, 0), B(\sqrt{3}, 0), C(0, -\sqrt{3})$,

$\therefore OC = OB = \sqrt{3}$,

$\therefore \triangle OBC$ 为等腰直角三角形,

$\therefore \angle OCB = 45°$,

$\therefore \angle DCE = 45° - 15° = 30°$.

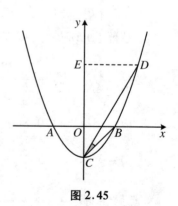

图 2.45

设 $D\left(x, \frac{1}{\sqrt{3}}x^2 - \sqrt{3}\right)$.

$\therefore ED = x, CE = \left(\frac{1}{\sqrt{3}}x^2 - \sqrt{3}\right) + \sqrt{3} = \frac{1}{\sqrt{3}}x^2$.

$\therefore \frac{ED}{CE} = \frac{1}{\sqrt{3}} = \frac{x}{\frac{1}{\sqrt{3}}x^2} = \frac{1}{\frac{1}{\sqrt{3}}x} \Rightarrow x = 3$,

$\therefore D(3, 2\sqrt{3})$.

> **思路点拨**
>
> 在初中阶段,15°角不属于特殊角范畴,通过分析可知△OBC为等腰直角三角形,那么∠DOE=30°,对于30°角的三角函数值大家都非常熟悉,再利用线段之间的比例关系建立方程,即可求解.

46. **解法1** 作 $AE \perp BC$ 于点 $F$,交 $CP$ 于点 $E$(图 2.46).

∵ $B(3,0), C(0,-3)$,

∴ $y_{BC} = x - 3$.

∵ $AE \perp BC$, $A(1,0)$,

∴ $y_{AE} = -x + 1$,

∴ $F(2,-1)$.

∵ $\angle ACB = \angle BCP$,

∴ $F$ 为 $AE$ 的中点.

由中点的坐标公式得

$$x_F = \frac{x_A + x_E}{2} \Rightarrow x_E = 3,$$
$$y_F = \frac{y_A + y_E}{2} \Rightarrow y_E = -2.$$

∴ $y_{CE} = \frac{1}{3}x - 3$.

∵ 点 $P$ 为直线 $CE$ 与抛物线的交点,

∴ $\frac{1}{3}x_P - 3 = -x_P^2 + 4x_P - 3 \Rightarrow x_P = \frac{11}{3}$,

∴ $P\left(\frac{11}{3}, -\frac{16}{9}\right)$.

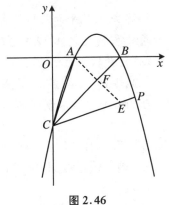

图 2.46

**解法2** 过点 $C$ 作 $x$ 轴的平行线,过点 $P$ 作 $x$ 轴的垂线,垂足为点 $G$,两直线交于点 $H$(图 2.47).

∵ $OC = OB = 3$,

∴ $\angle BCO = \angle BCH = 45°$.

∵ $\angle ACB = \angle BCP$,

∴ $\angle ACO = \angle PCH$,

∴ $\tan \angle PCH = \frac{PH}{CH} = \tan \angle ACO = \frac{1}{3}$.

设 $P(x, -x^2 + 4x - 3)$.

∴ $CH = x$,$PG = x^2 - 4x + 3$,

∴ $PH = OC - PG = 3 - (x^2 - 4x + 3) = -x^2 + 4x$,

∴ $\frac{-x^2 + 4x}{x} = \frac{1}{3} \Rightarrow x = \frac{11}{3}$,

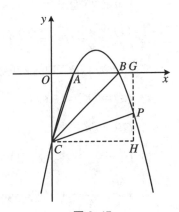

图 2.47

$\therefore P\left(\dfrac{11}{3}, -\dfrac{16}{9}\right).$

**思路点拨**

解法1：从解析几何的角度求出点 $A$ 关于直线 $BC$ 的对称点 $E$ 的坐标，再根据 $P$ 是直线 $CE$ 与抛物线的交点，建立方程，解得点 $P$ 的坐标.此法通用性较强.

解法2：从平面几何的角度，把握 $45°$ 特殊角，再利用等角关系判定 $\angle ACO = \angle PCH$，那么直接设点 $P$ 的坐标，将问题转化为线段之间的比值关系.

此法的优点是计算量小，缺点是无通用性，若 $\angle BCO \neq 45°$，就不能这样解答.

47. **解** 作 $PG \perp x$ 轴于点 $G$（图2.48）.

$\because$ 抛物线过点 $A(0, 2)$，

$\therefore c = 2$，

$\therefore y = ax^2 - 4ax + 2 = a(x-2)^2 + 2 - 4a.$

$\because$ 抛物线顶点 $B$ 的纵坐标为3，

$\therefore 2 - 4a = 3 \Rightarrow a = -\dfrac{1}{4}$，

$\therefore y = -\dfrac{1}{4}x^2 + x + 2.$

$\because A(0,2), B(2,3),$

$\therefore y_{AB} = \dfrac{1}{2}x + 2.$

$\because AB \parallel PC,$

$\therefore \tan \angle PCG = \dfrac{1}{2},$

$\therefore \dfrac{PG}{CG} = \dfrac{1}{2} \Rightarrow PG = \dfrac{1}{2}CG.$

$\because DO$ 为 $\triangle PCG$ 的中位线，

$\therefore CO = OG = \dfrac{1}{2}CG,$

$\therefore GP = OG.$

设 $P\left(x, -\dfrac{1}{4}x^2 + x + 2\right).$

$\therefore x = -\dfrac{1}{4}x^2 + x + 2 \Rightarrow x^2 = 8 \Rightarrow x = 2\sqrt{2}$（负值舍去），

$\therefore P(2\sqrt{2}, 2\sqrt{2}).$

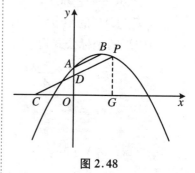

图2.48

首先要求出抛物线的解析式,进而求解直线 AB 的解析式.在平面直角坐标系中,若两直线平行,则斜率相等,从而可求直线 PC 的斜率.斜率的几何意义为直线与 $x$ 轴夹角(锐角)的正切值,若斜率为负数,则表示直线与 $x$ 轴夹角(锐角)的正切值的相反数.利用中位线定理,可知点 $P$ 的纵、横坐标相等,从而算出点 $P$ 的坐标.

48. **解法 1** (1) 将 Rt△ADC 沿 AC 翻折得到 Rt△AMC,将 Rt△ADB 沿 $x$ 轴翻折得到 Rt△ANB,延长 CM、BN 交于点 H(图 2.49).

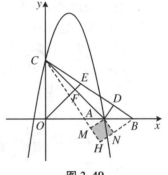

图 2.49

∵ $A(5,0)$,$C(0,5)$,

∴ △AOC 为等腰直角三角形,

∴ ∠CAO = ∠ACD + ∠ABC = 45°,

∴ ∠HCB + ∠HBC = 2(∠ACD + ∠ABC) = 90°,

∴ △HCB 为直角三角形.

由翻折性质可知 ∠AMC = ∠ADC = 90°.

同理,∠ANH = 90°.

又 AM = AN = AD,

∴ 四边形 AMHN 为正方形,边长为 AD.

设 DB = BN = 3k,则 CD = CM = 10k.

设 AD = AN = AM = t.

∵ 在 Rt△HCB 中,$BC^2 = BH^2 + CH^2$,

∴ $(13k)^2 = (3k+t)^2 + (10k+t)^2 \Rightarrow (2k-t)(15k+t) = 0$,

∴ $t = 2k$,

∴ $\tan \angle DBA = \dfrac{AD}{DB} = \dfrac{2}{3} = \dfrac{CO}{BO}$,

∴ BO = 7.5,

∴ B(7.5, 0).

(2) 易证 OF⊥AC,且 $CF = AF = OF = \dfrac{5}{\sqrt{2}}$.

∵ $\tan \angle ACD = \dfrac{AD}{CD} = \dfrac{1}{5} = \dfrac{EF}{CF}$,

∴ $EF = \dfrac{1}{5}CF = \dfrac{1}{5}OF$,

∴ $OE = \dfrac{6}{5}OF = 3\sqrt{2}$.

**解法 2** (1) 在线段 $DB$ 上取点 $P$,使得 $AD = DP$ (图 2.50).

∴ △$ADP$ 为等腰直角三角形,

∴ ∠$APD = \angle PAB + \angle ABP = 45°$.

∵ $A(5,0), C(0,5)$,

∴ △$AOC$ 为等腰直角三角形,

∴ ∠$CAO = \angle ACD + \angle ABC = 45°$,

∴ ∠$ACD = \angle PAB$,

∴ △$APB \backsim △CAB$(AA),

∴ $\dfrac{AB}{BC} = \dfrac{PB}{AB} \Rightarrow AB^2 = BC \cdot BP$.

在 Rt△$ADB$ 中,$AB^2 = AD^2 + BD^2$.

设 $BD = 3k$,则 $CD = 10k$.

设 $AD = DP = t$,则 $BP = 3k - t$.

∴ $13k(3k - t) = t^2 + 9k^2 \Rightarrow 30k^2 - 13kt - t^2 = 0$,

∴ $(2k - t)(15k + t) = 0$,

∴ $t = 2k$,

∴ $\tan \angle DBA = \dfrac{AD}{BD} = \dfrac{2}{3} = \dfrac{CO}{BO}$,

∴ $BO = 7.5$,

∴ $B(7.5, 0)$.

(2) $OE = 3\sqrt{2}$,同解法 1.

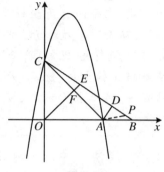

图 2.50

### 思路点拨

第一问求点 $B$ 的坐标,即求线段 $BO$ 的长度.由于 △$COB$ 为直角三角形,$CO = 5$,只要解得 $\tan \angle CBO$ 即可大功告成.第二问求 $OE$ 的长度,由于 $OF \perp AC$,$OF = CF$,只要解得 $\tan \angle ACD$,便可求出 $EF$,继而求解 $OE$.

解法 1 与解法 2 的主要区别在于求解 $\tan \angle CBO$ 的思路不同.解法 1 利用二次翻折的几何变换,将单倍角转化成二倍角构造直角三角形,利用勾股定理解得 $\tan \angle CBO$.解法 2 构造子母相似三角形,利用相似的性质和勾股定理建立等式,从而求解 $\tan \angle CBO$.

类似图 2.51 所示,△$ACD$ 的两个内角和等于 $45°$,且已知 $\dfrac{AE}{CE}$,可以采用二次翻折或构造子母相似三角形的方法去求解 $\tan \angle C$ 和 $\tan \angle CAD$.

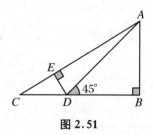

图 2.51

49. **解** 作 $AF \perp AC$ 交 $CB$ 的延长线于点 $F$,作 $FG \perp x$ 轴于点 $G$,过点 $F$ 作 $x$ 轴的平行线,过点 $A$ 作 $y$ 轴的平行

线,两直线交于点 $E$,过点 $C$ 作 $x$ 轴的平行线交 $EA$ 的延长线于点 $D$(图 2.52).

∵ $A(-1,0)$,对称轴为 $x=1$,

∴ $B(3,0)$.

设抛物线的解析式为 $y=a(x+1)(x-3)=ax^2-2ax-3a$.

∴ $CO=-3a$.

∵ $\tan \angle ACB=2$,

∴ $\dfrac{AC}{AF}=\dfrac{1}{2}$.

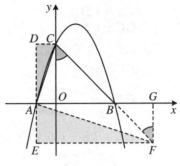

图 2.52

易证 $\triangle ACD \sim \triangle FAE$(AA),且相似比为 $1:2$.

∴ $AE=GF=2DC=2$, $EF=AG=2AD=-6a$,

∴ $BG=AG-AB=-6a-4$.

∵ $CO \parallel GF$,

∴ $\angle OCB = \angle GFB$,

∴ $\tan \angle OCB = \tan \angle GFB$,

∴ $\dfrac{BO}{CO}=\dfrac{GB}{GF}$,

∴ $\dfrac{3}{-3a}=\dfrac{-6a-4}{2} \Rightarrow 3a^2+2a-1=0 \Rightarrow (a+1)(3a-1)=0$.

又 $a<0$,

∴ $a=-1$,

∴ $y=-x^2+2x+3$.

### 思路点拨

已知抛物线与 $x$ 轴的一个交点的横坐标,又已知抛物线的对称轴,那么根据对称性可以迅速地解出另一个交点横坐标,然后将抛物线的解析式设为交点式.这是最简便的方法.

通过分析,本题关键的参数是二次项系数.

当某个角的正切值已知,且顶点在抛物线上时,在初中阶段最简单的方法是构造直角三角形,利用相似比解决相关线段之间的数量关系,建立方程求解即可.

50. **解** 过点 $C$ 作 $CD$ 的垂线交 $DB$ 的延长线于点 $F$,分别过点 $D$、$F$ 作 $y$ 轴的垂线,垂足为 $E$、$G$,作 $DH \perp GF$ 交 $x$ 轴于点 $P$,交 $GF$ 于点 $H$(图 2.53).

设点 $D$ 的横坐标为 $x$.

∴ $ED=x$, $DP=-\dfrac{1}{2}(x+1)(x-6)=-\dfrac{1}{2}x^2+\dfrac{5}{2}x+3$,

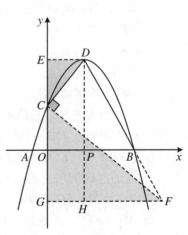

图 2.53

∴ $EC = DP - OC = -\dfrac{1}{2}x^2 + \dfrac{5}{2}x, PB = 6 - x$.

∵ 易证△$EDC$∽△$GCF$（AA），

∴ $\dfrac{CE}{GF} = \dfrac{CD}{CF}$.

又 $\tan\angle BDC = 3$，

∴ $CF = 3CD$，

∴ $GF = 3CE = -\dfrac{3}{2}x^2 + \dfrac{15}{2}x, CG = 3ED = 3x$，

∴ $DH = EC + CG = -\dfrac{1}{2}x^2 + \dfrac{11}{2}x, HF = GF - ED = -\dfrac{3}{2}x^2 + \dfrac{13}{2}x$.

∵ $\tan\angle HDF = \dfrac{BP}{DP} = \dfrac{2}{x+1} = \dfrac{HF}{DH} = \dfrac{3x-13}{x-11}$，

∴ $x^2 - 4x + 3 = 0 \Rightarrow (x-1)(x-3) = 0$，

∴ $D(1,5)$ 或 $D(3,6)$.

**思路点拨**

抛物线上的点与定直线形成确定的角度，其正切值已知，求抛物线上点的坐标，对于这样一类问题，一般通过构造"一线三等角"利用相似的性质解决．初中阶段慎用圆来解决此类问题，因为很容易产生高次方程．还需要注意的是，若用坐标表示线段的长度，建立方程后，一般先进行因式分解和约分，再解方程．

51. **解** 过点 $A$ 作 $x$ 轴的平行线交 $y$ 轴于点 $M$，过点 $F$ 作 $x$ 轴的垂线，垂足为点 $H$，两直线交于点 $G$，作 $AN \perp x$ 轴于点 $N$（图 2.54）.

∵ $EP$ 为抛物线的对称轴，

∴ $EP$ 垂直平分 $OC$，

∴ $EP \parallel y$ 轴，

∴ $E$ 为 $CD$ 的中点，

∴ $OE$ 为 Rt△$CDO$ 斜边上的中线，

∴ $OE = CE = DE, \angle EOC = \angle ECO$.

∵ $\angle EOC + \angle DOE = 90°, \angle OBF + \angle DOE = 90°$，

∴ $\angle OBF = \angle EOC = \angle ECO$.

∵ 易证△$OFH$≌△$FAG$（AAS），

∴ $AG = FH, FG = OH$.

设 $AG = FH = m, FG = OH = n, \angle OBF = \angle ECO = \beta, AB = k$.

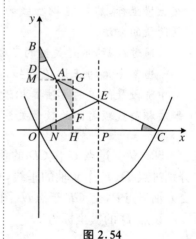

图 2.54

∴ $AC = 3k, OM = AN = m+n, AM = n-m$.

∵ $\sin\beta = \dfrac{AN}{AC} = \dfrac{AM}{AB}$,

∴ $\dfrac{m+n}{3k} = \dfrac{n-m}{k} \Rightarrow \dfrac{m}{n} = \dfrac{1}{2}$,

∴ $\tan\beta = \dfrac{1}{2}$.

∵ $AM // x$ 轴,

∴ $\angle DAM = \angle ECO = \beta$,

∴ $\tan\angle DAM = \dfrac{1}{2} = \dfrac{DM}{AM}$,

∴ $DM = \dfrac{1}{2}AM = \dfrac{n-m}{2} = \dfrac{m}{2}$,

∴ $DO = DM + MO = \dfrac{m}{2} + (n+m) = \dfrac{7}{2}m$,

∴ $\dfrac{DA}{DC} = \dfrac{DM}{DO} = \dfrac{1}{7}$.

本题综合性较强.条件中有 $AF = OF, AF \perp OF$,这就提示我们要构造矩形,利用"一线三等角"模型解决问题.采用矩形大法可以得到 $\tan\beta = \dfrac{1}{2}$,并且将 $\dfrac{DA}{DC}$ 转化为 $\dfrac{DM}{DO}$.需要注意的是,解答过程中多次采用三角函数导比例,比利用相似性质导比例要简单得多.

52. **解** 连接 $BC$,作 $BF \perp y$ 轴于点 $F$, $DE \perp y$ 轴于点 $E$(图 2.55).

令 $-\dfrac{1}{3}x + 8 = x^2 - 2x + 4$.

∴ $3x^2 - 5x - 12 = 0 \Rightarrow x = 3$(负值舍去),

∴ $B(3, 7)$.

∵ $C(0, 4)$,

∴ $BF = CF = 3$,

∴ △$BCF$ 是等腰直角三角形.

∵ $D(1, 3)$,

∴ $CE = DE = 1$,

∴ △$CDE$ 是等腰直角三角形, $BC \perp CD$,

∴ △$BCF \sim$ △$CDE$,且相似比为 $1:3$,

∴ $\dfrac{CD}{BC} = \dfrac{1}{3} = \tan\angle CBD$.

∵ $AF = 1$,

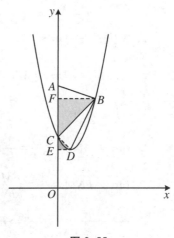

图 2.55

$\therefore \tan \angle ABF = \dfrac{AF}{BF} = \dfrac{1}{3}$,

$\therefore \angle ABF = \angle CBD$,

$\therefore \angle ABC - \angle CBD = (\angle ABF + \angle FBC) - \angle CBD = \angle FBC = 45°$.

**思路点拨**

通过计算我们发现 $BC \perp CD$，$\tan \angle CBD = \dfrac{1}{3}$，又 $\tan \angle ABF = \dfrac{AF}{BF} = \dfrac{1}{3}$，所以 $\angle ABC - \angle CBD = \angle FBC = 45°$. 对于求两个角度差的题型，一般在较大的角度中切一个较小的角，求剩余角度的值.

53. 解 $\because CO \perp AB, AC \perp BC$（图 2.56），

$\therefore \triangle ACO \backsim \triangle CBO$,

$\therefore \dfrac{AO}{CO} = \dfrac{CO}{BO} \Rightarrow CO^2 = AO \cdot BO$.

$\because AO = 1, BO = 4$,

$\therefore CO = 2$,

$\therefore C(0, 2)$.

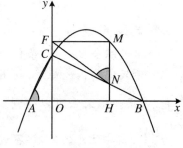

图 2.56

设抛物线的解析式为 $y = a(x+1)(x-4)$，将 $C(0,2)$ 代入，解得 $a = -\dfrac{1}{2}$.

$\therefore y = -\dfrac{1}{2}x^2 + \dfrac{3}{2}x + 2$.

(1) 当 $\angle FNM$ 与 $\angle CAB$ 互余时，$\angle FNM = \angle ABC$.

设 $M\left(m, -\dfrac{1}{2}m^2 + \dfrac{3}{2}m + 2\right)$.

$\because y_{BC} = -\dfrac{1}{2}x + 2$,

$\therefore N\left(m, -\dfrac{1}{2}m + 2\right)$,

$\therefore FM = m, MN = \left(-\dfrac{1}{2}m^2 + \dfrac{3}{2}m + 2\right) - \left(-\dfrac{1}{2}m + 2\right) = -\dfrac{1}{2}m^2 + 2m$.

$\because \tan \angle ABC = \dfrac{CO}{BO} = \dfrac{1}{2}$,

$\therefore \tan \angle FNM = \dfrac{1}{2} = \dfrac{FM}{MN}$,

$\therefore \dfrac{m}{-\dfrac{1}{2}m^2 + 2m} = \dfrac{1}{2} \Rightarrow m = 0$.

∵ 点 $M$ 在第一象限,

∴ $m \neq 0$,

∴ 不存在这样的点 $M$,使得 $\angle FNM = \angle ABC$.

(2) 当 $\angle FNM$ 与 $\angle ABC$ 互余时,$\angle FNM = \angle CAB$.

∵ $\tan \angle CAB = \dfrac{CO}{AO} = 2$,

∴ $\tan \angle FNM = 2 = \dfrac{MF}{MN}$,

∴ $\dfrac{m}{-\dfrac{1}{2}m^2 + 2m} = 2 \Rightarrow m(m-3) = 0 \Rightarrow m = 3$,

∴ $M(3,2)$.

**思路点拨**

$\angle FNM$ 与 $\triangle ABC$ 中的某个内角互余,由于 $\triangle ABC$ 为直角三角形,$\angle FNM$ 只能与 $\triangle ABC$ 中的两个锐角互余.因为 $M$ 是第一象限抛物线上一动点,所以点 $M$ 不在坐标轴上.抓住这两点,分类讨论,再根据角度的正切值相等建立方程,求解点 $M$ 的坐标即可.

本题没有直接给出抛物线的解析式,求抛物线的解析式当然是第一任务.利用点 $M$ 的横坐标分别解得线段 $FM$、$MN$ 的数学表达式,这是关键的步骤.

54. **解** 设 $y_{AD} = kx + b$,$y_{BC} = kx + c$.

令 $kx + b = \dfrac{1}{2}x^2 - 2x - n \Rightarrow x^2 - (4+2k)x - 2b - 2n = 0$.

∴ $x_A + x_D = 4 + 2k$.

同理,$x_C + x_B = 4 + 2k$.

∴ $x_A + x_D = x_C + x_B$.

∵ $x_C = 0$,

∴ $x_A + x_D = x_B$.

作 $DF \perp y$ 轴于点 $F$(图 2.57).

∵ $DF \parallel AB$,$\dfrac{AE}{ED} = \dfrac{1}{3}$,

∴ $\dfrac{AO}{DF} = \dfrac{1}{3}$,

∴ $x_D = -3x_A$,

∴ $x_A - 3x_A = x_B \Rightarrow x_B = -2x_A$.

∵ $x_A + x_B = 4$,

∴ $x_A = -4$,$x_B = 8$.

∵ $x_A x_B = -2n$,

∴ $n = 16$.

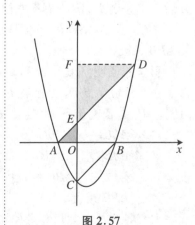

图 2.57

### 思路点拨

本题的价值远远超过题目本身,"物超所值". 本题中的结论 $x_A + x_D = x_C + x_B$ 不是偶然的,是必然的结果. 也就是说,如果抛物线上存在两条平行线,那么每条直线与抛物线交点的横坐标的和相等. 利用抛物线平行弦的这一几何性质,可以大大简化解题过程. 当然,韦达定理在解题过程中起到了重要的作用.

**55. 解** (1) 令 $x^2 - 2x - 3 = kx$,则 $x^2 - (k+2)x - 3 = 0$.

$\therefore x_D + x_E = k + 2$.

$\because DO = EO$,

$\therefore$ 点 $D$、$E$ 关于原点中心对称(图 2.58),

$\therefore x_D = -x_E$,

$\therefore k + 2 = 0 \Rightarrow k = -2$.

(2) $\because S_{\triangle CDE} = \dfrac{1}{2}(x_E - x_D) \cdot OC = 6, OC = 3$,

$\therefore x_E - x_D = 4$,

$\therefore \sqrt{(x_E + x_D)^2 - 4x_D \cdot x_E} = 4$,

$\therefore (k+2)^2 + 12 = 16 \Rightarrow k = -4$ 或 $k = 0$(舍去).

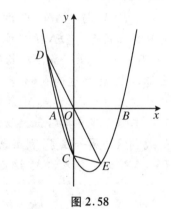

图 2.58

### 思路点拨

本题主要考查二次函数与二次方程、韦达定理的综合运用. 第一问中,由 $DO = EO$ 知点 $D$、$E$ 关于原点中心对称,结合韦达定理即可求解直线的斜率. 第二问,利用宽高法求面积是中考高频考点,首先得出 $x_E - x_D = 4$,再根据根与系数的关系求解直线的斜率即可.

**56. 引理** 如图 2.59 所示,已知平面内有一定线段 $AB$、一定直线 $l$($AB$ 与 $l$ 不平行),$l$ 上有一动点 $P$.

求证:当 $\triangle ABP$ 的外接圆与直线 $l$ 相切于点 $P$ 时,$\angle APB$ 最大.

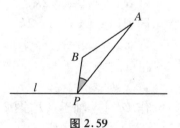

图 2.59

**引理的证明** 假设如图 2.60 所示,$\triangle ABP$ 的外接圆与直线 $l$ 相切于点 $P$,在直线 $l$ 上任取一点 $P_1$,连接 $BP_1$、$AP_1$,$AP_1$ 与圆交于点 $M$,连接 $BM$.

$\because \angle AMB = \angle APB$,

又 $\angle AMB \geqslant \angle AP_1B$,

$\therefore$ 当且仅当 $\triangle ABP$ 的外接圆与直线 $l$ 相切于点 $P$ 时,$\angle APB$ 最大.

我们再来看看如何利用尺规准确定位点 $P$.

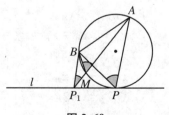

图 2.60

① 延长 AB 交直线 l 于点 N，以 AN 为直径作半圆．
② 过点 B 作 AB 的垂线，交半圆于点 C．
③ 以点 N 为圆心，NC 为半径作⊙N，交直线 l 于点 P，则点 P 为所求（图 2.61）．

**证明** 连接 AC，则 AC⊥NC（图 2.62）．
又 BC⊥AN，
∴ 由射影定理得 $NC^2 = NB \cdot AN$，
∴ $NP^2 = NB \cdot AN$．
由切割线定理的逆定理知，直线 l 与△ABP 的外接圆相切．

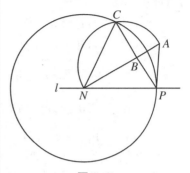

图 2.61

**原题的解** 连接 CB 并延长，交 y 轴于点 M（图 2.63）．
当△BDC 的外接圆与 y 轴相切于点 D 时，∠BDC 取得最大值．
据题意，$A(0,4), B(2,4), C(5,0)$．
∴ $y_{BC} = -\dfrac{4}{3}x + \dfrac{20}{3}, BC = 5$，
∴ $M\left(0, \dfrac{20}{3}\right)$，
∴ $AM = \dfrac{8}{3}$．
∵ $\dfrac{AM}{AO} = \dfrac{MB}{BC} \Rightarrow MB = \dfrac{10}{3}$，
∴ $MC = MB + BC = \dfrac{25}{3}$．
∵ 易证△MBD∽△MDC（AA），
∴ $MD^2 = MB \cdot MC \Rightarrow MD = \dfrac{5\sqrt{10}}{3}$，
∴ $OD = MO - MD = \dfrac{20 - 5\sqrt{10}}{3}$．

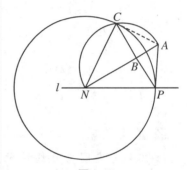

图 2.62

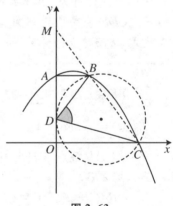

图 2.63

**思路点拨**

本题是典型的米勒问题，也称为定线段张角最大问题．近几年米勒问题已出现在中考代数与几何综合题中．

对于米勒问题，要把握以下三点：
（1）当定线段与定直线上的动点构成的三角形的外接圆与定直线相切时，定线段的张角最大．
（2）利用尺规作图找到点 D 的位置．
（3）计算点的坐标时，要先计算两条线段的长度，再利用相似的性质或者直接利用切割线定理．

57. 解 作 $PE \perp CD$ 于点 $E$，$CF \perp PD$ 于点 $F$，连接 $PA$（图 2.64）．

$\because C(0,6), D(1,8)$，

$\therefore CF = 1, DF = 2$，

$\therefore \tan \angle CDF = \dfrac{CF}{DF} = \dfrac{1}{2}$．

$\because \tan \angle CDF = \tan \angle PDE = \dfrac{EP}{ED} = \dfrac{1}{2}$，

$\therefore \dfrac{PE}{PD} = \dfrac{1}{\sqrt{5}} \Rightarrow PE = \dfrac{PD}{\sqrt{5}}$．

当 $\odot P$ 与直线 $CD$ 相切时，必有 $PE = PA$．

设 $P(1,m)$，则 $PD = 8 - m$，$PA = \sqrt{m^2 + 4}$．

$\therefore \left(\dfrac{8-m}{\sqrt{5}}\right)^2 = m^2 + 4 \Rightarrow m^2 + 4m - 11 = 0 \Rightarrow$

$m = -2 \pm \sqrt{15}$，

$\therefore P(1, -2 \pm \sqrt{15})$．

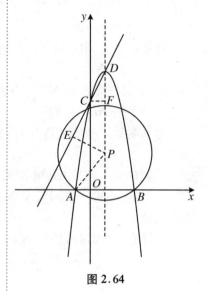

图 2.64

**思路点拨**

本题考查圆与直线的位置关系．当圆与直线相切时，圆心到直线的距离等于圆的半径．由于 $\odot P$ 的半径与点 $P$ 的坐标有关，首先要确定半径的数学表达式，再根据 $\angle CDF$ 为定值得到圆心到直线 $CD$ 的距离的数学表达式，从而建立等量关系，即可求解坐标参数 $m$．

58. 解 $\because y = -\dfrac{1}{2}(x+1)(x-3)$，

$\therefore AO = \dfrac{3}{2}, BC = 4$．

将线段 $AB$ 绕点 $A$ 逆时针旋转 $2\beta$，得到线段 $AE$，连接 $DE$、$BE$（图 2.65）．

$\because \angle BAC + \angle CAE = 2\beta$，

又 $\angle CAE + \angle EAD = \angle CAD = 2\beta$，

$\therefore \angle BAC = \angle EAD$．

$\because AB = AE$，

$\therefore \angle AEB = \angle ABE = 90° - \beta$．

$\because$ 在 $\triangle ABC$ 与 $\triangle AED$ 中，

$\begin{cases} AB = AE \\ \angle BAC = \angle EAD, \\ AC = AD \end{cases}$

$\therefore \triangle ABC \cong \triangle AED$（SAS），

$\therefore \angle AED = \angle ABC = \beta, ED = BC = 4$，

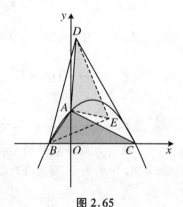

图 2.65

∴ ∠BED = ∠AEB + ∠AED = (90°−β) + β = 90°, 即 BE⊥DE.

作 AH⊥BE 于点 H, 则 BE = 2BH(图 2.66).

∵ 在 △ABH 与 △BAO 中,

$$\begin{cases} \angle ABH = \angle BAO = 90°-\beta \\ \angle AHB = \angle BOA = 90° \\ AB = BA \end{cases},$$

∴ △ABH ≌ △BAO(SAS),

∴ BH = AO,

∴ BE = 2AO = 3,

∴ BD = $\sqrt{BE^2 + ED^2}$ = 5.

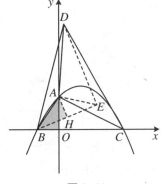

图 2.66

### 思路点拨

本题欲求 BD, 但是条件较为分散, 不容易判断相关的数量关系. 由于 AC = AD 且 ∠CAD = 2β, 这就为旋转法解题提供了必要条件. 本题采用自旋转法构造"手拉手"全等模型, 将分散的条件调整到 Rt△DBE 中.

59. **解** 连接 AC、PO(图 2.67).

∵ $S_{\triangle APQ} = S_{\triangle COQ}$,

∴ $S_{\triangle APQ} + S_{\triangle POQ} = S_{\triangle COQ} + S_{\triangle POQ}$,

∴ $S_{\triangle APO} = S_{\triangle PCO}$,

∴ PO ∥ AC.

∵ BO = CO = 4,

∴ AP = BP, 即抛物线的顶点 P 为 AB 的中点.

易求 A(−2,2), P(−3,1).

设抛物线的解析式为 $y = a(x+3)^2 + 1$, 将点 A 的坐标代入, 解得 a = 1.

∴ $y = x^2 + 6x + 10$.

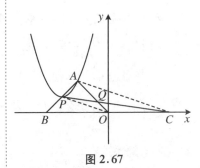

图 2.67

### 思路点拨

本题的关键在于求解点 P 的坐标. 由 $S_{\triangle APQ} = S_{\triangle COQ}$, 得 $S_{\triangle APO} = S_{\triangle PCO}$.

于是根据同底、等面积可以推出 PO ∥ AC, 这样一来豁然开朗, PO 为 △ABC 的中位线, 即抛物线的顶点 P 为 AB 的中点, 由于点 B 的坐标已知, 且 △AOB 为等腰直角三角形, 求得点 A(−2,2) 和 P(−3,1). 最后采用顶点式设抛物线的解析式, 利用待定系数法求解二次项系数即可.

60. **解** 据题意，$C(m,n)$，且 $n=-\dfrac{3}{4}m+3$.

令 $-\dfrac{3}{4}x+3=(x-m)^2+n$.

∴ $-\dfrac{3}{4}x=(x-m)^2-\dfrac{3}{4}m \Rightarrow x^2-\left(2m-\dfrac{3}{4}\right)x+m^2-\dfrac{3}{4}m=0$.

∴ $x_1+x_2=2m-\dfrac{3}{4}$，$x_1 x_2=m^2-\dfrac{3}{4}m$，

∴ $|x_1-x_2|=\sqrt{(x_1+x_2)^2-4x_1 x_2}=\dfrac{3}{4}$（定值）.

过点 $C$ 作 $x$ 轴的平行线，过点 $D$ 作 $x$ 轴的垂线，两直线交于点 $F$（图 2.68）.

∴ $FC=\dfrac{3}{4}$（定值）.

又 $\angle DCF=\angle BAO$，

∴ $DC=\dfrac{5}{4}FC=\dfrac{15}{16}$（定值）.

作 $DG\perp OC$ 于点 $G$（图 2.69），设 $DG=h$.

在 Rt△DCG 中，$h\leqslant DC=\dfrac{15}{16}$.

当 $h$ 取得最大值时，$OC\perp AB$（图 2.70）.

∴ $OC=\dfrac{OB\cdot OA}{AB}=\dfrac{12}{5}$.

∵ 易证△COP∽△ABO（AA），

∴ $\dfrac{OP}{OC}=\dfrac{BO}{AB}=\dfrac{3}{5}\Rightarrow t=OP=\dfrac{3}{5}OC=\dfrac{36}{25}$.

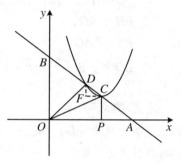

图 2.68

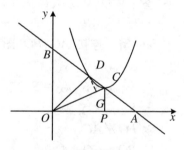

图 2.69

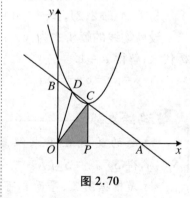

图 2.70

### 思路点拨

本题的核心思路是直角三角形的斜边大于任意一条直角边．通过计算可知，点 $D$、$C$ 之间的水平距离为定值，由于 $\angle DCF=\angle BAO$ 为定值，故 $DC$ 为定值．所以，当 $OC\perp AB$ 时，$h$ 取得最大值 $DC$．确定了极值点，计算 $t$ 值（$OP$）并非难事．

虽然本题求最小值，但本质是 $DC$ 为定值，没有定值的因，就没有最值的果．

将本题推广到一般情况：已知直线 $y=kx+b$（$k\neq 0$）上任意一点 $C$，以 $C$ 为顶点的抛物线 $y=a(x-x_C)^2+y_C$（$a\neq 0$）与直线交于另一点 $D$，则点 $D$、$C$ 的水平距离为定值 $\left|\dfrac{k}{a}\right|$.

> **证明** 设 $C(m, km+b)$，则抛物线的解析式为 $y = a(x-m)^2 + km + b$.
>
> 令 $kx + b = a(x-m)^2 + km + b$，则 $ax^2 - (2ma + k)x + am^2 + km = 0$.
>
> 由韦达定理得 $x_C + x_D = 2m + \dfrac{k}{a}$，$x_C \cdot x_D = m^2 + \dfrac{km}{a}$.
>
> $\therefore |x_C - x_D| = \sqrt{(x_C + x_D)^2 - 4x_C \cdot x_D} = \left|\dfrac{k}{a}\right|$.

61. **解法1** 存在.

(1) 作 $AC$ 的垂直平分线，交 $AC$ 于点 $D$，交抛物线的对称轴于点 $P$，则 $AP = CP$（图 2.71）.

$\therefore \triangle ACP$ 为等腰三角形，

$\therefore$ 点 $P$ 为所求.

过点 $D$ 作 $y$ 轴的平行线，过点 $C$ 作 $x$ 轴的平行线，两直线交于点 $E$，过点 $P$ 作 $y$ 轴的垂线，交 $ED$ 的延长线于点 $F$（图 2.72）.

$\because A(-2, 0), C(0, 4)$，

$\therefore D(-1, 2)$.

$\because$ 抛物线的对称轴为 $x = 1$，

$\therefore DE = 2, PF = 2, CE = 1$，

$\therefore DE = PF$，

$\therefore \triangle CED \cong \triangle DFP$（ASA），

$\therefore CE = DF = 1$，

$\therefore P(1, 1)$.

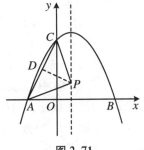

图 2.71

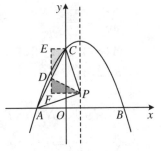

图 2.72

(2) 以点 $A$ 为圆心、$AC$ 为半径作 $\odot A$，交抛物线的对称轴于点 $P_1$、$P_2$，连接 $CP_1$、$CP_2$、$AP_1$、$AP_2$，则 $AC = AP_1 = AP_2$（图 2.73）.

$\therefore \triangle ACP_1$、$\triangle ACP_2$ 均为等腰三角形，

$\therefore$ 点 $P_1$、$P_2$ 为所求.

$\because AP_1 = AP_2, P_1P_2 \perp x$ 轴，

$\therefore x$ 轴垂直平分 $P_1P_2$，

$\therefore$ 点 $P_1$、$P_2$ 关于 $x$ 轴对称.

由于抛物线的对称轴为 $x = 1$，设 $P_1(1, m)$.

作 $CM \perp$ 抛物线的对称轴于点 $M$，延长 $CA$ 交 $\odot A$ 于点 $Q$，作 $QN \perp$ 抛物线的对称轴于点 $N$，连接 $CP_1$、$QP_1$（图 2.74）.

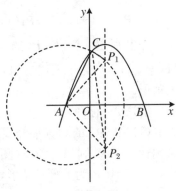

图 2.73

∵ $CQ$ 为 ⊙$A$ 的直径,
∴ $\angle CP_1Q = 90°$,
∴ $\triangle CMP_1 \backsim \triangle P_1NQ$(AA),
∴ $\dfrac{CM}{MP_1} = \dfrac{P_1N}{NQ}$.

∵ $A(-2,0)$, $C(0,4)$, $A$ 为 $CQ$ 的中点,
∴ $Q(-4,-4)$,
∴ $CM = 1$, $MP_1 = 4-m$, $P_1N = m+4$, $QN = 5$,
∴ $\dfrac{1}{4-m} = \dfrac{m+4}{5} \Rightarrow m = \pm\sqrt{11}$,
∴ $P_1(1,\sqrt{11})$, $P_2(1,-\sqrt{11})$.

(3) 以点 $C$ 为圆心、$AC$ 为半径作 ⊙$C$,交抛物线的对称轴于点 $P_3$、$P_4$,连接 $CP_3$、$CP_4$、$AP_3$、$AP_4$,则 $AC = CP_3 = CP_4$(图 2.75).
∴ $\triangle ACP_3$、$\triangle ACP_4$ 均为等腰三角形,
∴ 点 $P_3$、$P_4$ 为所求.

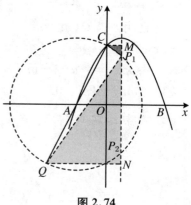

图 2.74

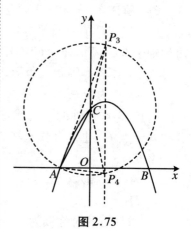

图 2.75

过点 $P_3$ 作 $x$ 轴的平行线,过点 $A$ 作 $x$ 轴的垂线,两直线交于点 $N$,延长 $AC$ 交 ⊙$C$ 于点 $K$,过点 $K$ 作 $x$ 轴的垂线交 $NP_3$ 的延长线于点 $M$(图 2.76).
∵ $AK$ 为 ⊙$C$ 的直径,
∴ $\angle AP_3K = 90°$,
∴ $\triangle ANP_3 \backsim \triangle P_3MK$(AA),
∴ $\dfrac{AN}{NP_3} = \dfrac{P_3M}{MK}$.

∵ $A(-2,0)$, $C(0,4)$, $C$ 为 $AK$ 的中点,
∴ $K(2,8)$.
设 $P_3(1,n)$.
∴ $P_3M = 1$, $AN = n$, $P_3N = 3$, $MK = n-8$,
∴ $\dfrac{n}{3} = \dfrac{1}{n-8} \Rightarrow n^2 - 8n - 3 = 0$,
∴ $n = 4 \pm \sqrt{19}$,
∴ $P_3(1,4+\sqrt{19})$, $P_4(1,4-\sqrt{19})$.

综上所述,当点 $P$ 的坐标为 $(1,1)$, $(1,\sqrt{11})$, $(1,-\sqrt{11})$, $(1,4+\sqrt{19})$, $(1,4-\sqrt{19})$ 时,$\triangle ACP$ 为等腰三角形.

**解法 2** 存在.
(1) 作 $AC$ 的垂直平分线,交 $AC$ 于点 $D$,交抛物线的对称轴于点 $P$,则 $AP = CP$(图 2.77).
∴ $\triangle ACP$ 为等腰三角形,
∴ 点 $P$ 为所求.

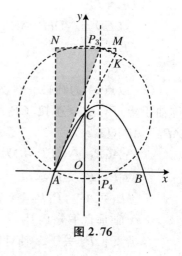

图 2.76

∵ $A(-2,0)$, $C(0,4)$,
∴ $D(-1,2)$, $y_{AC} = 2x + 4$.
∵ $DP \perp AC$,
∴ $k_{DP} = -\dfrac{1}{2}$,
∴ $y_{DP} = -\dfrac{1}{2}x + \dfrac{3}{2}$.
∵ 抛物线的对称轴为 $x = 1$,
∴ $P(1,1)$.

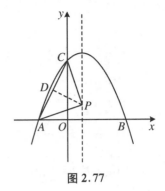

图 2.77

(2) 以点 $A$ 为圆心、$AC$ 为半径作⊙$A$,交抛物线的对称轴于点 $P_1$、$P_2$,连接 $CP_1$、$CP_2$、$AP_1$、$AP_2$,则 $AC = AP_1 = AP_2$(图 2.73).

∴ △$ACP_1$、△$ACP_2$ 均为等腰三角形,
∴ 点 $P_1$、$P_2$ 为所求.

设 $P_1(1,m)$.
∴ $AP_1^2 = 9 + m^2$, $AC^2 = 20$,
∴ $9 + m^2 = 20 \Rightarrow m = \pm\sqrt{11}$,
∴ $P_1(1,\sqrt{11})$, $P_2(1,-\sqrt{11})$.

(3) 以点 $C$ 为圆心、$AC$ 为半径作⊙$C$,交抛物线的对称轴于点 $P_3$、$P_4$,连接 $CP_3$、$CP_4$、$AP_3$、$AP_4$,则 $AC = CP_3 = CP_4$(图 2.75).

∴ △$ACP_3$、△$ACP_4$ 均为等腰三角形,
∴ 点 $P_3$、$P_4$ 为所求.

设 $P_3(1,n)$.
∴ $CP_3^2 = 1 + (n-4)^2$, $AC^2 = 20$,
∴ $1 + (n-4)^2 = 20 \Rightarrow n = 4 \pm \sqrt{19}$,
∴ $P_3(1, 4+\sqrt{19})$, $P_4(1, 4-\sqrt{19})$.

综上所述:当点 $P$ 的坐标为 $(1,1)$,$(1,\sqrt{11})$,$(1,-\sqrt{11})$,$(1,4+\sqrt{19})$,$(1,4-\sqrt{19})$ 时,△$ACP$ 为等腰三角形.

**思路点拨**

定线段与动点构成等腰三角形,且动点在定直线上运动,对于这一类题目,都可以利用"两圆一线"(两个圆心不同的等圆与一条中垂线)先定位动点,再采用几何方法或者解析法求解.本题采用的方法都是通解法,望各位初中学生勤加练习.特别需要注意的是,当两个定点与动点在一条直线上时,不能构成三角形.

62. **解** 存在满足题意的点 $P$,使得 $\triangle OPQ$ 是等腰三角形.

$\because y = \dfrac{1}{2}x^2 - 3x - 8 = \dfrac{1}{2}(x+2)(x-8)$,

$\therefore B(8,0)$,

$\therefore BO = 8$.

$\because y_{OD} = -\dfrac{4}{3}x$,

$\therefore \tan\angle BOD = \dfrac{4}{3}$.

$\because \angle POQ + \angle BOD = 90°$,

$\therefore \tan\angle POQ = \dfrac{3}{4}$.

(1) 当 $PO = QO$ 时,作 $QE \perp x$ 轴于点 $E$(图 2.78).

设 $PO = QO = 5m$.

$\therefore OE = 3m$, $QE = 4m$.

$\because \dfrac{QE}{PO} = \dfrac{BE}{BO}$,

$\therefore \dfrac{4m}{5m} = \dfrac{8-3m}{8} \Rightarrow m = \dfrac{8}{15}$,

$\therefore PO = 5m = \dfrac{8}{3}$,

$\therefore P\left(0, -\dfrac{8}{3}\right)$.

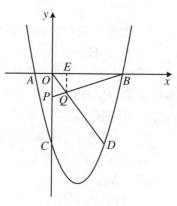

图 2.78

(2) 当 $PQ = QO$ 时,$\angle POQ = \angle QPO$(图 2.79).

$\therefore \tan\angle QPO = \tan\angle POQ = \dfrac{3}{4}$.

设 $PO = n$.

$\therefore \dfrac{OB}{OP} = \dfrac{3}{4} \Rightarrow n = \dfrac{32}{3}$,

$\therefore P\left(0, -\dfrac{32}{3}\right)$.

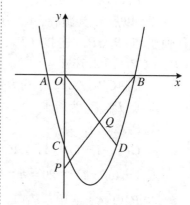

图 2.79

(3) 当 $PO = PQ$ 时,作 $QF \perp y$ 轴于点 $F$(图 2.80).

设 $OQ = 5a$,则 $OF = 4a$,$FQ = 3a$.

设 $PF = b$,则 $PO = PQ = 4a + b$.

$\because$ 在 Rt$\triangle QFP$ 中,$FQ^2 + PF^2 = PQ^2$,

$\therefore b^2 + 9a^2 = (4a+b)^2 \Rightarrow a(7a+8b) = 0$.

$\because a > 0, b > 0$,

$\therefore$ 此方程无实数解,即不存在 $PO = PQ$ 的情况.

综上所述,当点 $P$ 的坐标为 $\left(0, -\dfrac{8}{3}\right)$ 或 $\left(0, -\dfrac{32}{3}\right)$ 时,$\triangle OPQ$ 是等腰三角形.

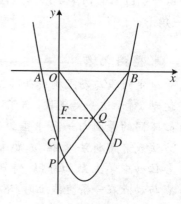

图 2.80

点 $Q$ 在定直线上运动，$\tan \angle BOD = \dfrac{4}{3}$ 为定值，这是本题的突破点．牢牢把握住"定角"这一特点，分三种情况讨论．本题的难点在于论证 $PO = PQ$ 的情况不存在．先假设存在，再推翻假设，即反证法．

63. **解** 据题意，$A(4,8)$，$B(4,0)$，$C(8,0)$，$D(8,8)$．

$\therefore \tan \angle BAC = \dfrac{1}{2}$．

$\because AP = QC = t$，

$\therefore PE = \dfrac{1}{2}t$，$AE = \sqrt{5}PE = \dfrac{\sqrt{5}}{2}t$．

$\because AC = 4\sqrt{5}$，

$\therefore EC = AC - AE = \sqrt{5}\left(4 - \dfrac{1}{2}t\right)$．

(1) 当 $EC = EQ$ 时，延长 $PE$ 交 $QC$ 于点 $H$，则 $EH$ 垂直平分 $QC$（图 2.81）．

$\because \angle ECH = \angle BAC$，

$\therefore \tan \angle ECH = \tan \angle BAC = \dfrac{1}{2}$，

$\therefore \dfrac{HC}{EC} = \dfrac{\frac{1}{2}QC}{EC} = \dfrac{2}{\sqrt{5}} \Rightarrow EC = \dfrac{\sqrt{5}}{4}QC$，

$\therefore \sqrt{5}\left(4 - \dfrac{1}{2}t\right) = \dfrac{\sqrt{5}}{4}t \Rightarrow t = \dfrac{16}{3}$．

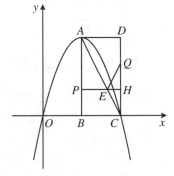

图 2.81

(2) 当 $EC = QC$ 时，如图 2.82 所示．

$\therefore \sqrt{5}\left(4 - \dfrac{1}{2}t\right) = t \Rightarrow t = 40 - 16\sqrt{5}$．

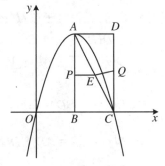

图 2.82

(3) 当 $EQ = QC$ 时，作 $QG \perp EC$ 于点 $G$（图 2.83）．

$\because \angle GCQ = \angle BAC$，

$\therefore \tan \angle GCQ = \tan \angle BAC = \dfrac{1}{2}$，

$\therefore \dfrac{CG}{CQ} = \dfrac{\frac{1}{2}EC}{QC} = \dfrac{2}{\sqrt{5}} \Rightarrow \dfrac{\sqrt{5}}{4}EC = QC$，

$\therefore \dfrac{5}{4}\left(4 - \dfrac{1}{2}t\right) = t \Rightarrow t = \dfrac{40}{13}$．

综上所述，当 $t = \dfrac{16}{3}, 40 - 16\sqrt{5}, \dfrac{40}{13}$ 时，$\triangle CEQ$ 为等腰三角形．

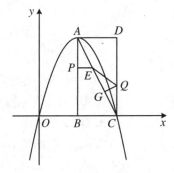

图 2.83

> **思路点拨**
>
> 对于等腰三角形的存在性问题,必须分三种情况讨论,每一种情况都要分析,不能疏漏.本题中,点 $E$ 在定线段上运动,$AP=CQ=t$ 已知,即 $\angle ECQ$ 的正切值已知,那么只要利用参数 $t$ 表示线段 $EC$,再分三种情况求解即可.

64. 解 据题意,$AB=2$,$AP=BP=OQ=1$,$AO=4$,$OC=5$.设 $OD=m$,$AD=AO-OD=4-m$.

(1) 当 $DE=DF$ 时,$\angle ABD=\angle OCD$(图 2.84).

∴ $\tan\angle ABD=\tan\angle OCD$,

∴ $\dfrac{AD}{AB}=\dfrac{OD}{OC}$,

∴ $\dfrac{4-m}{2}=\dfrac{m}{5}\Rightarrow m=\dfrac{20}{7}$.

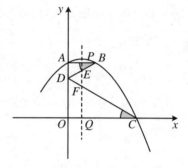

图 2.84

(2) 当 $DE=EF$ 时,如图 2.84 所示.

∵ $AP=BP$,$PQ\parallel AO$,

∴ $DE=BE$,

∴ $DE=EF=BE$,

∴ $BF\perp DC$.

过点 $F$ 作 $y$ 的垂线,垂足为点 $G$,过点 $B$ 作 $AB$ 的垂线,交 $GF$ 的延长线于点 $H$(图 2.85).

∴ $\triangle DGF\backsim\triangle FHB$(AA).

∴ $\dfrac{DG}{OD}=\dfrac{GF}{OC}=\dfrac{AP}{OC}=\dfrac{1}{5}$,

∴ $DG=\dfrac{1}{5}OD=\dfrac{1}{5}m$,

∴ $BH=AG=AD+DG=4-m+\dfrac{1}{5}m=4-\dfrac{4}{5}m$.

∴ $\dfrac{DG}{GF}=\dfrac{FH}{BH}$,

∴ $\dfrac{\frac{1}{5}m}{1}=\dfrac{1}{4-\frac{4}{5}m}\Rightarrow(2m-5)^2=0\Rightarrow m=\dfrac{5}{2}$.

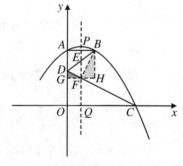

图 2.85

(3) 当 $DF=EF$ 时,作 $FG\perp DE$ 于点 $G$,过点 $G$ 作 $y$ 轴的平行线交 $AB$ 于点 $N$,过点 $F$ 作 $x$ 轴的平行线交 $NG$ 的延长线于点 $M$(图 2.86).

∴ $\triangle BNG\backsim\triangle GMF$(AA),

∴ $\dfrac{BN}{GM}=\dfrac{NG}{MF}$.

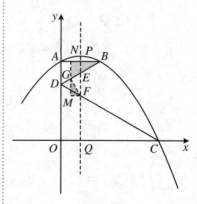

图 2.86

∵ FG 垂直平分 DE,

∴ $DG = GE = \frac{1}{2}DE = \frac{1}{4}DB$.

∵ NG ∥ AD,

∴ $AN = NP = MF = \frac{1}{4}AB = \frac{1}{2}$,

∴ $BN = \frac{3}{2}$,

∴ $\frac{NG}{AD} = \frac{BN}{AB} = \frac{3}{4} \Rightarrow NG = \frac{3}{4}(4-m)$.

∵ $\frac{FQ}{DO} = \frac{QC}{OC} = \frac{4}{5}$,

∴ $FQ = \frac{4}{5}OD = \frac{4}{5}m$.

∵ $GM = AO - FQ - NG$,

∴ $GM = 4 - \frac{4}{5}m - \frac{3}{4}(4-m) = 1 - \frac{1}{20}m$.

∴ $\dfrac{\frac{3}{2}}{1-\frac{1}{20}m} = \dfrac{\frac{3}{4}(4-m)}{\frac{1}{2}} \Rightarrow m^2 - 24m + 60 = 0 \Rightarrow m = 12 \pm 2\sqrt{21}$.

∵ $12 + 2\sqrt{21} > 4$,

∴ $m = 12 - 2\sqrt{21}$.

综上所述,当点 D 的坐标为 $\left(0, \frac{20}{7}\right)$, $(0, 2.5)$, $(0, 12 - 2\sqrt{21})$ 时,△DEF 为等腰三角形.

### 思路点拨

本题的综合性较强,三种情况下,每一种求解的方法都不相同.

第一种情况相对简单,当 DE = DF 时,∠ABD = ∠OCD,利用相似或者正切导比例.

第二种情况是 DE = EF,根据对称性可知 DE = EF = BE,故 BF⊥DC,此时"一线三垂直"相似模型一目了然,只要利用点 D 的坐标计算线段的长度即可求解.

第三种情况相对复杂,当 DF = EF 时,利用等腰三角形三线合一的性质,作底边的垂线是关键的步骤,这样一来,就为构造"一线三垂直"相似模型创造了条件,从而完美地解决了问题.

**65. 解法1** 据题意，$A(0,1)$，$B(1,0)$，$C(2,0)$，$D(-2,0)$．

∴ $y_{AD}=\dfrac{1}{2}x+1$．

令 $\dfrac{1}{2}x+1=\dfrac{1}{2}x^2-\dfrac{3}{2}x+1$，解得 $x=0$ 或 $x=4$．

∴ $E(4,3)$．

(1) 作 $AP\perp AE$ 交 $x$ 轴于点 $P$，连接 $PE$（图 2.87）．

此时 $\triangle PAE$ 为直角三角形．

易证 $\triangle AOD \backsim \triangle POA$（AA），

∴ $AO^2=DO\cdot OP$．

∵ $AO=1$，$DO=2$，

∴ $OP=\dfrac{1}{2}$，

∴ $P\left(\dfrac{1}{2},0\right)$．

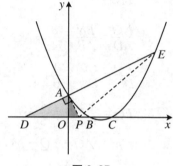

图 2.87

(2) 作 $EP\perp AE$ 交 $x$ 轴于点 $P$，连接 $AP$，作 $EG\perp x$ 轴于点 $G$（图 2.88）．

此时 $\triangle PAE$ 为直角三角形．

∵ 易证 $\triangle ADO \backsim \triangle PEG$（AA），

∴ $\dfrac{AO}{DO}=\dfrac{PG}{EG}=\dfrac{1}{2}$．

∵ $EG=3$，

∴ $GP=\dfrac{3}{2}$，

∴ $P\left(\dfrac{11}{2},0\right)$．

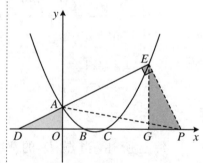

图 2.88

(3) 以 $AE$ 为直径作圆，与 $x$ 轴有两个交点，任取其中一个交点 $P$，连接 $AP$、$PE$，作 $EG\perp x$ 轴于点 $G$（图 2.89）．

此时 $\triangle PAE$ 为直角三角形．

∵ 易证 $\triangle APO \backsim \triangle PEG$（AA），

∴ $\dfrac{AO}{PO}=\dfrac{PG}{EG}$．

设 $P(x,0)$，则 $PO=x$，$PG=4-x$．

∴ $\dfrac{1}{x}=\dfrac{4-x}{3}\Rightarrow x^2-4x+3=0\Rightarrow (x-1)(x-3)=0$，

∴ $P(1,0)$ 或 $P(3,0)$．

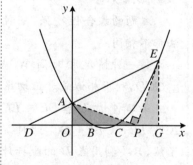

图 2.89

综上所述，当点 $P$ 的坐标为 $\left(\dfrac{1}{2},0\right)$，$\left(\dfrac{11}{2},0\right)$，$(1,0)$，$(3,0)$ 时，$\triangle PAE$ 是直角三角形．

**解法2** 据题意,$A(0,1)$,$B(1,0)$,$C(2,0)$,$D(-2,0)$.

∴ $y_{AD}=\dfrac{1}{2}x+1$.

令 $\dfrac{1}{2}x+1=\dfrac{1}{2}x^2-\dfrac{3}{2}x+1$,解得 $x=0$ 或 $x=4$.

∴ $E(4,3)$.

(1) 作 $AP\perp AE$ 交 $x$ 轴于点 $P$,连接 $PE$(图 2.90).

此时 $\triangle PAE$ 为直角三角形.

∵ $y_{AD}=\dfrac{1}{2}x+1$,

∴ $k_{AP}=-2$.

又直线 $AP$ 过点 $A(0,1)$,

∴ $y_{AP}=-2x+1$,

∴ $P\left(\dfrac{1}{2},0\right)$.

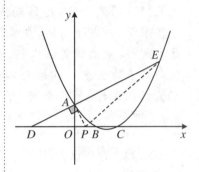

图 2.90

(2) 作 $EP\perp AE$ 交 $x$ 轴于点 $P$,连接 $AP$(图 2.91).

此时 $\triangle PAE$ 为直角三角形.

∵ $y_{AD}=\dfrac{1}{2}x+1$,

∴ $k_{EP}=-2$.

又直线 $EP$ 过点 $E(4,3)$,

∴ $y_{EP}=-2x+11$,

∴ $P\left(\dfrac{11}{2},0\right)$.

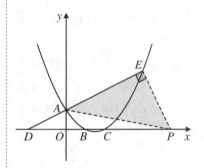

图 2.91

(3) 取 $AE$ 的中点 $M$,以 $AM$ 为半径作 $\odot M$,与 $x$ 轴有两个交点,任取其中一个交点 $P$,连接 $AP$、$PE$、$MP$(图 2.92).

此时 $\triangle PAE$ 为直角三角形.

∵ $A(0,1)$,$E(4,3)$,

∴ $M(2,2)$,$AE=2AM=2\sqrt{5}$.

设 $P(x,0)$.

∵ $MP=AM$,

∴ $\sqrt{(2-x)^2+4}=\sqrt{5}\Rightarrow x^2-4x+3=0\Rightarrow (x-1)(x-3)=0$,

∴ $P(1,0)$ 或 $P(3,0)$.

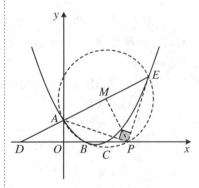

图 2.92

综上所述,当点 $P$ 的坐标为 $\left(\dfrac{1}{2},0\right)$,$\left(\dfrac{11}{2},0\right)$,$(1,0)$,$(3,0)$ 时,$\triangle PAE$ 是直角三角形.

**思路点拨**

已知两个定点、一个动点,且动点在已知直线上,对于这一类直角三角形存在性问题,要牢牢把握"两线一圆"(两条垂线与以定线段为直径的圆).首先利用尺规作图的方法,定位动点,再通过几何或解析的手段求解.以本题为例,先采用几何法,利用相似的性质求解;后采用解析法求解.当以定线段为直径作圆,圆与动点所在直线相切时,有三个解;当圆与动点所在直线相离时,有两个解;当圆与动点所在直线相交时,有四个解.

66. **解** 存在点 $P$,使得 $\triangle PAE$ 为直角三角形.

据题意,$A(0,3)$,$B(-1,0)$,$E(3,0)$.

∵ $AO = EO$,

∴ $\triangle AEO$ 为等腰直角三角形.

(1) 当 $AP \perp AE$ 时,作 $PG \perp y$ 轴于点 $G$,连接 $PE$(图 2.93).

易证 $\triangle PAG \backsim \triangle AEO$(AA).

∵ $\triangle AOE$ 为等腰直角三角形,

∴ $\triangle PAG$ 为等腰直角三角形,

∴ $PG = AG$.

设 $P(t, -t^2 + 2t + 3)$.

∴ $PG = t$,$AG = OG - AO = -t^2 + 2t$,

∴ $t = -t^2 + 2t \Rightarrow t(t-1) = 0$,

∴ $t = 1$,$t = 0$(舍去).

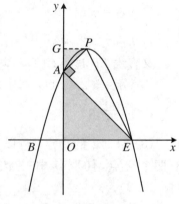

图 2.93

(2) 当 $AP \perp PE$ 时,过点 $P$ 作 $y$ 轴的垂线,垂足为点 $M$,过点 $E$ 作 $x$ 轴的垂线,交 $MP$ 的延长线于点 $N$(图 2.94).

∵ 易证 $\triangle MPA \backsim \triangle NEP$(AA),

∴ $\dfrac{AM}{MP} = \dfrac{NP}{NE}$.

设 $P(t, -t^2 + 2t + 3)$.

∴ $AM = -t(t-2)$,$MP = t$,$NP = 3-t$,$NE = -(t+1)(t-3)$,

∴ $\dfrac{-t(t-2)}{t} = \dfrac{3-t}{-(t+1)(t-3)}$,

∴ $t = \dfrac{\sqrt{5}+1}{2}$ 或 $t = \dfrac{1-\sqrt{5}}{2}$(舍去).

(3) 当 $PE \perp AE$ 时,不满足题意,舍去.

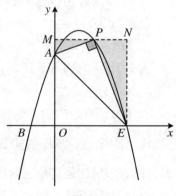

图 2.94

综上所述，当 $t=1$ 或 $t=\dfrac{\sqrt{5}+1}{2}$ 时，$\triangle PAE$ 为直角三角形．

**思路点拨**

在第一种情况下，当 $AP \perp AE$ 时，也可以利用两直线垂直时的斜率关系解得直线 $AP$ 的解析式，再求直线与抛物线的交点．在第二种情况下，如果利用圆建立方程则是高次方程，初中阶段不容易解决，但是可以线段 $AE$ 为直径作圆，圆与抛物线的交点即为所求，再利用相似的性质求解．

**67. 解** 若直线 $l$（与 $y$ 轴不平行）与以 $AB$ 为直径的圆相离，则以 $A$、$B$、$M$ 为顶点所作的直角三角形只有两个，舍去．

若直线 $l$（与 $x$ 轴不重合）与以 $AB$ 为直径的圆相交，则有且只有四个点满足条件，舍去．

当且仅当直线 $l$ 与以 $AB$ 为直径的圆相切时，以 $A$、$B$、$M$ 为顶点所作的直角三角形有且只有三个．

如图 2.95 所示，设 $AB$ 的中点为 $P$，以点 $P$ 为圆心、$AP$ 为半径作 $\odot P$，以 $PE$ 为直径作圆，交 $\odot P$ 于点 $M$、$N$，则直线 $EM$、$EN$ 为所求直线．

连接 $AM$、$BM$、$PM$，作 $AM_1 \perp x$ 轴交 $EM$ 的延长线于点 $M_1$，作 $BM_2 \perp x$ 轴交 $EM$ 于点 $M_2$，则有且仅有点 $M_1$、$M_2$、$M$ 满足条件．

$\because EM$ 与 $\odot P$ 相切于点 $M$，
$\therefore PM \perp EM$．
$\because A(-4,0),B(2,0)$，
$\therefore P(-1,0),PM=\dfrac{1}{2}AB=3$．
$\because E(4,0)$，
$\therefore PE=5$，
$\therefore EM=4$，
$\therefore \tan\angle MEP=\dfrac{3}{4}=\dfrac{AM_1}{AE}\Rightarrow AM_1=6$，
$\therefore M_1(-4,6)$，
$\therefore y_{EM}=-\dfrac{3}{4}x+3$．

$\because$ 点 $M$、$N$ 关于 $x$ 轴对称，
$\therefore y_{EN}=\dfrac{3}{4}x-3$．

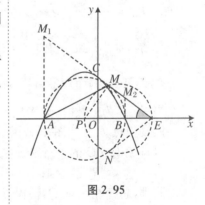

图 2.95

综上所述,当直线 $l$ 的表达式为 $y=-\dfrac{3}{4}x+3$ 或 $y=\dfrac{3}{4}x-3$ 时,以 $A$、$B$、$M$ 为顶点所作的直角三角形有且只有三个.

> **思路点拨**
>
> 本题的难点在于判断直线何时才能满足条件.通过分析可知,只有当直线 $l$ 与以 $AB$ 为直径的圆相切时,以 $A$、$B$、$M$ 为顶点所作的直角三角形有且只有三个.实际上,本题重点考查圆与直线的位置关系以及过圆外一点如何采用尺规作图准确画出圆的切线.

68. **解** 作 $PD\perp x$ 轴交 $AC$ 于点 $D$(图 2.96).

设 $P\left(x,-\dfrac{2}{3}x^2-\dfrac{4}{3}x+2\right)(-3<x<0)$.

∵ $A(-3,0)$,$C(0,2)$,

∴ $y_{AC}=\dfrac{2}{3}x+2$,$AO=3$,

∴ $D\left(x,\dfrac{2}{3}x+2\right)$,

∴ $PD=-\dfrac{2}{3}x^2-2x$.

∵ $S_{\triangle ACP}=\dfrac{1}{2}AO\cdot PD=-x^2-3x=-\left(x+\dfrac{3}{2}\right)^2+\dfrac{9}{4}$,

∴ $\triangle ACP$ 的面积最大值为 $\dfrac{9}{4}$.

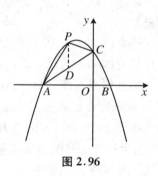

图 2.96

当 $S_{\triangle ACP}$ 为整数时,只能是 1 或 2.
假设当点 $P$ 在如图 2.97 所示的位置时,$S_{\triangle ACP}=1$.
过点 $P$ 作 $AC$ 的平行线交抛物线于点 $G$.
∴ $S_{\triangle ACP}=S_{\triangle ACG}=1$.
同理,总存在一点 $Q$,使得 $S_{\triangle ACP}=S_{\triangle ACQ}=2$.
故使 $\triangle ACP$ 的面积为整数的点 $P$ 有 4 个.

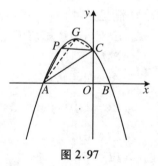

图 2.97

> **思路点拨**
>
> 这是抛物线背景下整数值面积存在性问题,首先要求出动态三角形面积的最大值,判断出可以取到的整数值有哪些,再利用平行线构造等底同高的三角形.
>
> 规律总结:假设动态三角形面积的最大值为 $x$,当 $x$ 为整数时,可以使得动态三角形面积为整数的动点个数为 $2x-1$;当 $x$ 为非整数时,可以使得动态三角形面积为整数的动点个数为 $2[x]$.

**69. 解** 存在.

(1) 过点 $P$ 作 $BC$ 的平行线,交抛物线于点 $Q_1$,连接 $Q_1B, Q_1M$(图 2.98).

∵ $PQ_1 // BC$,

∴ △$Q_1MB$ 与 △$PMB$ 同底等高,

∴ $S_{\triangle PMB} = S_{\triangle Q_1MB}$,

∴ 点 $Q_1$ 为所求.

∵ $B(3,0), C(0,3)$,

∴ $y_{BC} = -x + 3$.

∵ $PQ_1 // BC, P(1,4)$,

∴ $y_{PQ_1} = -x + 5$.

令 $-x + 5 = -(x+1)(x-3)$,解得 $x = 2$ 或 $x = 1$(舍去).

∴ $Q_1(2,3)$.

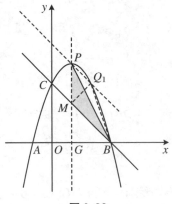

图 2.98

(2) ∵ $y_{BC} = -x + 3$,

∴ 令 $x = 1$,则 $y = 2$,即 $M(1,2)$.

∴ $PM = MG = 2$,

∴ $S_{\triangle PMB} = S_{\triangle BMG}$.

过点 $G$ 作 $BC$ 的平行线,交抛物线于点 $Q_2$、$Q_3$,连接 $Q_2M$、$Q_2B$、$Q_3M$、$Q_3B$(图 2.99).

∵ $Q_2Q_3 // BC$,

∴ △$Q_2MB$ 与 △$MBG$ 同底等高,

∴ $S_{\triangle PMB} = S_{\triangle MBG} = S_{\triangle Q_2MB}$.

同理,$S_{\triangle PMB} = S_{\triangle MBG} = S_{\triangle Q_3MB}$.

∴ 点 $Q_2$、$Q_3$ 为所求.

∵ $y_{BC} = -x + 3, G(1,0)$,

∴ $y_{Q_2Q_3} = -x + 1$.

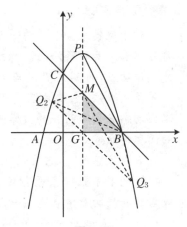

图 2.99

令 $-x + 1 = -(x+1)(x-3)$,解得 $x = \dfrac{3 \pm \sqrt{17}}{2}$.

∴ $Q_2\left(\dfrac{3-\sqrt{17}}{2}, \dfrac{\sqrt{17}-1}{2}\right), Q_3\left(\dfrac{3+\sqrt{17}}{2}, \dfrac{-1-\sqrt{17}}{2}\right)$.

综上所述,$Q(2,3)$ 或 $Q\left(\dfrac{3-\sqrt{17}}{2}, \dfrac{\sqrt{17}-1}{2}\right)$ 或 $Q\left(\dfrac{3+\sqrt{17}}{2}, \dfrac{-1-\sqrt{17}}{2}\right)$ 使得 △$QMB$ 与 △$PMB$ 的面积相等.

**解法2** 设 $Q(m, -m^2 + 2m + 3)$.

作 $QE \perp x$ 轴交 $BC$ 于点 $E$,连接 $QM$(图 2.100).

∵ $B(3,0), C(0,3)$,

∴ $y_{BC} = -x + 3$,

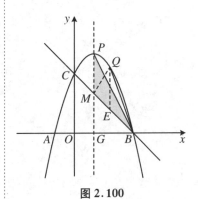

图 2.100

∴ $y_E = -m + 3$.

∵ $QE = |-m^2 + 3m|$，$BG = 2$，

∴ $S_{\triangle QBM} = \frac{1}{2} BG \cdot QE = |m^2 - 3m|$.

∵ $S_{\triangle PBM} = 2$，

∴ $|m^2 - 3m| = 2 \Rightarrow m^2 - 3m = \pm 2$，

∴ $m_1 = 1$（舍去），$m_2 = 2$，$m_3 = \frac{3 - \sqrt{17}}{2}$，

$m_4 = \frac{3 + \sqrt{17}}{2}$.

综上所述，$Q(2, 3)$ 或 $Q\left(\frac{3 - \sqrt{17}}{2}, \frac{\sqrt{17} - 1}{2}\right)$ 或 $Q\left(\frac{3 + \sqrt{17}}{2}, \frac{-1 - \sqrt{17}}{2}\right)$ 使得 $\triangle QMB$ 与 $\triangle PMB$ 的面积相等.

### 思路点拨

对于抛物线背景下的等面积存在性问题，一般来说都可以采用两种解法. 第一种是几何法，通过作平行线，先定位动点，再利用直线与抛物线的交点解决问题. 第二种是代数法，主要步骤是设动点的坐标，利用宽高法求出动态三角形面积的数学表达式，再根据已知三角形的面积建立等式.

需要注意的是，若采用几何法，则一定要考虑周到，一般情况下不止一条平行线；若采用代数法，则水平宽或者铅垂高的数学表达式一定要带上绝对值.

70. **解** 作 $QC \perp x$ 轴交 $AB$ 于点 $C$（图2.101）.

设 $Q(x, -x^2 + 2x + 3)$.

∵ $A(3, 0)$，$B(0, 3)$，

∴ $y_{AB} = -x + 3$，$AO = 3$，

∴ $C(x, -x + 3)$，

∴ $QC = |-x^2 + 3x|$.

∵ $S_{\triangle ABQ} = \frac{1}{2} AO \cdot QC = m$，

∴ $QC = \frac{2}{3} m$，

∴ $|-x^2 + 3x| = \frac{2}{3} m$，

∴ $x^2 - 3x - \frac{2}{3} m = 0$ 或 $x^2 - 3x + \frac{2}{3} m = 0$.

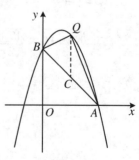

图2.101

∵ 方程 $x^2 - 3x - \frac{2}{3}m = 0$ 的判别式 $\Delta_1 = 9 + \frac{8}{3}m$,

又 $m > 0$,

∴ $\Delta_1$ 恒大于零,即总有两个点 $Q$ 满足条件,

∴ 方程 $x^2 - 3x + \frac{2}{3}m = 0$ 有且只有一个解,

∴ 方程 $x^2 - 3x + \frac{2}{3}m = 0$ 的判别式 $\Delta_2 = 0$,

∴ $\Delta_2 = 9 - \frac{8}{3}m = 0 \Rightarrow m = \frac{27}{8}$.

**思路点拨**

本题是抛物线背景下有关面积存在性的经典试题.主要有两点必须牢牢掌握:铅垂高或水平宽的数学表达式必须带上绝对值;两个二次方程只有三个解,那么其中必然存在某一个方程的判别式为零.抓住这两点,势如破竹.

71. 解 ∵ $y = -(x+1)(x-3)$,

∴ $A(-1,0), B(3,0)$,抛物线的对称轴为 $x = 1$(图 2.102).

设 $x_P = m(1 < m < 3)$,则 $BE = 3 - m$.

∵ 抛物线的对称轴为 $x = 1$,

∴ 点 $P$、$D$ 关于 $x = 1$ 对称,

∴ $x_D + x_P = 2$,

∴ $x_D = 2 - m$.

∵ $x_C = -1$,

∴ $CD = 3 - m, PD = 2m - 2$,

∴ $BE = CD$,

∴ 四边形 $CEBD$ 为平行四边形,

∴ $CE \parallel BD$.

∵ $F$ 为矩形 $AEPC$ 对角线的交点,

∴ $CF = EF$.

∵ $CE \parallel BD$,

∴ $DG = GH$,

∴ $S_{\triangle PCF} = S_{\triangle PEF}, S_{\triangle PDG} = S_{\triangle PGH}$,

∴ $S_{DCFG} = S_{GFEH}$.

∴ $S_{GFEB} = 2S_{DCFG}$,

∴ $S_{\triangle HEB} = \frac{1}{3} S_{CEBD}$,

∴ $\frac{1}{2} BE \cdot HE = \frac{1}{3} CD \cdot PE$.

∵ $BE = CD$,

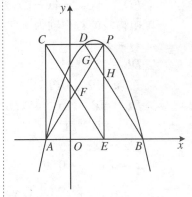

图 2.102

$\therefore \dfrac{HE}{PE} = \dfrac{2}{3} \Rightarrow \dfrac{PH}{HE} = \dfrac{1}{2}$.

$\therefore \dfrac{PH}{HE} = \dfrac{PD}{BE}$,

$\therefore \dfrac{2m-2}{3-m} = \dfrac{1}{2} \Rightarrow m = \dfrac{7}{5}$,

$\therefore P\left(\dfrac{7}{5}, \dfrac{96}{25}\right)$.

#### 思路点拨

本题综合性较强. 首先需要判定四边形 $CEBD$ 为平行四边形，主要依据对边平行且相等，其中点 $P$、$D$ 关于 $x=1$ 对称是非常关键的破题点，进而得到 $CE \parallel BD$，由于 $F$ 为矩形 $AEPC$ 对角线的交点，故得到 $DG = GH$，那么 $S_{\triangle PCF} = S_{\triangle PEF}$，$S_{\triangle PDG} = S_{\triangle PGH}$，最终可得到 $S_{\triangle HEB} = \dfrac{1}{3} S_{CEBD}$，再利用面积公式和平行线分线段成比例定理可以解得参数 $m$.

72. **解** 如图 2.103 所示，设 $D(x, x^2-4x-5)(-1 < x < 5)$.

$\therefore FD = -(x^2-4x-5)$, $FM = 7-x$.

$\because$ 抛物线的对称轴为 $x=2$,

$\therefore x_E = 4-x$,

$\therefore DE = |2x-4|$.

$\because \triangle PED \cong \triangle MPF$,

$\therefore DE = FP = |2x-4|$, $DP = FM = 7-x$.

$\because FP + PD = FD$,

$\therefore |2x-4| + (7-x) = -(x^2-4x-5)$,

$\therefore x^2-7x+6=0$ 或 $x^2-3x-2=0$,

$\therefore x_1=1, x_2=6(舍去), x_3=\dfrac{3+\sqrt{17}}{2}, x_4=\dfrac{3-\sqrt{17}}{2}(舍去)$,

$\therefore$ 所有满足题意的点 $D$ 的横坐标的和为 $\dfrac{5+\sqrt{17}}{2}$.

答案是 C 项.

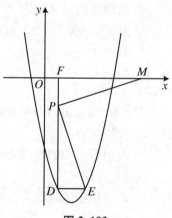

图 2.103

#### 思路点拨

本题最关键的地方是如何利用坐标准确地表示 $DE$ 的长度，由于点 $D$、$E$ 的位置不固定，故表达式必须带上绝对值符号，否则漏解. 用坐标表示线段的长度时，要注意函数值的正负性. 由于点 $D$ 有明确的运动范围，故对方程的每一个根都要检验，确保解在取值范围内，否则产生增根.

**73. 解** 存在. 连接 $PC$（图 2.104）.

∵ $y = -\dfrac{1}{3}x^2 + \dfrac{2\sqrt{3}}{3}x + 3 = -\dfrac{1}{3}(x+\sqrt{3})(x-3\sqrt{3})$,

∴ $A(-\sqrt{3},0)$, $B(3\sqrt{3},0)$, $C(0,3)$,

∴ $\tan\angle BCO = \sqrt{3}$,

∴ $\angle BCO = \angle PDC = 60°$.

∵ 由对称性可知 $\angle DAB = \angle DBA = 30°$,

∴ $k_{AD} = \dfrac{\sqrt{3}}{3}$.

∵ $P(\sqrt{3},4)$,

∴ $k_{PC} = \dfrac{\sqrt{3}}{3} = k_{AD}$,

∴ $PC \parallel AD$,

∴ $\angle PCD = \angle CDA = 60°$,

∴ $\triangle PCD$ 为等边三角形,

∴ $PC = PD = CD$.

(1) ∵ $\angle PDA = 120°$, 直线 $CD$ 与 $y$ 轴正方向之间的夹角为 $120°$, 且 $PD = CD$,

∴ 在点 $C$ 上方 $y$ 轴上取点 $Q$, 使得 $CQ = DA$（图 2.105）,

∴ $\triangle ADP \cong \triangle QCD$ (SAS).

∵ $AB = 4\sqrt{3}$, $\angle DAB = \angle DBA = 30°$,

∴ $AD = BD = CQ = 4$,

∴ $Q(0,7)$.

(2) 过点 $C$ 作 $DQ$ 的平行线交抛物线的对称轴于点 $Q_1$, 则四边形 $QCQ_1D$ 为平行四边形（图 2.106）.

∴ $\triangle ADP \cong \triangle QCD \cong \triangle Q_1DC$,

∴ 点 $Q_1$ 为所求.

∵ $DQ_1 = CQ = 4$, $D(\sqrt{3},2)$,

∴ $Q_1(\sqrt{3},-2)$.

综上所述, $Q(0,7)$ 或 $Q(\sqrt{3},-2)$ 使得以 $Q$、$C$、$D$ 为顶点的三角形与 $\triangle ADP$ 全等.

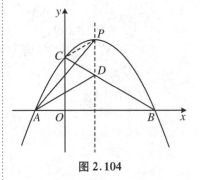

图 2.104

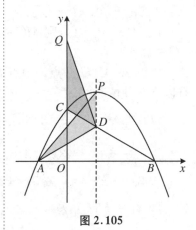

图 2.105

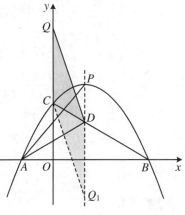

图 2.106

**思路点拨**

这是抛物线背景下的全等三角形存在性问题. 先对图形进行分析, 从边、角的数量关系入手, 看看有哪些边角关系存在相等的可能性, 再具体问题具体对待. 以本题为例, 首先要证明 $PD = CD$, 这是基础性工作. 然后在 $y$ 轴正方向上取点 $Q$, 使得 $CQ = DA$. 最后通过作平行四边形得到另一个所求点 $Q$.

74. 解 ∵ $y = x^2 - 1$,
∴ $A(-1, 0), B(1, 0), C(0, -1)$,
∴ $AO = BO = CO$,
∴ $\triangle AOC$ 与 $\triangle BOC$ 均为等腰直角三角形,
∴ $AC \perp BC$.
∵ $AP \parallel CB$,
∴ $AP \perp AC$.
∵ $y_{BC} = x - 1$,
∴ $y_{AP} = x + 1$.
令 $x + 1 = x^2 - 1 \Rightarrow (x+1)(x-2) = 0$.
∴ $P(2, 3)$,
∴ $AC = \sqrt{2}, AP = 3\sqrt{2}$.

设 $M(x, x^2-1)$, 则 $MG = x^2-1$ ($x > 1$ 或 $x < -1$), $AG = |x+1|$.

当以 $A$、$M$、$G$ 三点为顶点的三角形与 $\triangle PCA$ 相似时, 有以下两种情况:

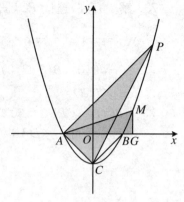

图 2.107

(1) ∵ $\dfrac{AP}{AC} = \dfrac{GA}{MG} = 3$ 时, $\triangle PCA \sim \triangle AMG$,

∴ $\dfrac{|x+1|}{x^2-1} = 3 \Rightarrow 3x^2 - 3 = |x+1|$,

∴ $3x^2 - x - 4 = 0$ 或 $3x^2 + x - 2 = 0$,

∴ $x_1 = -1$(舍去), $x_2 = \dfrac{4}{3}$(图 2.107), $x_3 = -1$(舍去), $x_4 = \dfrac{2}{3}$(舍去).

(2) ∵ $\dfrac{AP}{AC} = \dfrac{MG}{GA} = 3$ 时, $\triangle PCA \sim \triangle MAG$,

∴ $\dfrac{x^2-1}{|x+1|} = 3 \Rightarrow x^2 - 1 = 3|x+1|$,

∴ $x^2 - 3x - 4 = 0$ 或 $x^2 + 3x + 2 = 0$,

∴ $x_5 = -1$(舍去), $x_6 = 4$(图 2.108), $x_7 = -1$(舍去), $x_8 = -2$(图 2.109).

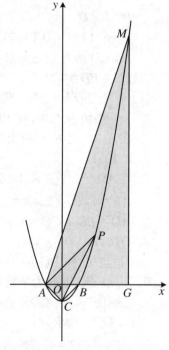

图 2.108

综上所述, $M\left(\dfrac{4}{3}, \dfrac{7}{9}\right)$ 或 $M(4, 15)$ 或 $M(-2, 3)$ 满足题意.

**思路点拨**

这是抛物线背景下的相似三角形存在性问题. 先找等角关系, 再根据对应边成比例建立方程求解, 这样一来, 必然存在两种情况. 需要注意的是, 三角形边长的数学表达式需要带上绝对值符号, 这样可以避免复杂的讨论. 以本题为例, 如果边长的数学表达式不带绝对值符号, 那么就需要分类讨论点 $M$ 在 $y$ 轴左侧与右侧的情况.

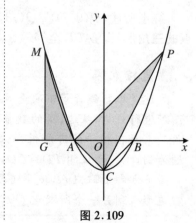

图 2.109

75. **解** 存在.

∵ $y = \dfrac{1}{2}x^2 - \dfrac{3}{2}x - 2 = \dfrac{1}{2}(x+1)(x-4)$,

∴ $A(-1,0), B(4,0), D(1,-3)$,

∴ $y_{BD} = x - 4$.

∵ $AE \parallel BD$,

∴ $y_{AE} = x + 1$.

令 $x + 1 = \dfrac{1}{2}(x+1)(x-4)$,解得 $E(6,7)$.

∴ $AE = 7\sqrt{2}, AB = 5, BD = 3\sqrt{2}$.

(1) 当点 $P$ 在点 $B$ 右侧时,作 $EH \perp x$ 轴于点 $H$(图 2.110).

∵ $y_{BD} = x - 4$,

∴ $\angle ABD = 45°, \angle DBP = 135°$.

∵ $B(4,0), E(6,7)$,

∴ $\tan \angle EBH = \dfrac{EH}{BH} = \dfrac{7}{2}$,

∴ $\angle ABD \neq \angle EBH$,

∴ $\angle ABE \neq \angle DBP$.

∴ $\triangle DBP$ 为钝角三角形,

∴ 当点 $P$ 在点 $B$ 右侧时,不存在满足题意的点 $P$.

(2) 当点 $P$ 在点 $B$ 左侧时,分两种情况讨论.

∵ $AE \parallel BD$,

∴ $\angle EAB = \angle DBP_1$.

当 $\dfrac{EA}{AB} = \dfrac{DB}{BP_1}$ 时,$\triangle AEB \backsim \triangle BDP_1$(图 2.111).

设 $P_1(x,0)$,则 $BP_1 = 4 - x$.

∴ $\dfrac{7\sqrt{2}}{5} = \dfrac{3\sqrt{2}}{4-x} \Rightarrow x = \dfrac{13}{7}$.

当 $\dfrac{EA}{AB} = \dfrac{P_2 B}{BD}$ 时,$\triangle AEB \backsim \triangle BP_2 D$(图 2.112).

设 $P_2(x,0)$,则 $BP_2 = 4 - x$.

∴ $\dfrac{7\sqrt{2}}{5} = \dfrac{4-x}{3\sqrt{2}} \Rightarrow x = -\dfrac{22}{5}$.

综上所述,$P\left(\dfrac{13}{7},0\right)$ 或 $P\left(-\dfrac{22}{5},0\right)$ 使得以 $P$、$B$、$D$ 为顶点的三角形与 $\triangle AEB$ 相似.

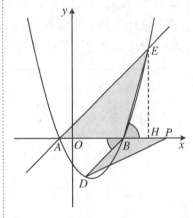

图 2.110

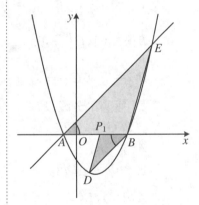

图 2.111

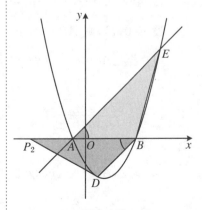

图 2.112

> **思路点拨**
>
> 当已知三角形为钝角三角形时,动点形成的钝角三角形的钝角必须与已知三角形的钝角相等才有可能相似.通过分析可知,当点 $P$ 在点 $B$ 右侧时,不存在满足题意的点 $P$,这样就简化了解题过程,减少了计算量,否则带上绝对值符号的方程化简之后必然有一个方程无解.几何法定性分析使解题过程简洁许多.

76. **解** 存在.

$\because y = \dfrac{1}{2}x^2 - 4x + 6$,

$\therefore A(0,6), Q\left(7, \dfrac{5}{2}\right), G(4,0), D(4,-2)$,

$\therefore y_{AQ} = -\dfrac{1}{2}x + 6$,

$\therefore E(4,4), F(4,-8)$,

$\therefore y_{AF} = -\dfrac{7}{2}x + 6, y_{FQ} = \dfrac{7}{2}x - 22$,

$\therefore B\left(\dfrac{12}{7}, 0\right), C\left(\dfrac{44}{7}, 0\right)$,

$\therefore BG = \dfrac{16}{7}, CG = \dfrac{16}{7}$,

$\therefore EF$ 垂直平分线段 $BC$,

$\therefore \angle BFG = \angle EFC$.

$\because AP \mathbin{/\mkern-6mu/} EF$,

$\therefore \angle PAF = \angle DFQ$.

$\because A(0,6), F(4,-8), D(4,-2), Q\left(7, \dfrac{5}{2}\right)$,

$\therefore AF = 2\sqrt{53}, DF = 6, FQ = \dfrac{3\sqrt{53}}{2}$.

设 $P(0,t)$,则 $AP = 6 - t$.

(1) 若 $\triangle AFP \backsim \triangle FQD$ (图 2.113),则 $\dfrac{AF}{AP} = \dfrac{FQ}{DF}$.

$\therefore \dfrac{2\sqrt{53}}{6-t} = \dfrac{\dfrac{3\sqrt{53}}{2}}{6} \Rightarrow t = -2$,

$\therefore P(0,-2)$.

(2) 若 $\triangle AFP \backsim \triangle FDQ$ (图 2.114),则 $\dfrac{AF}{AP} = \dfrac{FD}{FQ}$.

$\therefore \dfrac{2\sqrt{53}}{6-t} = \dfrac{6}{\dfrac{3\sqrt{53}}{2}} \Rightarrow t = -\dfrac{41}{2}$,

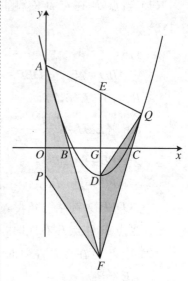

图 2.113

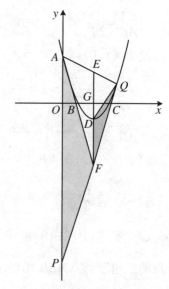

图 2.114

$\therefore P\left(0,-\dfrac{41}{2}\right).$

综上所述，$P(0,-2)$ 或 $P\left(0,-\dfrac{41}{2}\right)$ 使得 △AFP 与 △FDQ 相似.

**思路点拨**

本题的关键是要在 △AFP 与 △FDQ 中找到一对相等的角，根据等角的对应边成比例，探究相似三角形存在性问题. 由于点 P 为动点，在 △AFP 中只有 ∠FAP 为定角，因此要在 △FDQ 中找与之相等的角. 由于 EF 垂直平分线段 BC，且 AP // EF，故 ∠PAF = ∠DFQ. 找到等角以后，必然存在两种情况，再分类讨论，不能疏漏.

**77. 解** 过 △PAC 的三个顶点分别画对边的平行线，三条直线两两相交，产生三个符合条件的点 D(图 2.115).

$\because y=-x^2-2x+3=-(x+3)(x-1)=-(x+1)^2+4,$

$\therefore A(-3,0), C(0,3), P(-1,4).$

(1) 在平行四边形 $PACD_1$ 中，点 P 是由点 A 向右平移 2、向上平移 4 得到的.

$\therefore x_{D_1}=x_C+2=2, y_{D_1}=y_C+4=7,$

$\therefore D_1(2,7).$

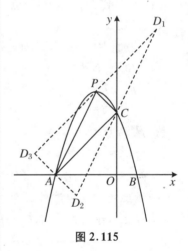

图 2.115

(2) 在平行四边形 $PAD_2C$ 中，点 A 是由点 P 向左平移 2、向下平移 4 得到的.

$\therefore x_{D_2}=x_C-2=-2, y_{D_2}=y_C-4=-1,$

$\therefore D_2(-2,-1).$

(3) 在平行四边形 $PD_3AC$ 中，点 A 是由点 C 向左平移 3、向下平移 3 得到的.

$\therefore x_{D_3}=x_P-3=-4, y_{D_3}=y_P-3=1,$

$\therefore D_3(-4,1).$

**思路点拨**

这是抛物线背景下的平行四边形存在性问题. 如果已知三个定点，探寻平行四边形的第四个顶点，即"三定一动"型. 符合条件的有三个点：以已知三个定点为三角形的顶点，过每个点画对边的平行线，三条直线两两相交，产生三个交点. 若求解动点的坐标，最为简洁的方法是平移法，然后根据平行四边形的中心对称性，利用中点的坐标公式建立方程求解.

78. 解 ∵ $y = -\frac{\sqrt{3}}{9}(x+9)(x-3)$,

∴ $A(-9,0), B(3,0), C(-3, 4\sqrt{3})$.

(1) 若 AD 为边, 则有两种情况.

① 设抛物线的对称轴与 x 轴的交点为 M, 过点 F 作 FH⊥y 轴于点 F(图 2.116).

∵ 易证 Rt△AMN≌Rt△FHD(AAS),

∴ AM = FH = 6,

∴ $F(6, -5\sqrt{3})$.

② 过点 F 作 FG⊥x 轴于点 G, 过点 N 作 NH⊥y 轴于点 H(图 2.117).

∵ 易证 Rt△AFG≌Rt△NDH(AAS),

∴ AG = NH = 3,

∴ $F(-12, -5\sqrt{3})$.

(2) 若 AD 为对角线, 只有一种情况.

过点 F 作 FG⊥x 轴于点 G, 过点 N 作 NH⊥y 轴于点 H(图 2.118).

∵ 易证 Rt△AFG≌Rt△NDH(AAS),

∴ AG = NH = 3,

∴ $F(-6, 3\sqrt{3})$.

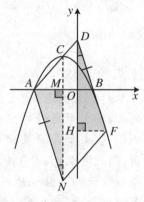

图 2.116

**思路点拨**

这是抛物线背景下的平行四边形存在性问题. 如果存在两个定点、两个动点, 即"两定两动"型, 则把确定的一条线段分为边和对角线两类讨论, 利用平行四边形对边平行且相等的性质构造全等三角形解决坐标问题.

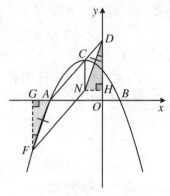

图 2.117

79. (1) **解法1** ∵ $y = -x^2 + \frac{9}{2}x + 1$,

∴ $A(0,1), B(4,3)$,

∴ $y_{AB} = \frac{1}{2}x + 1$,

∴ $D(0, -2)$,

∴ $S_{\triangle DBO} = \frac{1}{2}DO \cdot BC = \frac{1}{2}BD \cdot BO \cdot \sin\angle ABO$,

∴ $\sin\angle ABO = \frac{DO \cdot BC}{BD \cdot BO}$.

∵ $DO = 2, BC = 3, BO = 5, BD = 3\sqrt{5}$,

∴ $\sin\angle ABO = \frac{2}{5\sqrt{5}}$,

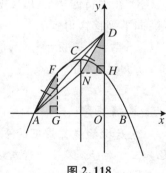

图 2.118

∴ $\tan \angle ABO = \dfrac{2}{11}$.

**解法 2** 作 $AF \perp OB$ 于点 $F$(图 2.119).

∵ $\angle AOF + \angle BOC = \angle BOC + \angle OBC = 90°$,

∴ $\angle AOF = \angle OBC$,

∴ $\sin \angle AOF = \sin \angle OBC = \dfrac{4}{5}$.

∵ $AO = 1, BO = 5$,

∴ $OF = \dfrac{3}{5}, AF = \dfrac{4}{5}, BF = \dfrac{22}{5}$,

∴ $\tan \angle ABO = \dfrac{AF}{BF} = \dfrac{2}{11}$.

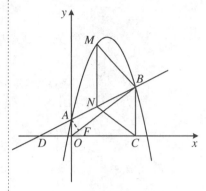

图 2.119

(2) ∵ 四边形 $MNCB$ 是平行四边形,$MN \parallel BC$,

∴ $MN = BC = 3$.

设 $M\left(x, -x^2 + \dfrac{9}{2}x + 1\right)$,则 $N\left(x, \dfrac{1}{2}x + 1\right)$.

∴ $MN = -x^2 + 4x$,

∴ $-x^2 + 4x = 3 \Rightarrow (x-1)(x-3) = 0$,

∴ $M\left(1, \dfrac{9}{2}\right)$ 或 $M\left(3, \dfrac{11}{2}\right)$.

**思路点拨**

第一问,求 $\tan \angle ABO$:第一种思路是通过面积公式解得 $\sin \angle ABO = \dfrac{2}{5\sqrt{5}}$,再求得 $\tan \angle ABO = \dfrac{2}{11}$;第二种思路是构造直角三角形,由角度之间的等量关系分别求得 $AF$、$BF$,再求得 $\tan \angle ABO = \dfrac{2}{11}$.第二问,在本题的背景下,$MN$ 只能是平行四边形 $MNCB$ 的一条边,故 $MN = BC = 3$,利用 $M$ 的坐标表示 $MN$,建立方程,求得 $x = 1$ 或 $x = 3$.

80. **解** (1) ∵ $y = x^2 - 2x + a = (x-1)^2 + a - 1$,

∴ $A(0, a), M(1, a-1)$,

∴ $y_{AM} = -x + a$(图 2.120).

令 $-x + a = \dfrac{1}{2}x - a \Rightarrow x = \dfrac{4}{3}a$.

∴ $N\left(\dfrac{4}{3}a, -\dfrac{1}{3}a\right)$.

(2) ∵ 点 $N$、$Q$ 关于 $y$ 轴对称,

∴ $Q\left(-\dfrac{4}{3}a, -\dfrac{1}{3}a\right)$.

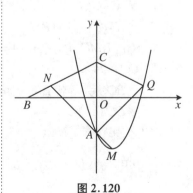

图 2.120

$$\therefore -\frac{1}{3}a = \frac{16}{9}a^2 + \frac{8}{3}a + a \Rightarrow a\left(\frac{4}{9}a + 1\right) = 0.$$

$\because a < 0$,

$\therefore a = -\frac{9}{4}$.

(3) $\because$ 点 $A$、$C$ 关于原点中心对称,且点 $P$ 在 $y$ 轴右侧,

$\therefore$ 当且仅当点 $N$、$P$ 关于原点中心对称时,$PANC$ 为平行四边形(图 2.121),

$\therefore P\left(-\frac{4}{3}a, \frac{1}{3}a\right)$,

$$\therefore \frac{1}{3}a = \frac{16}{9}a^2 + \frac{8}{3}a + a \Rightarrow a\left(\frac{8}{3}a + 5\right) = 0.$$

$\because a < 0$,

$\therefore a = -\frac{15}{8}$,

$\therefore P\left(\frac{5}{2}, -\frac{5}{8}\right)$.

**思路点拨**

本题很有特色,是抛物线背景下的存在性问题,一般情况下抛物线是确定的,而本题的抛物线是动态的,因此交点 $N\left(\frac{4}{3}a, -\frac{1}{3}a\right)$ 也是动态的,这是本题的难点.根据轴对称与中心对称,可求出点 $Q$、$P$ 的坐标.这是建立方程的主要依据,把握这一点,才能解决问题.

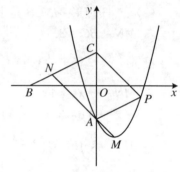

图 2.121

81. 解法 1 $\because y = x^2 - 2x - 3 = (x+1)(x-3)$,

$\therefore A(-1, 0), B(3, 0), C(0, -3)$.

$\because MN \perp AC, MG \perp l$,

$\therefore N$、$C$、$G$、$M$ 四点共圆(图 2.122),

$\therefore \angle NMC = \angle NGC$.

在 Rt$\triangle NMC$ 中,$\angle ACO + \angle OCM + \angle NMC = 90°$.

$\because CO = BO$,

$\therefore \triangle BOC$ 为等腰直角三角形,

$\therefore \angle OCM = 45°$,

$\therefore \angle ACO + \angle NMC = 45°$.

$\because \tan \angle ACO = \frac{AO}{CO} = \frac{1}{3}$,

由 "12345" 模型得 $\tan \angle NMC = \tan \angle NGC = \frac{1}{2}$.

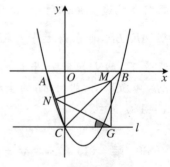

图 2.122

**解法 2** 连接 $AM$，延长 $GM$ 交 $x$ 轴于点 $P$（图 2.123）.

∵ $S_{\triangle AMC} + S_{\triangle AMB} = S_{\triangle ABC}$，$MP = OC - MG$.

∵ $\triangle MCG$ 为等腰直角三角形，

∴ $MG = \dfrac{MC}{\sqrt{2}}$.

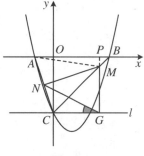

图 2.123

∵ $S_{\triangle AMC} = \dfrac{1}{2} \cdot AC \cdot MN$，$S_{\triangle AMB} = \dfrac{1}{2} AB \cdot MP$，

$S_{\triangle ABC} = \dfrac{1}{2} AB \cdot OC$，

∴ $AC \cdot MN + AB \cdot \left( OC - \dfrac{MC}{\sqrt{2}} \right) = AB \cdot OC$，

∴ $AC \cdot MN = \dfrac{AB \cdot MC}{\sqrt{2}} \Rightarrow \dfrac{MN}{MC} = \dfrac{AB}{\sqrt{2} AC}$.

∵ $AC = \sqrt{10}$，$AB = 4$，

∴ $\dfrac{MN}{MC} = \dfrac{2}{\sqrt{5}}$，

∴ $\tan \angle NMC = \tan \angle NGC = \dfrac{1}{2}$.

答案是 A 项.

### 思路点拨

解法 1 利用"12345"模型求解，针对填空选择题，非常简便. 解法 2 则更具有通用性，尤其针对解答题，更是得心应手，无论抛物线与坐标轴的交点如何，均可采用面积法. 熟练掌握以上两种方法，在中考中才能高效做题.

**82. 解** 作 $AE \perp y$ 轴于点 $E$，$BF \perp y$ 轴于点 $F$（图 2.124）.

设 $A(a, ka^2)$，$B(b, kb^2)$，$y_{AB} = mx + n$.

∵ $\triangle ABC$ 的内心始终在 $y$ 轴上，

∴ $y$ 轴平分 $\angle ACB$，

∴ $\angle ACE = \angle BCF$，

∴ $\triangle ACE \sim \triangle BCF$（AA），

∴ $\dfrac{AE}{EC} = \dfrac{BF}{CF}$，

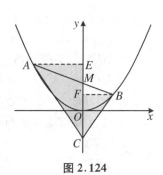

图 2.124

∴ $\dfrac{-a}{ka^2 - c} = \dfrac{b}{kb^2 - c} \Rightarrow (a+b)(kab - c) = 0$，

∴ $a + b = 0$ 或 $ab = \dfrac{c}{k}$.

若 $a + b = 0$，则点 $A$、$B$ 关于 $y$ 轴对称，$AB \parallel x$ 轴.

换而言之，只要 $AB \parallel x$ 轴，交 $y$ 轴于点 $M$，均满足题意.

∴此时点 $M$ 不是定点，与题设矛盾，舍去，

∴ $ab = \dfrac{c}{k}$.

令 $mx + n = kx^2 \Rightarrow x^2 - \dfrac{m}{k}x - \dfrac{n}{k} = 0$.

∴ $ab = -\dfrac{n}{k} = \dfrac{c}{k} \Rightarrow n = -c$,

∴ $y_{AB} = mx - c$,

∴ $y_{AB}$ 过定点 $(0, -c)$,

∴ $M(0, -c)$,

∴ $MC = -2c$.

答案是 C 项.

**思路点拨**

内心是中考高频考点，对于内心的考法，多种多样.角是三角形边角关系中最活跃的因素，利用等角构造相似，利用坐标表示线段长度，再由韦达定理解得 $a$、$b$、$c$、$n$ 四者之间的数量关系，最终根据直线过定点判定 $M(0, -c)$.

83. **解法 1** 连接 $CH$（图 2.125）.

由对称性可知 $CH = CG$, $\angle CHG = \angle CGH$.

设 $\angle CHG = \angle CGH = \alpha$，则 $\angle GCH = 180° - 2\alpha$.

据题意，$CD = CG$，$\angle DCG = 90°$.

∴ $\angle DCH = 90° + (180° - 2\alpha) = 270° - 2\alpha$.

∵ $CD = CH$,

∴ $\angle CHD = \dfrac{180° - (270° - 2\alpha)}{2} = \alpha - 45°$,

∴ $\angle EHF = \alpha - (\alpha - 45°) = 45°$.

∵ $CB \perp GH$,

∴ △$HEF$ 为等腰直角三角形,

∴ $\angle HEF = \angle CED = 45°$ 为定值.

作 $DM \perp BC$ 交 $BC$ 的延长线于点 $M$（图 2.125）.

∵ 易证△$DMC \cong$△$CFG$（AAS）,

∴ $DM = FC$.

∵ $\angle CED = 45°$,

∴ △$DME$ 为等腰直角三角形,

∴ $\dfrac{CF}{DE} = \dfrac{DM}{DE} = \dfrac{1}{\sqrt{2}}$.

**解法 2** 连接 $CH$、$GE$（图 2.126）.

∵ $CH = CG = CD$,

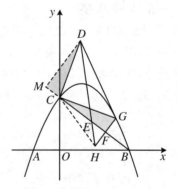

图 2.125

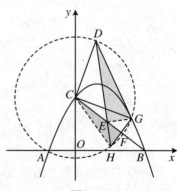

图 2.126

∴ 点 $H$、$G$、$D$ 在以点 $C$ 为圆心、$CH$ 为半径的圆上,

∴ $\angle DHG = \dfrac{1}{2}\angle DCG = 45°$.

∵ $CB \perp GH$,

∴ △$HEF$ 为等腰直角三角形,

∴ $\angle HEF = \angle CED = 45°$ 为定值.

∵ $\angle DGE = 45° + \angle CGE$,$\angle CHF = 45° + \angle CHE$,

∴ 由对称性可知 $\angle CGE = \angle CHE$,$GE \perp DE$,

∴ $\angle CHF = \angle DGE$,

∴ △$DGE \sim$ △$CHF$(AA),

∴ $\dfrac{CF}{DE} = \dfrac{CH}{DG} = \dfrac{CG}{DG} = \dfrac{1}{\sqrt{2}}$.

答案是 D 项.

### 思路点拨

　　本题涉及几何三大变换中的旋转与轴对称,且是抛物线背景下的动点问题中的定值问题.对于初中生而言,难度可谓大也！任何可以研究的动点问题总有不变的量,否则无法研究.只有"以静制动",方可"柳暗花明".

　　解法 1 采用了相对较为常规的思路,通过导角与构造全等,将需要研究的两条线段调整到等腰直角三角形中,从而判定它们之间的数量关系.

　　由于本题需要判定 $\angle CED$ 是否为定值,通过代数运算是一种方案.利用等腰三角形顶角与底角的关系,通过代数运算最终判定 $\angle CED = 45°$ 为定值.接下来需要判定 $\dfrac{CF}{DE}$ 是否为定值,那么在现有的图形中不好判定,势必要将问题转化.由于 △$DCG$ 为等腰直角三角形,构造"一线三直角"全等模型是非常好的选择,也是处理等腰直角三角形的常见思路,通过构造全等便可以证明 $DM = FC$,所以 $\dfrac{CF}{DE} = \dfrac{DM}{DE} = \dfrac{1}{\sqrt{2}}$.

　　解法 2 中,由"一点三等长"引入圆,在圆中利用圆周角定理迅速解决角度的定值问题,比代数导角要简洁.再由相似三角形的性质速解两条线段之间的比例关系.

　　本解法抓住 $CH = CG = CD$ 这个关键结论,通过辅助圆迅速求解 $\angle DHG = \dfrac{1}{2}\angle DCG = 45°$.接下来求解比值的定值问题,自然联想到相似,通过判定角度和线段的等量关系,轻松解决问题.

84. **解** 令 $x^2-2x+4=kx \Rightarrow x^2-(2+k)x+4=0$.

∴ $x_P+x_Q=2+k, x_P \cdot x_Q=4$.

令 $-2x+8=kx \Rightarrow x_R=\dfrac{8}{2+k}$.

∵ $OP_1=x_P, OQ_1=x_Q, OR_1=x_R$,(图 2.127),

∴ $\dfrac{1}{OP_1}+\dfrac{1}{OQ_1}=\dfrac{1}{x_P}+\dfrac{1}{x_Q}=\dfrac{x_P+x_Q}{x_P x_Q}=\dfrac{2+k}{4}=\dfrac{2}{OR_1}$,

∴ $n=2$.

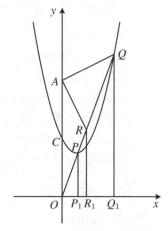

图 2.127

**思路点拨**

本题是抛物线背景下的定值问题,常常与韦达定理相结合.以本题为例,由于 $OP_1=x_P, OQ_1=x_Q, OR_1=x_R$,利用坐标表示线段长度是上策,利用韦达定理建立等量关系,将三条线段的倒数表示出来,代数运算其结果,即可求出 $n$ 的值.

85. **解** 作 $DH \parallel x$ 轴交 $AC$ 于点 $H$(图 2.128).

∵ $y=-\dfrac{1}{3}(x+\sqrt{3})(x-3\sqrt{3})$,

∴ $A(-\sqrt{3},0), C(0,3)$,

∴ $\tan \angle CAB = \dfrac{CO}{AO}=\sqrt{3}$,

∴ $\angle CAB=60°$.

∵ $AE$ 平分 $\angle CAB$,

∴ $\angle EAB=30°$,

∴ $OD=1, CD=2$.

∵ $DH \parallel x$ 轴,

∴ $\dfrac{DH}{AO}=\dfrac{CD}{CO}=\dfrac{2}{3} \Rightarrow DH=\dfrac{2}{\sqrt{3}}$.

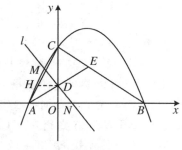

图 2.128

∵ $DH \parallel x$ 轴,

∴ $\angle HDA=\angle DAN$.

∵ $\angle DAH=\angle DAN$,

∴ $\angle DAN=\angle HDA$,

∴ $HD=AH$.

∵ $HD \parallel AN$,

∴ $\dfrac{HD}{AN}=\dfrac{HM}{AM}=\dfrac{AM-AH}{AM}=1-\dfrac{HD}{AM}$,

∴ $\dfrac{HD}{AN}+\dfrac{HD}{AM}=1$,

∴ $\dfrac{1}{AM}+\dfrac{1}{AN}=\dfrac{1}{HD}=\dfrac{\sqrt{3}}{2}$.

"平行线遇到角平分线出等腰"这一模型在中考实战中屡屡出现,是中考的重要考点.本题的解法有多种,利用代数解析的话,计算量很大,初中生不容易掌握;利用几何法,计算量很小,值得借鉴.

86. **解** ∵ $y = ax^2 + c$,
∴ $C(0, c)$,
∴ $OC = -c$.
设 $A(-t, 0)(t > 0)$,则 $B(t, 0)$.
∴ $at^2 + c = 0 \Rightarrow c = -at^2, AO = BO = t$.
设 $P(m, am^2 + c)$.
∴ $PQ = -(am^2 + c) = a(m+t)(t-m), AQ = m + t, BQ = t - m$.
作 $PQ \perp x$ 轴于点 $Q$(图 2.129).
∵ $\dfrac{OE}{PQ} = \dfrac{AO}{AQ}$,
∴ $OE = \dfrac{PQ \cdot AO}{AQ} = \dfrac{at(m+t)(t-m)}{m+t} = at(t-m)$.
∵ $\dfrac{PQ}{OF} = \dfrac{BQ}{BO}$,
∴ $OF = \dfrac{PQ \cdot BO}{BQ} = \dfrac{at(m+t)(t-m)}{t-m} = at(t+m)$,
∴ $OE + OF = 2at^2 = -2c = 2OC$,
∴ $\dfrac{OE + OF}{OC} = 2$.

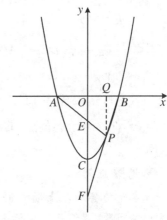

图 2.129

本题中动点 $P$ 的横坐标是牵一发而动全身的关键,同时利用 $c = -at^2$ 达到化简的目的,再利用平行线分线段成比例定理将 $OE$、$OF$ 的长度用点的横坐标表示出来,最终解决问题.

87. **解** 作 $MN \perp x$ 轴交 $BC$ 于点 $N$(图 2.130).
∵ $y = \dfrac{1}{2}x^2 - \dfrac{3}{2}x - 2 = \dfrac{1}{2}(x+1)(x-4)$,
∴ $A(-1, 0), B(4, 0), C(0, -2)$,
∴ $y_{BC} = \dfrac{1}{2}x - 2, BO = 4$.
设 $M\left(x, \dfrac{1}{2}x^2 - \dfrac{3}{2}x - 2\right)$,则 $N\left(x, \dfrac{1}{2}x - 2\right)$.
∴ $MN = -\dfrac{1}{2}x^2 + 2x$.

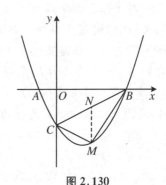

图 2.130

$\because S_{\triangle MBC} = \dfrac{1}{2} BO \cdot MN = -x^2 + 4x = -(x-2)^2 + 4,$

$\therefore S_{\triangle MBC}$ 的最大值为 4.

### 思路点拨

本题是抛物线背景下的面积问题,一般情况下采用宽高法,利用动点的坐标表示动态三角形的面积,通过二次函数求最值.以本题为例,水平宽是 $BO$,是定值;铅垂高是 $MN$,是变量. $S_{\triangle MBC} = \dfrac{1}{2} BO \cdot MN = -(x-2)^2 + 4.$

88. **解** 作 $ED \perp x$ 轴交 $AC$ 于点 $D$,$CH \perp x$ 轴于点 $H$ (图 2.131).

$\because y = x^2 - 4x + 3,$

$\therefore A(1,0), C(4,3), AH = 3,$

$\therefore y_{AC} = x - 1.$

设 $E(x, x^2 - 4x + 3)$,则 $D(x, x-1)$.

$\therefore DE = -x^2 + 5x - 4,$

$\therefore S_{\triangle ACE} = \dfrac{1}{2} DE \cdot AH = \dfrac{3}{2}(-x^2 + 5x - 4) = -\dfrac{3}{2}\left(x - \dfrac{5}{2}\right)^2 + \dfrac{27}{8},$

$\therefore E\left(\dfrac{5}{2}, -\dfrac{3}{4}\right)$,$S_{\triangle ACE}$ 的最大值为 $\dfrac{27}{8}$.

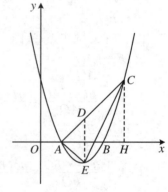

**图 2.131**

### 思路点拨

本题的解法与上题相同,利用铅垂法求面积.对于这一类问题,最值点的坐标究竟有怎样的规律可寻?不难发现,上题中,最值点的横坐标是 $BC$ 的中点坐标,本题中,最值点是 $AC$ 的中点坐标,这个结果是偶然的还是必然的?下面我们通过一般情况探究最值点的坐标与抛物线两个交点的横坐标之间的关系.

对于任意抛物线 $y = ax^2 + bx + c (a > 0)$(为了方便起见,我们研究开口向上的抛物线,开口向下的情况读者自行解决),任意直线 $y = kx + m (k \neq 0)$ 与之交于 $A$、$B$ 两点(点 $A$ 在点 $B$ 的左侧),在直线 $AB$ 下方有动点 $C$ (图 2.132),那么 $S_{\triangle ABC}$ 取得最大值时,点 $C$ 的横坐标和 $A$、$B$ 两点的横坐标有怎样的数量关系?

**解** $\because$ 易知 $y_D = kx_C + m,$

$\therefore CD = -ax_C^2 + (k-b)x_C + (m-c).$

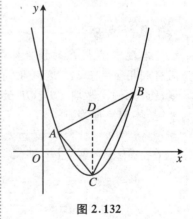

**图 2.132**

∵ $S_{\triangle ABC} = \frac{1}{2}(x_B - x_A) \cdot CD$,

又交点 $A$、$B$ 已确定,即 $x_B - x_A$ 确定,也即水平宽为定值,

∴ 当 $CD$ 最大时,$S_{\triangle ABC}$ 最大.

函数 $y = -ax_C^2 + (k-b)x_C + (m-c)$ 在 $x_C = \frac{k-b}{2a}$ 时取得最大值.

令 $ax^2 + bx + c = kx + m \Rightarrow ax^2 - (k-b)x + c - m = 0$.

∴ $x_A + x_B = \frac{k-b}{a} = 2x_C$,

∴ 当 $x_C = \frac{x_A + x_B}{2}$ 时,$S_{\triangle ABC}$ 最大.

利用这个结论,针对选填题型,可以"秒杀".

89. **解** 作 $MN \parallel x$ 轴交 $AB$ 于点 $N$(图 2.133).

∵ $y_{AB} = -3x + 3$,

∴ $A(1,0)$,$B(0,3)$,$BO = 3$.

∵ $y = -x^2 + 2x + c$ 过点 $B$,

∴ $c = 3$,

∴ $y = -x^2 + 2x + 3$.

设 $M(x, -x^2 + 2x + 3)$,则 $N\left(\frac{x^2 - 2x}{3}, -x^2 + 2x + 3\right)$.

∴ $MN = x - \frac{x^2 - 2x}{3} = \frac{-x^2 + 5x}{3}$.

∵ $S_{\triangle ABM} = \frac{1}{2}BO \cdot MN = -\frac{1}{2}(x^2 - 5x) = -\frac{1}{2}\left(x - \frac{5}{2}\right)^2 + \frac{25}{8}$,

∴ $S_{\triangle ABM}$ 的最大值为 $\frac{25}{8}$.

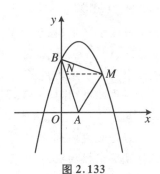

图 2.133

**思路点拨**

本题是抛物线背景下的面积问题,一般情况下采用宽高法,利用动点的坐标表示动态三角形的面积,通过二次函数求最值. 以本题为例,铅垂高是 $BO$,是定值;水平宽是 $MN$,是变量. $S_{\triangle ABM} = \frac{1}{2}BO \cdot MN = -\frac{1}{2}\left(x - \frac{5}{2}\right)^2 + \frac{25}{8}$,由于点 $A$ 不在抛物线上,不能利用上题的结论.

90. **解** 设 $y_{BC} = kx + b$.

令 $kx + b = -x^2 + 2x + 3$,则 $x^2 - (2-k)x + (b-3) = 0$.

$\therefore x_B + x_C = 2 - k, x_B \cdot x_C = 3 - b$.

$\because x_C - x_B = 4$,

$\therefore (x_C - x_B)^2 = (x_B + x_C)^2 - 4x_B \cdot x_C = 16$,

$\therefore (2-k)^2 - 4(b-3) = 16$.

作 $AD \perp x$ 轴交 $BC$ 于点 $D$(图 2.134).

设 $A(x, -x^2 + 2x + 3)$,则 $D(x, kx + b)$.

$\therefore AD = y_A - y_D = -x^2 + (2-k)x + 3 - b$.

$\because S_{\triangle ABC} = \frac{1}{2}(x_C - x_B) \cdot AD = 2AD$,

$\therefore$ 当 $AD$ 取得最大值时,$S_{\triangle ABC}$ 取得最大值.

$\because AD = -x^2 + (2-k)x + 3 - b$,

$\therefore$ 当 $x = \frac{2-k}{2}$ 时,有

$$AD_{\max} = \frac{(2-k)^2 - 4(b-3)}{4} = 4,$$

$\therefore S_{\triangle ABC}$ 的最大值为 8.

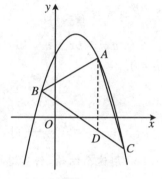

图 2.134

### 思路点拨

一般情况下,抛物线背景下的面积最大值问题有两个定点、一个动点,本题考出新高度,三个都是动点,但是其中两个动点的横坐标有制约关系.

解决此类问题的核心思路还是铅垂法,只是更加复杂一些.

若将此类问题推广到一般情况(为例方便起见,我们暂且研究抛物线开口向下的情况):

在平面直角坐标系 $xOy$ 中,$A$、$B$、$C$ 是抛物线 $y = ax^2 + bx + c(a<0)$ 上的三点,且点 $A$ 在直线 $BC$ 的上方(图 2.135),若 $|x_C - x_B| = m$,求 $S_{\triangle ABC}$ 的最大值.

**解** 设 $y_{BC} = kx + n$.

令 $kx + n = ax^2 + bx + c$,则 $ax^2 - (k-b)x + (c-n) = 0$.

$\therefore x_B + x_C = \frac{k-b}{a}, x_B \cdot x_C = \frac{c-n}{a}$.

$\because |x_C - x_B| = m$,

$\therefore (x_C - x_B)^2 = (x_B + x_C)^2 - 4x_B \cdot x_C = m^2$,

$\therefore (k-b)^2 - 4a(c-n) = a^2 m^2$.

作 $AD \perp x$ 轴交 $BC$ 于点 $D$(图 2.136).

设 $A(x, ax^2 + bx + c)$,则 $D(x, kx + b)$.

$\therefore AD = y_A - y_D = ax^2 + (b-k)x + c - n$.

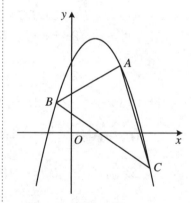

图 2.135

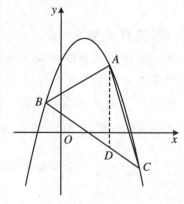

图 2.136

∵ $S_{\triangle ABC} = \frac{1}{2}|x_C - x_B| \cdot AD = \frac{m}{2}AD$,

∴ 当 $AD$ 取得最大值时,$S_{\triangle ABC}$ 取得最大值.

∵ $AD = ax^2 + (b-k)x + c - n$,

∴ 当 $x = \frac{b-k}{-2a}$ 时,有

$AD_{\max} = \frac{(b-k)^2 - 4a(c-n)}{-4a} = -\frac{1}{4}am^2$,

∴ $S_{\triangle ABC}$ 的最大值为 $-\frac{1}{8}am^3$.

综合抛物线开口向上的情况,有 $S_{\max} = \frac{|a|m^3}{8}$. 其中,$a$ 为抛物线的二次项系数,$m$ 为动态三角形的水平宽.

也就是说,当动态三角形的水平宽为定值时,抛物线内接三角形的面积最大值为 $S_{\max} = \frac{|a|m^3}{8}$.

有了这个公式,针对选择题和填空题,均可"秒杀".

91. 解 (1) ∵ $y = -\frac{3}{4}(x+1)(x-4)$,

∴ $A(4,0), B(0,3)$,

∴ $OA = 2OE = 2OF$.

取点 $M(1,0)$,连接 $FM$、$BM$(图 2.137).

∴ $OM = \frac{1}{2}OF$.

∵ $\angle FOM = \angle AOF, \frac{OM}{OF} = \frac{OF}{OA} = \frac{1}{2}$,

∴ $\triangle OFM \sim \triangle OAF$,

∴ $\frac{FM}{AF} = \frac{1}{2} \Rightarrow FM = \frac{1}{2}AF$,

∴ $BF + \frac{1}{2}AF = BF + FM \geqslant BM = \sqrt{10}$.

当点 $F$ 在 $BM$ 上时,$BF + \frac{1}{2}AF$ 取得最小值 $\sqrt{10}$.

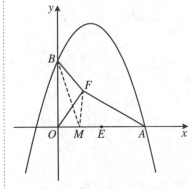

图 2.137

(2) 取点 $N\left(0, \frac{4}{3}\right)$,连接 $FN$、$AN$(图 2.138).

∴ $\frac{ON}{OF} = \frac{2}{3}$.

∵ $\angle FON = \angle BOF, \frac{ON}{OF} = \frac{OF}{OB} = \frac{2}{3}$,

∴ $\triangle OFN \sim \triangle OBF$,

∴ $\frac{FN}{BF} = \frac{2}{3} \Rightarrow FN = \frac{2}{3}BF$,

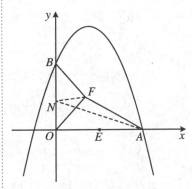

图 2.138

$$\therefore 3AF + 2BF = 3\left(AF + \frac{2}{3}BF\right) = 3(AF + FN) \geqslant$$
$$3AN = 4\sqrt{10}.$$

当点 $F$ 在 $AN$ 上时，$3AF + 2BF$ 取得最小值 $4\sqrt{10}$.

### 思路点拨

本题是典型的阿氏圆问题. 对于形如 $mAB + nCD$ 的几何最值问题，如果 $\frac{m}{n} = 1$，则一般情况下是"将军饮马"问题；当 $\frac{m}{n} \neq 1$ 时，大致有阿氏圆问题和胡不归问题两种类型. 阿氏圆问题与胡不归问题的区别在于动点的运动轨迹不同，如果动点在圆上运动，一般情况下是阿氏圆问题；如果动点在直线上运动，一般情况下为胡不归问题. 两者解决方案也不同. 对于阿氏圆问题，解决方法就是利用共角构造相似，转化为两点之间的距离最短. 正所谓"阿氏圆，何以圆？构造相似分得全".

92. **解** ∵ $y = x^2 + 6x + 6 = (x+3)^2 - 3$,
∴ $C(-3, -3)$,
∴ $M(-3, -1)$,
∴ $MC = 2$.
令 $x^2 + 6x + 6 = x + 2 \Rightarrow (x+4)(x+1) = 0$.
∴ $A(-4, -2)$, $B(-1, 1)$,
∴ $BM = 2\sqrt{2}$.
∵ 点 $B, D$ 关于直线 $x = -3$ 轴对称，
∴ $D(-5, 1)$.
令 $x + 2 = 0 \Rightarrow x = -2$.
∴ $P(-2, 0)$,
∴ $MP = BP = \sqrt{2}$.
连接 $PQ$、$MQ$、$PD$（图 2.139）.
∵ $MQ = MC = 2$,
∴ $\frac{MQ}{MB} = \frac{MP}{MQ} = \frac{\sqrt{2}}{2}$,
∴ $\triangle MQB \sim \triangle MPQ$,
∴ $\frac{PQ}{QB} = \frac{\sqrt{2}}{2} \Rightarrow PQ = \frac{\sqrt{2}}{2}QB$,
∴ $QD + \frac{\sqrt{2}}{2}QB = QD + PQ \geqslant DP = \sqrt{10}$.

当点 $Q$ 在 $DP$ 上时，$QD + \frac{\sqrt{2}}{2}QB$ 取得最小值 $\sqrt{10}$.

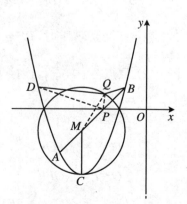

图 2.139

**思路点拨**

通过分析可知 ⊙$M$ 的半径为 $MQ = MC = 2$, $BM = 2\sqrt{2}$, $MP = BP = \sqrt{2}$, 则 $MQ^2 = BM \cdot MP$, 且 $\triangle MQB$ 与 $\triangle MPQ$ 有公共角, 那么 $\triangle MQB \backsim \triangle MPQ$, 这是解决问题的关键, 有了这个结论, 将问题轻松转化为两点之间的距离最值问题.

**93. 解** 连接 $AD$、$CD$, 作 $DF \perp x$ 轴于点 $F$(图 2.140).

∵ $y = -x^2 + 2x + 3 = -(x+1)(x-3)$,

∴ $A(-1, 0)$, $B(3, 0)$, $C(0, 3)$,

∴ $CO = BO$, $AC = \sqrt{10}$, $AB = 4$,

∴ $\triangle BCO$ 为等腰直角三角形,

∴ $\angle CBA = 45°$,

∴ $\angle CDA = 2\angle CBA = 90°$,

∴ $\triangle CDA$ 为等腰直角三角形,

∴ $CD = AD = \sqrt{5}$.

由垂径定理可知, $DF$ 垂直平分弦 $AB$.

∴ $AF = 2$,

∴ $DF = 1$,

∴ $D(1, 1)$.

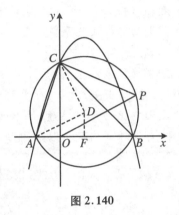

图 2.140

连接 $OD$、$PD$(图 2.141), 则 $OD = \sqrt{2}$, $PD = \sqrt{5}$.
在 $DO$ 的延长线上取一点 $M$, 使得

$$\frac{OD}{PD} = \frac{PD}{MD} = \frac{\sqrt{2}}{\sqrt{5}}.$$

连接 $CM$.

∴ $MD = \frac{5\sqrt{2}}{2}$,

∴ $MO = MD - OD = \frac{3\sqrt{2}}{2}$.

∵ $k_{MD} = 1$, 点 $M$ 在第三象限,

∴ $M\left(-\frac{3}{2}, -\frac{3}{2}\right)$.

∵ $\frac{OD}{PD} = \frac{PD}{MD} = \frac{\sqrt{2}}{\sqrt{5}}$, $\angle ODP = \angle PDM$,

∴ $\triangle ODP \backsim \triangle PDM$,

∴ $\frac{OP}{PM} = \frac{OD}{PD} = \frac{\sqrt{2}}{\sqrt{5}} \Rightarrow PM = \frac{\sqrt{5}}{\sqrt{2}} OP$,

∴ $\sqrt{2} PC + \sqrt{5} PO = \sqrt{2}\left(PC + \frac{\sqrt{5}}{\sqrt{2}} PO\right) = \sqrt{2}(PC + PM)$

$\geqslant \sqrt{2} CM$.

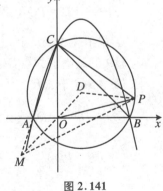

图 2.141

∵ $C(0,3)$, $M\left(-\dfrac{3}{2},-\dfrac{3}{2}\right)$,

∴ $CM=\dfrac{3\sqrt{10}}{2}$,

∴ $(\sqrt{2}PC+\sqrt{5}PO)_{\min}=3\sqrt{5}$.

### 思路点拨

对于 $mAB+nCD$ 的几何最值问题,如果是阿氏圆问题,有两种情况:在动态三角形外部构造相似,如本题;在动态三角形内部构造相似,如93题.但是,阿氏圆问题的加权比例系数不是任意的,都是经过"精心设计"的,否则不一定可以利用构造相似的方法求解,至少在初中阶段无法求解,这个比例系数总与圆的半径、定线段的比值有关.所以,对于阿氏圆问题,首先要充分利用图形本身的几何性质,结合所求,确定在动态三角形的内部或外部构造相似,才能破解问题.

94. **解** 连接 $AB$(图2.142).

∵ 易知 $AO=1$, $BO=\sqrt{3}$, $AD=\dfrac{3}{2}$,

∴ $\angle ABO=30°$, $\angle DAB=60°$.

作 $PQ\perp AB$ 于点 $Q$,连接 $DQ$,则 $PQ=\dfrac{1}{2}PB$.

∴ $\dfrac{1}{2}PB+PD=PQ+PD\geqslant QD$.

∵ 点 $Q$ 在直线 $AB$ 上,

∴ $QD$ 的最小值为点 $D$ 到直线 $AB$ 的垂线段的长度.作 $DE\perp AB$ 于点 $E$.

∴ $QD\geqslant DE=AD\cdot\sin 60°=\dfrac{3\sqrt{3}}{4}$,

∴ $\left(\dfrac{1}{2}PB+PD\right)_{\min}=\dfrac{3\sqrt{3}}{4}$.

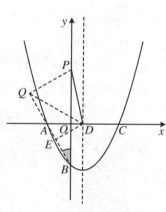

图 2.142

### 思路点拨

本题是典型的胡不归问题.对于胡不归问题,最重要的是构造某个角度,使其正弦值等于比例系数(有时系数大于1,但是总可以通过提取公因式使其小于1).理论上说,系数可以是任意的,这一点与阿氏圆问题有区别.初中阶段,一般情况下,这个特殊角总隐藏在图形中,需要我们仔细地去探究.

对于胡不归问题,最终都是将所求最值转化为定点到定直线的垂线段的长度.通过动点所在直线上的定点构造特殊角,而且必须与另一个动点分居在定直线的异侧.正所谓"胡不归,何以归?构造正弦带你飞".

95. **解** 设点 $M$ 的运动时间为 $t$,则
$$t = \frac{AF}{1} + \frac{FD}{2} = AF + \frac{1}{2}FD.$$

作 $DG \perp x$ 轴于点 $G$(图 2.143).

令 $\frac{\sqrt{3}}{9}(x+2)(x-4) = -\frac{\sqrt{3}}{3}x + \frac{4\sqrt{3}}{3} \Rightarrow (x-4)(x+5) = 0.$

∴ $D(-5, 3\sqrt{3})$,

∴ $AG = 3, BG = 9, DG = 3\sqrt{3}$,

∴ $\tan \angle DBA = \frac{\sqrt{3}}{3}, \tan \angle DAG = \sqrt{3}$,

∴ $\angle DBA = 30°, \angle DAG = 60°$,

∴ $\angle ADB = 30°$.

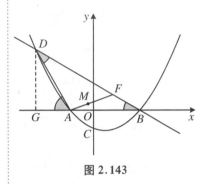

图 2.143

过点 $D$ 作 $x$ 轴的平行线 $l$,过点 $F$ 作 $FH \perp l$ 于点 $H$,作 $AN \perp l$ 于点 $N$,交 $DB$ 于点 $F'$(图 2.144).

∴ $\angle HDA = \angle DAG = 60°$,

∴ $\angle HDF = \angle HDA - \angle ADB = 30°$,

∴ $HF = \frac{1}{2}DF$,

∴ $t = \frac{1}{2}FD + AF = HF + AF \geqslant AH \geqslant AN = DG.$

当点 $F$ 与点 $F'$ 重合时,$t_{\min} = 3\sqrt{3}$.

此时,$F'(-2, 2\sqrt{3})$.

综上所述,当点 $M$ 在整个运动过程中用时最少时,$F(-2, 2\sqrt{3})$.

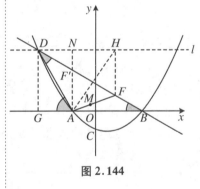

图 2.144

**思路点拨**

通过运动时间 $t$ 的数学表达式,发现比例系数为 $\frac{1}{2}$,即需要构造 $30°$ 的定角.通过分析点 $D$ 的坐标可知 $\angle DAG = 60°, \angle ADB = 30°$,那么,只要过点 $D$ 作 $x$ 轴的平行线,即可构造与定点 $A$ 位于定直线 $DB$ 异侧的定角.至此,思路豁然开朗,问题转化为求点 $A$ 到定直线 $l$ 的垂直距离,这不是困难的事情.

96. **解** 据题意,有
$$t = \frac{AD}{1} + \frac{DE}{1.25} = AD + \frac{4}{5}DE.$$

过点 $E$ 作 $x$ 轴的平行线,过点 $D$ 作 $y$ 轴的平行线,两直线交于点 $C$(图 2.145).

∵ $EC \parallel x$ 轴,

∴ $\angle EBA = \angle DEC$,

∴ $\sin \angle DEC = \sin \angle EBA = \frac{4}{5} = \frac{CD}{DE}$,

∴ $CD = \frac{4}{5}DE$,

∴ $t = AD + CD$.

连接 $AC$,作 $AH \perp EC$ 于点 $H$,设 $AH$ 交 $BE$ 于点 $D'$.

∵ $AD + CD \geqslant AC \geqslant AH$,

∴ $t \geqslant AH$.

最短时间的路径是 $A \to D' \to E$.

易求 $y_{BE} = -\frac{4}{3}x + 4$,解得点 $E$ 的坐标为 $\left(-\frac{7}{3}, \frac{64}{9}\right)$.

∴ $t_{\min} = \frac{64}{9}$ (s).

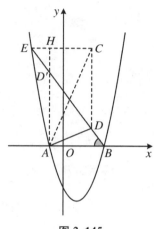

图 2.145

### 思路点拨

胡不归问题在近年中考中经常在抛物线背景下作为压轴题出现,需要引起足够的重视. 对于胡不归问题(也称用时最短问题),通过构造某个特殊的角(这个角的正弦值与加权系数相等),将所求最值转化成定点到定线段的最短距离.

97. **解** ∵ $y = \frac{1}{2}(x-1)^2 - 2 = \frac{1}{2}(x+1)(x-3)$,

∴ $A(-1,0)$, $B(3,0)$, $C(5,6)$, $D(1,-2)$.

∵ $S_{\triangle APC} + S_{\triangle APD} = S_{\triangle ACD}$(图 2.146),

∴ $\frac{1}{2}AP \cdot d_1 + \frac{1}{2}AP \cdot d_2 = S_{\triangle ACD}$,

∴ $d_1 + d_2 = \frac{2S_{\triangle ACD}}{AP}$.

∵ 点 $P$ 在直线 $CD$ 上,

∴ $AP$ 的最小值为点 $A$ 到直线 $CD$ 的垂直距离.

设点 $A$ 到直线 $CD$ 的垂直距离为 $h$,则 $AP \geqslant h$.

∵ $\frac{1}{2}CD \cdot h = S_{\triangle ACD}$, $CD = 4\sqrt{5}$,

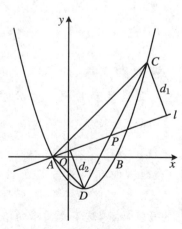

图 2.146

$\therefore h = \dfrac{2S_{\triangle ACD}}{CD}$,

$\therefore d_1 + d_2 \leqslant CD = 4\sqrt{5}$.

**思路点拨**

将 $d_1+d_2$ 转化为 $\dfrac{2S_{\triangle ACD}}{AP}$，由于 $\triangle ACD$ 的面积确定，故求 $AP$ 最小值，即求点 $A$ 到直线 $CD$ 的垂直距离．转化思想是数学中的重要思想．

98. **解** （1）存在点 $P$，使得 $|EP-BP|$ 的值最大.

连接 $EA$ 并延长交抛物线的对称轴于点 $M$，连接 $AP$（图 2.147）.

$\because y = x^2 - 4x + 3 = (x-1)(x-3)$，

$\therefore A(1,0), B(3,0), C(4,3), E(0,3)$，

$\therefore y_{AE} = -3x + 3$，抛物线的对称轴为 $x=2$.

$\because$ 点 $A$、$B$ 关于直线 $x=2$ 轴对称，

$\therefore AP = BP$，

$\therefore |EP-BP| = |EP-AP| \leqslant AE = \sqrt{10}$.

当且仅当点 $P$ 与点 $M$ 重合时，$|EP-BP|$ 取得最大值 $\sqrt{10}$.

将 $x=2$ 代入 $y_{AE}=-3x+3$，解得 $M(2,-3)$.

综上所述 $|EP-BP|$ 的最大值为 $\sqrt{10}$，此时 $P(2,-3)$.

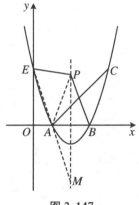

图 2.147

（2）存在点 $D$，使得 $\triangle BCD$ 的周长最小.

连接 $AD$，设 $AC$ 与抛物线的对称轴交于点 $N$（图 2.148），

设 $\triangle BCD$ 的周长为 $l$，则 $l = DC + BD + BC$.

$\because BC = \sqrt{10}$ 为定值，

$\therefore l$ 最小时，$DC + BD$ 最小.

$\because$ 点 $A$、$B$ 关于直线 $x=2$ 轴对称，

$\therefore AD = BD$，

$\therefore DC + BD = DC + AD \geqslant AC = 3\sqrt{2}$.

当且仅当点 $D$ 与点 $N$ 重合时，$DC + BD$ 取得最小值 $3\sqrt{2}$.

$\because y_{AC} = x - 1$，

将 $x=2$ 代入 $y_{AC}=x-1$，解得 $N(1,1)$.

综上所述，$\triangle BCD$ 的周长的最小值为 $3\sqrt{2}+\sqrt{10}$，此时 $D(1,1)$.

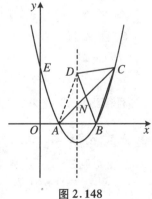

图 2.148

### 思路点拨

第一问求线段差的最大值,通过对称轴将 $AP$ 转化为 $BP$,利用三角形的三边关系——两边之差小于第三边.

第二问是典型的"将军饮马"问题.求 $\triangle BCD$ 的周长最小值,由于 $BC=\sqrt{10}$ 为定值,即求 $DC+BD$ 的最小值,通过对称轴将 $BD$ 转化为 $AD$,利用三角形三边关系——两边之和大于第三边.

99. **解** 过点 $B$ 作 $x$ 轴的垂线,过点 $A$ 作 $BE$ 的垂线,两直线交于点 $F$,连接 $DF$(图 2.149).

$\because y=x^2-2x-3=(x+1)(x-3)$,

$\therefore A(-1,0),B(3,0),E(-2,5)$,

$\therefore y_{BE}=-x+3$,

$\therefore \angle CBA=45°$,

$\therefore \triangle ABF$ 为等腰直角三角形,$F(3,4)$,

$\therefore \angle FAB=45°$.

$\because \triangle DCA$ 为等腰直角三角形,

$\therefore \angle CAD=45°$,

$\therefore \angle DAF=45°+\angle CAF, \angle CAB=45°+\angle CAF$,

$\therefore \angle DAF=\angle CAB$.

$\because \dfrac{AC}{AD}=\dfrac{AB}{AF}=\dfrac{1}{\sqrt{2}}$,

$\therefore \dfrac{AC}{AB}=\dfrac{AD}{AF}$,

$\therefore \triangle DAF \backsim \triangle CAB$,

$\therefore \angle DFA=\angle CBA=45°$,

$\therefore DF \perp BF$,

$\therefore$ 点 $D$ 在平行于 $x$ 轴、距离为 $BF=4$ 的直线上运动.

作点 $B$ 关于直线 $y=4$ 的对称点 $G$,则 $G(3,8)$;连接 $AG$、$DG$(图 2.150).

$\because BD=DG$,

$\therefore AD+BD=AD+DG \geqslant AG=4\sqrt{5}$.

当且仅当点 $D$ 在 $AG$ 上时,$AD+BD$ 取得最小值 $4\sqrt{5}$.

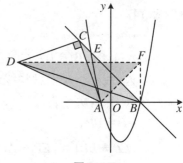

图 2.149

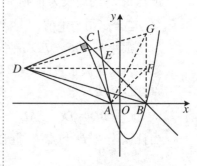

图 2.150

### 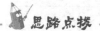 思路点拨

本题是"将军饮马"类型的加强版."将军饮马"问题中,一般情况下动点所在直线是题目给出的条件,是显性的,而本题中动点所在直线是隐性的,必须根据已知条件找出这条直线,才能解决问题.

首先，我们可以根据两个特点判定点 $D$ 的运动轨迹是直线：动点 $C$ 与动点 $D$ 是主动与从动关系；动点 $C$、定点 $A$ 之间的距离与动点 $D$、定点 $A$ 之间的距离的比值一定．那么点 $D$ 的运动方式与点 $C$ 的运动方式一致．故点 $D$ 一定是在直线上运动的，这条直线就是"将军饮马"的那条"河"，找到这条"河"便大功告成．

通过构造等腰直角 $\triangle ABF$，利用相似解得 $\angle DFA = 45°$，那么就证明了点 $D$ 在平行于 $x$ 轴且距离为 $BF = 4$ 的直线上运动．

至此，问题豁然开朗，求 $AD + BD$ 的最小值就很容易了．

100. **解** 连接 $BN$、$KH$，作点 $K$ 关于直线 $AH$ 的对称点 $Q$，连接 $AQ$、$HQ$、$QM$（图 2.151）．

∵ $y = -\dfrac{\sqrt{3}}{2}x^2 - \sqrt{3}x + \dfrac{3\sqrt{3}}{2} = -\dfrac{\sqrt{3}}{2}(x+3)(x-1)$，

∴ $A(-3,0), B(1,0), H(-1, 2\sqrt{3})$，

∴ $AB = AH = BH = 4$，

∴ $\triangle ABH$ 为等边三角形．

∵ $y_{AN} = \dfrac{\sqrt{3}}{3}x + \sqrt{3}$，

∴ $\angle NAB = 30°$，

∴ 直线 $l$ 垂直平分 $BH$，

∴ 点 $B$、$H$ 关于直线 $l$ 轴对称，

∴ $BK = HK, HN = BN$．

∵ $BK \parallel AH$，

∴ $\angle ABK = 120°$，

∴ $\angle HBK = 60°$，

∴ $\triangle HBK$ 为等边三角形，

∴ 四边形 $AHKB$ 为菱形，

∴ $KH = HQ = 4, AQ \perp AB$．

∵ $\angle QAH = \angle AQH = 30°$，

∴ $\angle AHQ = 120°$，

∴ $\angle AHQ + \angle AHB = 180°$，

∴ $Q$、$H$、$B$ 三点共线，

∴ $QB = 2HB = 8$，

∴ $HN + MN + MK = BN + MN + QM \geqslant BQ = 8$．

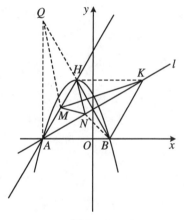

图 2.151

**思路点拨**

通过分析可知，△ABH 为等边三角形，直线 l 为 △ABH 的对称轴，那么就将线段 HN 转化为线段 BN，再通过轴对称将线段 MK 转化为线段 QM，则问题转化为两点之间距离最值问题.

# 第三部分 相似三角形100题

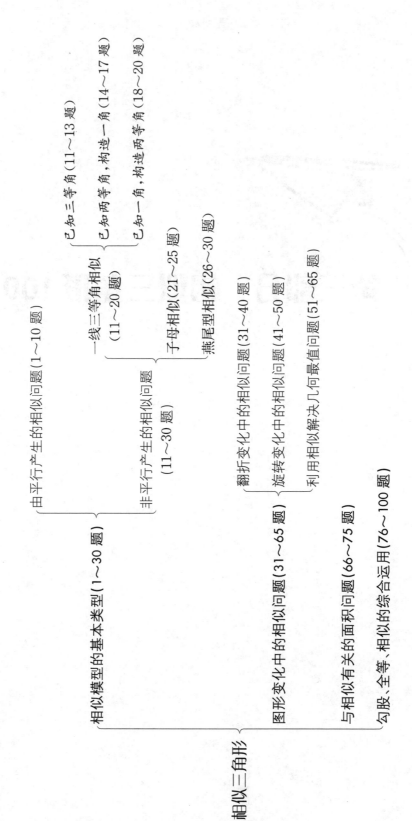

1. 如图 3.1 所示,在梯形 ABCD 中,AB∥CD,AB = 3CD,E 是对角线 AC 的中点,直线 BE 交 AD 于点 F,则 $\dfrac{AF}{FD}$ 的值是(    ).

A. $\dfrac{5}{3}$    B. $\dfrac{4}{3}$    C. $\dfrac{3}{2}$    D. $\dfrac{6}{5}$

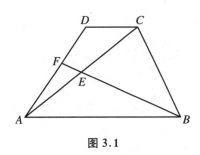

图 3.1

2. 如图 3.2 所示,在△ABC 中,D、E 是 BC 的三等分点,M 是 AC 的中点,BM 交 AD、AE 分别于点 G、H,则 BG : GH : HM 等于(    ).

A. 3 : 2 : 1    B. 4 : 2 : 1    C. 5 : 4 : 3    D. 5 : 3 : 2

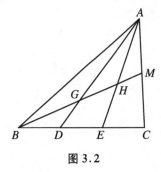

图 3.2

3. 如图3.3所示,在平面直角坐标系 $xOy$ 中,$AD/\!/BC$,$AD\perp AB$,点 $A$、$B$ 在 $y$ 轴上,$CD$ 与 $x$ 轴交于点 $E(7,0)$,且 $AD=DE$,$3BC=4CE$,则 $BD$ 与 $x$ 轴的交点 $F$ 的横坐标为( ).

A. 2.5　　　　B. 3　　　　C. 3.5　　　　D. 4

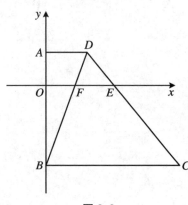

图3.3

4. 如图3.4所示,在正方形 $ABCD$ 中,$AB=\sqrt{10}$,$E$、$F$ 分别是 $AB$、$BC$ 的中点,点 $G$ 在线段 $ED$ 上,且 $\angle EGF=45°$,则 $FG=$( ).

A. 2　　　　B. 3　　　　C. $\sqrt{5}$　　　　D. $\sqrt{6}$

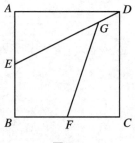

图3.4

5. 如图 3.5 所示，$AD$ 是 Rt$\triangle ABC$ 的斜边 $BC$ 上的高，$P$ 是 $AD$ 的中点，$BP$ 的延长线交 $AC$ 于点 $E$，若 $\dfrac{AC}{AB}=k$，则 $\dfrac{AE}{EC}=$（　　）.

A. $\dfrac{1}{k}$   B. $\dfrac{1}{k^2}$   C. $\dfrac{1}{k^2+1}$   D. $\dfrac{1}{k^2+2}$

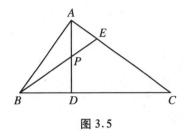

图 3.5

6. 如图 3.6 所示，在平行四边形 $ABCD$ 中，$O$ 是对角线 $BD$ 上的一动点，连接 $AO$ 并延长，与 $DC$ 交于点 $R$，与 $BC$ 的延长线交于点 $S$. 若 $\dfrac{AD}{CS}=\dfrac{2}{3}$，求 $AO:OR:RS$.

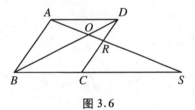

图 3.6

7. 如图 3.7 所示,在梯形 ABCD 中,点 E、F 分别在边 AB、CD 上,AD // EF // BC,
$AD = 3, AB = 6, BC = 9, CD = 4$.若四边形 AEFD 的周长等于四边形 EBCF 的周长,求 EF.

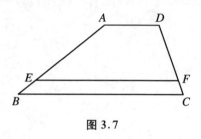

图 3.7

8. 如图 3.8 所示,$AB // EF // CD$,E 为 AD 与 BC 的交点,点 F 在 BD 上.
(1) 如图(a)所示,若 $AB = 4, CD = 6$,求 EF 的长.
(2) 如图(b)所示,若 $AE + BE = 10, EC + ED = 20$,求 $\dfrac{BF}{BD}$.

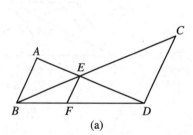 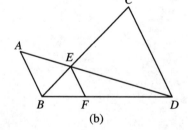

(a)　　　　　　　　　(b)

图 3.8

9. 如图 3.9 所示,在△ABC 中,∠B = α,∠BAC = 90°,D、E、F 分别是 AB、BC、AC 上的动点,满足 $\dfrac{FC}{BE} = \dfrac{AC}{BC}$,AE⊥DF,求 $\dfrac{DF}{AE}$(用 α 的三角函数表示).

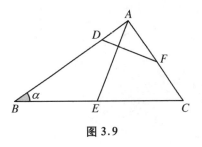

图 3.9

10. 如图 3.10 所示,在△ABC 中,AD 为角平分线,E 为 AD 的中点,AE = 2,AC = 5,tan∠BED = 2,求 BE.

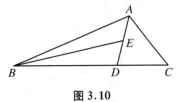

图 3.10

11. 如图 3.11 所示,在矩形 $ABCD$ 中,$AB=6$,$AD=13$,$P$ 为 $BC$ 上一点,$\angle APD=90°$,$BP<PC$,求 $BP$ 的长.

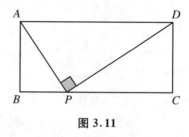

图 3.11

12. 如图 3.12 所示,在平面直角坐标系 $xOy$ 中,$\triangle ABO$ 为等边三角形,$B(5,0)$,点 $D$、$E$ 分别在 $AO$、$AB$ 上,将 $\triangle ADE$ 沿 $DE$ 翻折,点 $A$ 恰落在 $x$ 轴上的点 $C$ 处.若 $\dfrac{AD}{AE}=\dfrac{7}{8}$,求点 $C$ 的坐标.

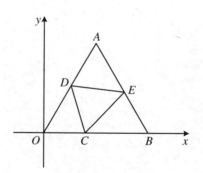

图 3.12

13. 如图 3.13 所示,在等边△ABC 中,AD⊥BC 于点 D,点 P 在 AB 的延长线上,点 Q 在 AB 上,∠PDQ = 60°,QD 的延长线交 AC 的延长线于点 R.

(1) 如图(a)所示,求证:点 D 为△APR 的内心.

(2) 如图(b)所示,已知 BP＜CR,若 AB = 4,PR = 7,求 CR 和 BQ.

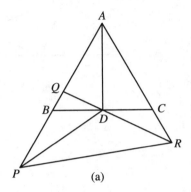

图 3.13

14. 如图 3.14 所示,在平行四边形 ABCD 中,∠B = 60°,E、F 分别为 AB、AD 上的动点,满足∠ECF = 60°.若 AD = 2AB,求 $\dfrac{CF}{CE}$.

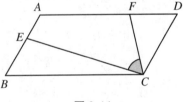

图 3.14

15. 如图 3.15 所示,在平行四边形 $ABCD$ 中,$E$ 是 $BC$ 上一点,$F$ 是 $CD$ 上一点,$\angle AFE = \angle ADC = 45°$,$\angle AEF = 90°$,求 $\dfrac{CE}{DF}$ 和 $\dfrac{AB}{AD}$.

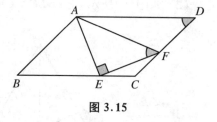

图 3.15

16. 如图 3.16 所示,在 $\triangle ABC$ 中,$D$ 为 $BC$ 上一点,$E$ 为 $AD$ 上一点,$\angle BED = \angle BAC = 2\angle DEC$.若 $\dfrac{CD}{BD} = \dfrac{1}{3}$,$BE = 6$,求 $AE$.

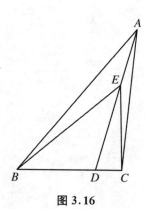

图 3.16

17. 如图 3.17 所示，$\triangle ABC$ 中 $\angle ACB = 90°$，$\triangle ABE$ 中 $\angle AEB = 90°$，$EF \perp AB$ 于点 $F$，$D$ 为 $AB$ 上一点，$FD = 4$，$BD = 14$，$EG \perp ED$ 交 $BC$ 的延长线于点 $G$，$AC$ 与 $ED$ 交于点 $H$，$AC$ 与 $EB$ 交于点 $P$. 若 $\cos\angle ABC = \dfrac{3}{5}$，$BG = 15$，求 $EF$ 和 $AH$.

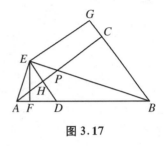

图 3.17

18. 如图 3.18 所示，在平面直角坐标系 $xOy$ 中，点 $A$ 在反比例函数 $y = \dfrac{k_1}{x}(k_1 > 0, x > 0)$ 的图像上运动，连接 $OA$，作 $OB \perp OA$ 交反比例函数 $y = \dfrac{k_2}{x}(k_2 < 0, x < 0)$ 的图像于点 $B$，连接 $AB$，求 $\tan\angle BAO$（用含有 $k_1$、$k_2$ 的数学表达式表示）.

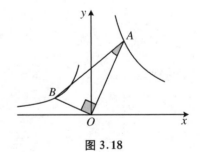

图 3.18

19. 如图 3.19 所示,在矩形 ABCD 中,点 E 在 AD 上,EF⊥BC 于点 F,∠BEC=135°,$\dfrac{CF}{BF}=\dfrac{2}{3}$,求 $\dfrac{EF}{BC}$.

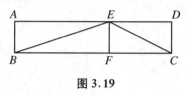

图 3.19

20. 如图 3.20 所示,在平面直角坐标系 xOy 中,矩形 ABCD 的边 AB 在 x 轴上,$A(-1,0)$,$C(4,2\sqrt{3})$,反比例函数 $y=\dfrac{k}{x}(k>0,x>0)$ 的图像分别交 BC、CD 于点 E、F,DC 交 y 轴于点 G. 若 ∠EAF=30°,求 k.

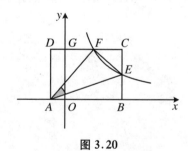

图 3.20

21. 如图 3.21 所示,已知△ABD 为等边三角形,△BCD、△ABF 均为等腰直角三角形,∠BDC = ∠ABF = 90°,AC、BD 交于点 E,点 F 在 AC 上.若 CF = $\sqrt{2}$,求 BE.

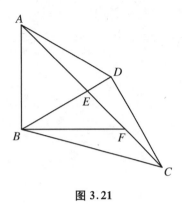

图 3.21

22. 如图 3.22 所示,在矩形 ABCD 中,AB = 1,AD = $\sqrt{3}$,点 F 是矩形外 BC 下方一动点,满足 ∠AFD = 60°,连接 AF 交 BD 于点 E.当 AE = $\frac{9}{10}$ 时,求△AFD 的周长 L.

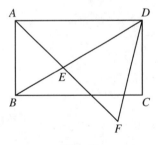

图 3.22

23. 如图3.23所示,在△ABC中,D为AC的中点,E为AD的中点,AB = AD,∠A = 2∠AEB,BD = $\sqrt{10}$,求BC.

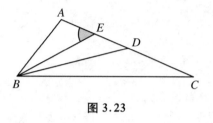

图 3.23

24. 如图3.24所示,在平面直角坐标系xOy中,直线y = 4x + 4交y轴于点A,交x轴于点B,点P在线段AB上,C(1,0),连接PC.若∠BPC = 45°,求点P的坐标.

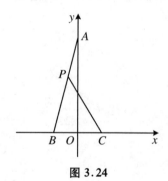

图 3.24

25. 如图 3.25 所示,在△ABC 中,P 为 AB 上一点,M 为 CP 的中点,AC = 2,且满足 ∠PBM = ∠ACP. 若 AB = 3,求 BP.

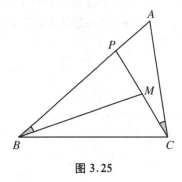

图 3.25

26. 如图 3.26 所示,在菱形 ABCD 中,E 是 BC 上一点,F 是 CD 上一点,∠AFE = ∠ADC = α,AE⊥EF,EC = 3FC,求 cos α.

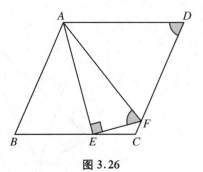

图 3.26

27. 如图 3.27 所示,在等腰 Rt△ABC 中,∠ACB = 90°,M 为 AB 上一点,BE⊥CM 于点 E,连接 AE 并延长交 BC 于点 F.

(1) 若 EF 平分∠CEB,求 tan∠CAF.

(2) 在(1)的条件下,若 $S_{\triangle CAE}=1$,求 AB.

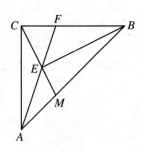

图 3.27

28. 如图 3.28 所示,等腰 Rt△ABC 中,BC = AC,E 为 AC 上一点,D 为 AB 的中点,DG⊥ED 交 AC 的延长线于点 G,FD 平分∠EDG 交 BC 的延长线于点 F.

(1) 如图(a)所示,若 CE = 2AE,求 $\dfrac{FD}{GD}$.

(2) 如图(b)所示,若 CE = nAE(n>1),求 $\dfrac{FD}{GD}$(用含有 n 的代数式表示).

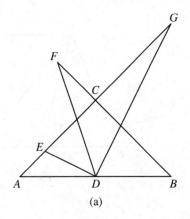
(a)

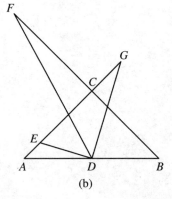
(b)

图 3.28

29. 如图 3.29 所示,已知矩形 $ABCD$,点 $E$、$F$、$P$ 分别在线段 $AD$、$BC$、$DC$ 上,$BP$ 交 $EF$ 于点 $M$,$\angle EMP = 45°$,$AD = 12$,$AB = 6$,$BF = ED = 4.5$,求 $PC$.

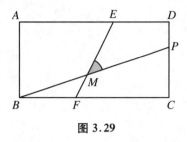

图 3.29

30. 如图 3.30 所示,已知平行四边形 $ABCD$ 中 $\angle D = 60°$,点 $E$、$F$ 分别在 $AB$、$AD$ 上,$BF$ 交 $CE$ 于点 $M$.若 $\triangle CFM$ 为等边三角形,$\dfrac{BC}{CD} = \dfrac{9}{8}$,求 $\dfrac{BE}{CM}$.

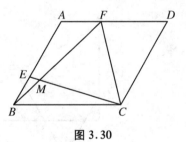

图 3.30

31. 如图 3.31 所示,在矩形 ABCD 中,E 为 AD 的中点,将△ABE 沿 BE 折叠后得到 △GBE,点 G 在矩形 ABCD 的内部,延长 BG 交 DC 于点 F. 若 DF = CF,求 $\dfrac{AD}{AB}$.

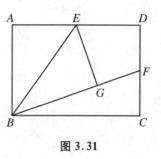

图 3.31

32. 如图 3.32 所示,在 Rt△ABC 中,E 为斜边的中点,点 D 在 AC 上,满足∠AED = 45°,将△ADE 沿 DE 翻折得到△FDE,EF、DF 分别交 BC 于点 M、N.

(1) 如图(a)所示,若∠B = 30°,求 $\dfrac{MN}{AC}$.

(2) 如图(b)所示,若 AB = 48,$\dfrac{AC}{BC} = \dfrac{3}{4}$,求 MN.

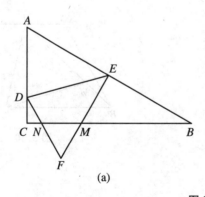

(a)

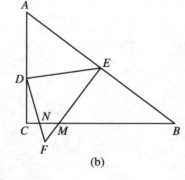

(b)

图 3.32

33. 如图 3.33 所示,在矩形 $ABCD$ 中,将 $\triangle ABD$ 沿对角线 $BD$ 翻折,得到 $\triangle EBD$,连接 $AE$ 交 $BD$ 于点 $G$,$DE$ 交 $BC$ 于点 $F$.

(1) 如图(a)所示,若 $\dfrac{DC}{FC}=\dfrac{3}{4}$,求 $\dfrac{AE}{BD}$.

(2) 如图(b)所示,若 $\dfrac{AE}{BD}=\dfrac{24}{25}$,求 $\dfrac{AB}{BC}$.

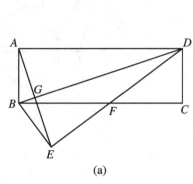

图 3.33

34. 如图 3.34 所示,在平面直角坐标系 $xOy$ 中,矩形 $AOCB$ 截反比例函数 $y=\dfrac{k}{x}$ ($k>0, x>0$) 的图像于点 $E$、$F$,将 $\triangle BEF$ 沿 $EF$ 翻折,点 $B$ 恰好落在 $x$ 轴正半轴的点 $D$ 处.已知 $AB=2AO=4$,求 $k$.

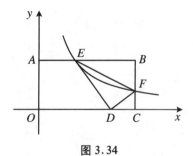

图 3.34

35. 如图3.35所示,在矩形 $ABCD$ 中,$E$ 为 $BC$ 上一点,将 $\triangle ABE$ 沿 $AE$ 翻折得到 $\triangle AFE$,且点 $F$ 在对角线 $AC$ 下方,连接 $CF$,恰有 $CF = DC$,作 $FH \perp BC$ 于点 $H$. 已知 $AB = 4\sqrt{5}$,$BC = 4\sqrt{11}$,求 $FH$.

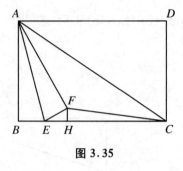

图 3.35

36. 如图3.36所示,在正方形 $ABCD$ 中,$E$ 为 $BC$ 上一点,将 $\triangle DCE$ 沿 $DE$ 翻折得到 $\triangle DFE$. 若 $DF$、$DE$ 恰好与以正方形 $ABCD$ 的中心为圆心的 $\odot O$ 相切,连接 $FO$,求 $\dfrac{FO}{DE}$.

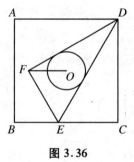

图 3.36

37. 如图 3.37 所示，在矩形 $ABCD$ 中，$AB=10$，$BC=14$，$P$ 为 $AB$ 上一点，将 $\triangle PBC$ 沿 $PC$ 翻折得到 $\triangle PEC$，$PE$ 交 $AD$ 于点 $F$，$CE$ 交 $AD$ 于点 $G$。若 $AF=4$，求 $GD$。

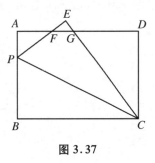

图 3.37

38. 如图 3.38 所示，在正方形 $ABCD$ 中，$AB=15$，点 $E$ 在边 $CD$ 上，连接 $AE$，交对角线 $BD$ 于点 $Q$，将 $\triangle ADE$ 沿 $AE$ 翻折，点 $D$ 落在点 $F$ 处，$O$ 是对角线 $BD$ 的中点，连接 $OF$ 并延长与 $CD$ 相交于点 $G$。若 $\dfrac{EF}{AB}=\dfrac{1}{3}$，求 $FG$。

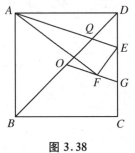

图 3.38

39. 如图 3.39 所示,在菱形 $ABCD$ 中,$\tan A = \dfrac{4}{3}$,点 $M$、$N$ 分别在边 $AD$、$BC$ 上,将四边形 $AMNB$ 沿 $MN$ 翻折,使 $AB$ 的对应线段 $EF$ 经过顶点 $D$,当 $EF \perp AD$ 时,求 $\dfrac{BN}{CN}$.

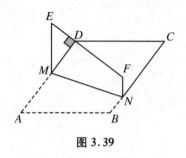

图 3.39

40. 如图 3.40 所示,在矩形 $ABCD$ 中,$F$ 为 $CD$ 上一点,将 $\triangle ADF$ 沿 $AF$ 翻折得到 $\triangle AEF$,点 $E$ 恰好落在 $BC$ 上,作 $EG \parallel CD$ 交 $AF$ 于点 $G$,连接 $DG$.

(1) 求证:四边形 $DGEF$ 为菱形.

(2) 若 $AG = 6$,$EG = 2\sqrt{5}$,求 $GF$.

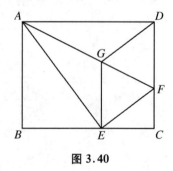

图 3.40

41. 如图 3.41 所示,在矩形 $ABCD$ 中,$AB=3$,$AD=5$,连接 $AC$,将 $\triangle ABC$ 绕点 $C$ 顺时针旋转得到 $\triangle EFC$,$EC$ 交 $AD$ 于点 $G$,当点 $F$ 落在 $AD$ 边上时,求 $DG$.

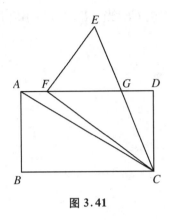

图 3.41

42. 如图 3.42 所示,在 Rt$\triangle ABC$ 中,$\angle C=90°$,将 $\triangle ABC$ 绕点 $A$ 旋转一定角度得到 $\triangle ADE$,使得 $AE$ 落在 $AB$ 边上,作 $DF\perp AC$ 于点 $F$,连接 $BD$. 若 $\angle CAD=\angle ABD$,求 $\dfrac{BE}{AF}$.

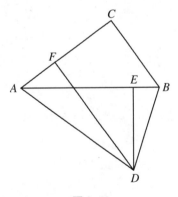

图 3.42

43. 如图 3.43 所示,在矩形 $ABCD$ 中,$AB=6$,$BC=8$,$P$ 为对角线 $AC$ 上的动点,连接 $DP$,将直线 $DP$ 绕点 $P$ 顺时针旋转,使得 $\angle DPF = \angle DAC = \alpha$,过点 $D$ 作 $DF \perp PF$ 于点 $F$,连接 $CF$. 当 $CF$ 取得最小值时,求 $\dfrac{AP}{CF}$.

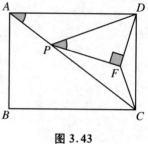

图 3.43

44. 如图 3.44 所示,将矩形 $ABCD$ 中的 $\angle ABC$ 绕点 $A$ 逆时针旋转一定角度,得到 $\angle AEF$,$EF$ 交 $CD$ 于点 $G$,连接 $BE$、$CF$. 若 $AE = EG$,$AD = 7$,$CG = 4$,求 $\dfrac{CF}{BE}$.

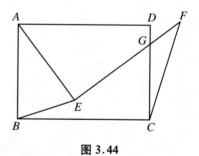

图 3.44

45. 如图 3.45 所示,在 Rt△ABC 中,AB = 3,BC = 4,∠ABC = 90°,将△ABC 绕点 A 顺时针旋转至△ADE,AE、DC 相交于点 F,旋转角为 α(0°<α≤120°).

(1) 若 $\dfrac{DF}{CF} = \dfrac{4}{5}$,求 tan α.

(2) 求 $\dfrac{DF}{CF}$ 的最小值.

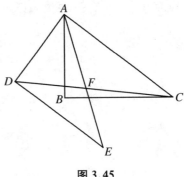

图 3.45

46. 如图 3.46 所示,Rt△ABC 中∠BCA = 90°,将 Rt△ABC 绕点 A 顺时针旋转得到△AED,连接 CD,CD 交 AB 于点 F,恰有 AC = CF,连接 BE.

(1) 如图(a)所示,探究线段 BE 和 BF 的数量关系.

(2) 如图(b)所示,若 tan∠ABC = $\dfrac{1}{3}$,AB = 10,求 BE 和 $\dfrac{DF}{CF}$.

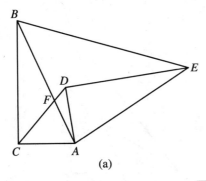
(a)

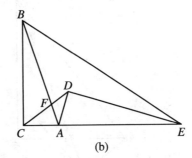
(b)

图 3.46

47. 如图 3.47 所示,Rt△ABC 中∠BCA = 90°,∠B = 30°,将△ABC 绕点 C 逆时针旋转一定角度得到△FEC,线段 CE 与 AB 交于点 D,过点 D 作 DG∥EF 交 CF 于点 G,连接 AG. 若 $S_{\triangle AGD} = \dfrac{1}{6} S_{\triangle ABC}$,求 $\dfrac{BD}{AD}$.

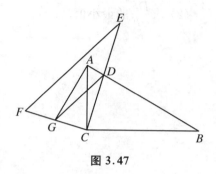

图 3.47

48. 如图 3.48 所示,已知 Rt△FBG∽Rt△ABC,相似比为 1∶2,∠C = 90°,$\tan\angle BAC = \dfrac{3}{4}$. 现将 Rt△FBG 绕着点 B 顺时针旋转角 $\alpha(0°<\alpha<90°)$,连接 AG.

(1) 如图(a)所示,若 E 为 BC 的中点,AG 恰好过点 E,求 $\dfrac{EG}{AG}$.

(2) 如图(b)所示,若点 F 恰好落在 AG 上,连接 CG,求 $\dfrac{CG}{AF}$.

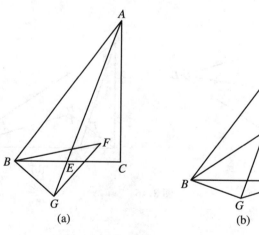

图 3.48

49. 如图 3.49 所示,在四边形 ABCD 中,$AB \perp BC$,$AB \parallel DC$,连接 $AC$,$AC = AD$.

(1) 如图(a)所示,将△ABC 绕点 A 逆时针旋转得到△AFE,EF 与 AD 交于点 M.若点 B 的对应点 F 恰好落在 AC 上,且 $AM = ME$,求 $\tan \angle ACB$.

(2) 如图(b)所示,在(1)的条件下,将△ABC 绕点 B 顺时针旋转得到△FBE.若点 A 的对应点 F 恰好落在 AC 上,连接 CE.

① 求证:$\dfrac{S_{\triangle ABF}}{S_{\triangle BCF}} = \tan \angle ACB$.

② 求 $\dfrac{S_{\triangle ABF}}{S_{BECF}}$.

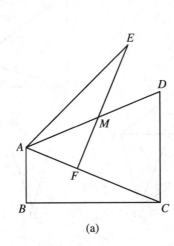
(a)

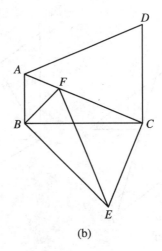
(b)

图 3.49

50. 如图 3.50 所示，在 Rt△ABC 中，∠ACB = 90°，$\tan B = \dfrac{3}{4}$，将△ABC 绕点 C 顺时针旋转得到△FDC，FD 与 BC 交于点 E，FD 与 AB 交于点 G．

(1) 如图(a)所示，若 FE = ED，求 $\dfrac{BG}{BC}$．

(2) 如图(b)所示，连接 BD，若旋转角为 30°，求 $\tan\angle CBD$．

(3) 如图(c)所示，若点 F 落在 AB 上，求 $\dfrac{EF}{BE}$．

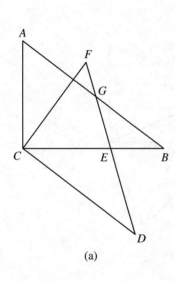
(a)

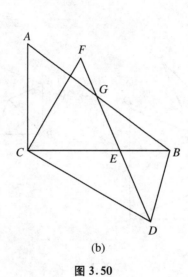
(b)

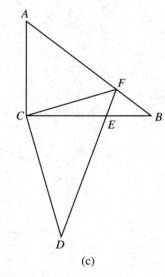
(c)

图 3.50

51. 如图 3.51 所示，在正方形 $ABCD$ 中，$E$ 为 $CD$ 上一动点，连接 $BE$ 交对角线 $AC$ 于点 $F$. 设 $\triangle BCF$ 与 $\triangle CEF$ 的面积差为 $S_1$，$\triangle ABF$ 的面积为 $S_2$，求 $\dfrac{S_1}{S_2}$ 的最大值.

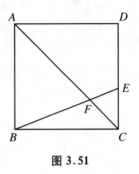

图 3.51

52. 如图 3.52 所示，已知矩形 $ABCD$，点 $E$ 在 $AD$ 上，点 $P$ 在 $AB$ 上，点 $G$ 在对角线 $AC$ 上，$EP$ 交 $AC$ 于点 $G$，$DC = 2AD = 10$，$AC = 5AG$. 求 $S_{\triangle AEP}$ 的最小值.

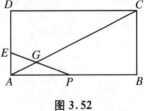

图 3.52

53. 如图 3.53 所示,四边形 $ABCD$ 为矩形,四边形 $CEFG$ 为正方形,$B$、$C$、$G$ 三点共线,点 $E$ 是射线 $CD$ 上一动点,点 $H$ 是线段 $BF$ 上一点,满足 $FH=2BH$,连接 $EH$、$CH$. 若 $AD=15$,分别求 $EH$ 和 $CH$ 的最小值.

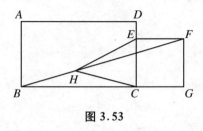

图 3.53

54. 如图 3.54 所示,$\triangle ABC$ 是等腰直角三角形,$\angle BAC=90°$,$BC=18$,$AD\parallel BC$,$AD=6$,$P$ 是 $BC$ 边上一动点,连接 $PD$ 交 $AC$ 于点 $E$,点 $F$ 在 $AB$ 上,$\angle FPE=45°$,求 $AF$ 的最小值.

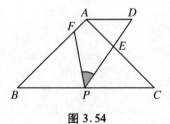

图 3.54

55. 如图 3.55 所示,在△ABC 中,∠A = 90°,AB = AC,D、E 分别是边 AB、AC 上的动点,∠ADE = ∠ACD = β,EF⊥DE 交 BC 于点 F.

(1) 探究线段 AD、AE、CF 三者之间的数量关系.

(2) 若 AB = 4,求 BF 的最小值.

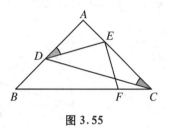

图 3.55

56. 如图 3.56 所示,在△ABC 中,AB = 6,BC = 2AC.求 $S_{\triangle ABC}$ 的最大值.

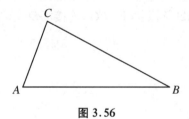

图 3.56

57. 如图 3.57 所示,半圆 $O$ 的直径 $AB=6$,$C$ 是半圆上一动点.

(1) 如图(a)所示,$M$ 是 $BC$ 的中点,连接 $AM$ 并延长交半圆于点 $D$,连接 $BD$.求 $BD$ 的最大值.

(2) 如图(b)所示,$M$ 是 $BC$ 上一点,且 $BM=2CM$,连接 $AM$ 并延长交半圆于点 $D$,连接 $BD$.求 $BD$ 的最大值.

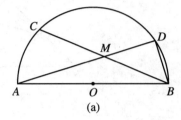
(a)

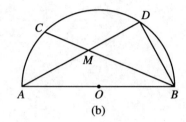
(b)

图 3.57

58. 如图 3.58 所示,在平行四边形 $ABCD$ 中,$\angle B=60°$,点 $E$ 在 $AD$ 上,$AE=\sqrt{3}$,$F$ 是射线 $AB$ 上一动点,连接 $EF$ 并延长至点 $H$,使得 $EF=FH$,将线段 $EH$ 绕点 $E$ 逆时针旋转 $120°$ 得到线段 $EG$,连接 $GD$.求线段 $GD$ 的最小值.

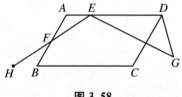

图 3.58

59. 如图 3.59 所示,在平面直角坐标系 $xOy$ 中,$A$ 为 $x$ 轴正半轴上的动点,$B$ 为 $y$ 轴负半轴上的动点,始终满足 $OA = 2OB$,已知点 $C(0, -2)$,$D\left(\dfrac{3}{2}, -\dfrac{5}{2}\right)$,连接 $AC$、$BD$. 求 $AC + 2BD$ 的最小值.

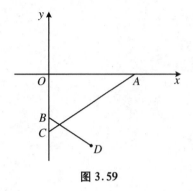

图 3.59

60. 如图 3.60 所示,在菱形 $ABCD$ 中,$AB = 4$,$\angle ABC = 120°$,动点 $E$ 在对角线 $AC$ 上,动点 $F$ 在射线 $CD$ 上,始终满足 $CF = 2AE$,连接 $DE$、$BF$,求 $BF + 2DE$ 的最小值.

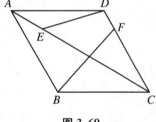

图 3.60

61. 如图 3.61 所示,正方形 $ABCD$ 的边长为 2,$E$ 为 $DC$ 边上的动点,连接 $BE$,将线段 $BE$ 绕点 $E$ 逆时针旋转 $90°$ 得到线段 $FE$,连接 $AF$,求 $AF$ 的最小值.

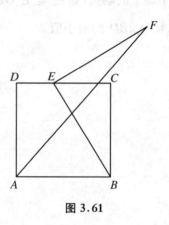

图 3.61

62. 如图 3.62 所示,在平面直角坐标系 $xOy$ 中,$\odot O$ 的半径为 2,$A$ 是 $\odot O$ 上一动点,$B$ 是反比例函数 $y = \dfrac{4}{x}(x>0)$ 图像上一动点,以 $AB$ 为斜边在 $AB$ 上方作等腰 $\text{Rt}\triangle ABC$,连接 $OC$,求 $OC$ 的最小值.

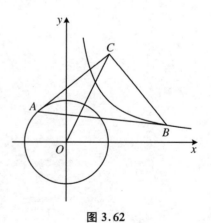

图 3.62

63. 如图 3.63 所示,在正方形 $ABCD$ 中,$AB=4$,$E$ 为 $BC$ 的中点,$G$ 为线段 $CD$ 上一动点,将 $\triangle BEG$ 沿 $BG$ 翻折得到 $\triangle BFG$,求 $DF+\dfrac{1}{2}CF$ 的最小值.

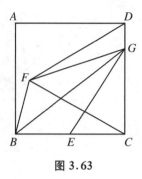

图 3.63

64. 如图 3.64 所示,在 $\triangle ABC$ 中,$AC=\sqrt{2}$,$AB=3\sqrt{2}$,以 $BC$ 为斜边在 $BC$ 上方作等腰 $\mathrm{Rt}\triangle CBD$,连接 $AD$,求 $AD$ 的取值范围.

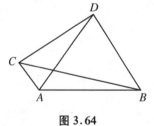

图 3.64

65. 如图 3.65 所示,在 $\triangle ACD$ 中,$AD = 7$,$CD = 3$;在 $\text{Rt}\triangle ABC$ 中,$\angle BCA = 90°$,$\tan \angle BAC = \dfrac{3}{4}$. 连接 $BD$,求 $BD$ 的最大值.

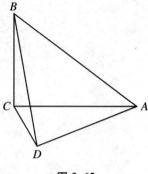

图 3.65

66. 如图 3.66 所示,矩形 $DGFE$ 内接于 $\triangle ABC$,$\dfrac{DG}{DE} = \dfrac{3}{5}$,$S_{DGFE} = 60$,$AH \perp BC$ 于点 $H$,且 $AH = 10$,求 $S_{\triangle ABC}$.

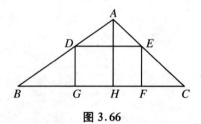

图 3.66

67. 如图 3.67 所示,正方形 $MPQN$ 内接于 $\triangle ABC$,其中 $S_{\triangle MBP}=3S_{\triangle AMN}=3S_{\triangle NQC}=3$,求 $S_{MPQN}$.

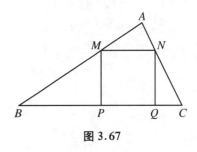

图 3.67

68. 如图 3.68 所示,在平行四边形 $ABCD$ 中,点 $M$、$N$ 分别在 $AB$、$AD$ 上,$AM=\frac{1}{3}AB$,$AN=\frac{1}{4}AD$,$P$ 为 $AB$ 下方一点,连接 $AP$,$MP\parallel AC$,连接 $PN$ 交 $AC$ 于点 $E$. 当 $S_{\triangle APM}=8$ 时,求 $S_{\triangle PMN}$.

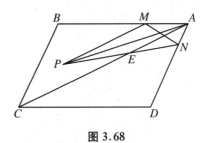

图 3.68

69. 如图 3.69 所示,在平行四边形 $ABCD$ 中,$E$、$F$ 分别是 $AB$、$BC$ 的中点,$AF$、$DE$ 交于点 $G$,连接 $CG$,作 $AH/\!/CG$ 交 $DE$ 于点 $H$.求证:

(1) $G$ 为 $EH$ 的中点;

(2) $S_{AGCH} = S_{\triangle FCG}$.

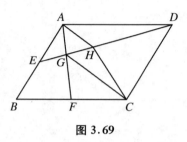

图 3.69

70. 如图 3.70 所示,在矩形 $ABCD$ 中,$AB=5$,$BC=8$,点 $P$ 在 $AB$ 上,$AP=1$,将矩形 $ABCD$ 沿 $CP$ 折叠,点 $B$ 落在点 $G$ 处,$PG$、$CG$ 分别与 $AD$ 交于点 $E$、$F$,求 $S_{\triangle EFG}$.

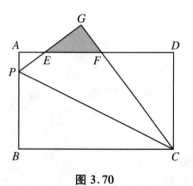

图 3.70

71. 如图 3.71 所示,在△ABC 中,点 E、F 分别在 AB、AC 上,EF // BC,若 $S_{\triangle AEF} = S_{\triangle BCE} = 2$,求 $S_{\triangle ABC}$.

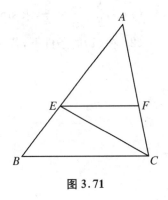

图 3.71

72. 如图 3.72 所示,在平行四边形 ABCD 中,点 E、F 在对角线 AC 上,满足 $AE:EF:FC = 5:7:8$,DE 的延长线交 AB 于点 G,DF 的延长线交 BC 于点 H,连接 GH,求 $\dfrac{S_{\triangle AED}}{S_{\triangle GBH}}$.

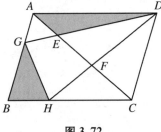

图 3.72

73. 如图 3.73 所示,在 $\triangle ABC$ 中,$\angle ACB = 90°$,四边形 $CBED$、$CGFA$ 均为正方形,$FB$ 交 $AC$ 于点 $M$,$AE$ 交 $BC$ 于点 $N$,$FB$、$AE$ 交于点 $H$.

(1) 若 $\dfrac{S_{\triangle MCB}}{S_{\triangle NCA}} = \dfrac{3}{4}$,求 $\sin \angle CAB$.

(2) 在(1)的条件下,若 $AB = 5$,求 $S_{\triangle AHB}$.

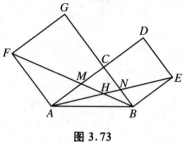

图 3.73

74. 如图 3.74 所示,在平面直角坐标系 $xOy$ 中,$P$ 是反比例函数 $y = \dfrac{18}{x}(x > 0)$ 图像上一点,过点 $P$ 的直线分别交 $x$、$y$ 轴于 $A$、$B$ 两点,$DA \perp x$ 轴交反比例函数的图像于点 $D$,$CB \perp y$ 轴交反比例函数的图像于点 $C$. 若 $AP = 2BP$,求 $S_{ABCD}$.

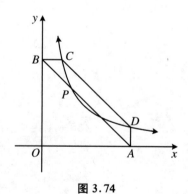

图 3.74

75. 如图 3.75 所示，在平面直角坐标系 $xOy$ 中，点 $A$、$B$ 是反比例函数 $y=\dfrac{k}{x}$（$x>0$，$k>0$）的图像上的两个点，点 $C$ 在 $x$ 轴正半轴上，延长 $OA$、$CB$ 交于点 $P$. 若 $\dfrac{OA}{OP}=\dfrac{1}{2}$，$\dfrac{CB}{CP}=\dfrac{1}{3}$，且 $S_{\triangle POC}=7.5$，求 $k$.

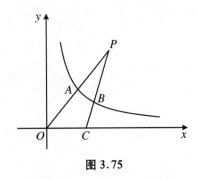

图 3.75

76. 如图 3.76 所示，在 $\triangle ABC$ 中，$\angle B=90°$，点 $D$ 在 $BC$ 上，点 $E$ 在 $BA$ 的延长线上，$CD=AB$，$\angle EDC=2\angle BAC=2\beta$，$AE=3$，$BD=15$，求 $DF$.

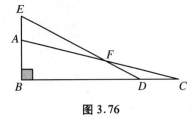

图 3.76

77. 如图 3.77 所示,在△ABC 中,AB = AC,D 为 AC 的中点,E 为 BC 边上一点,GE⊥BC 交 BA 的延长线于点 G,BD 与 GE 交于点 F. 若 $BG = 5\sqrt{2}$,$BF = 3\sqrt{2}$,求 GF.

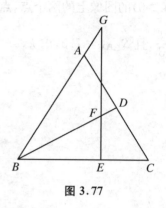

图 3.77

78. 如图 3.78 所示,在矩形 ABCD 中,点 G 在对角线 AC 上,点 E 在 BC 边上,四边形 DGEF 为矩形,连接 AF. 已知 AB = 6,BC = 8,AG = 4,求 $\tan \angle CAF$.

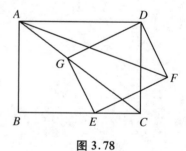

图 3.78

79. 如图 3.79 所示,在△ABC 中,∠BAC = 90°,点 D、E 在 BC 上,满足 BD = DE = EC,连接 AD、AE.若 AD = 4,AE = 3,求 tan C.

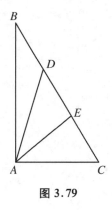

图 3.79

80. 如图 3.80 所示,在平行四边形 ABCD 中,∠C 是锐角,AB = 5,AD = 10,点 E 在 CD 上,DE = 1,点 F 在 AD 上,DF = $\dfrac{5}{2}$,且∠AFB = 2∠FBE = 2α,求 BE.

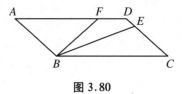

图 3.80

81. 如图3.81所示,在等边△ABC中,D为BC上一点,CE⊥AD于点E,且∠BED = 60°.已知 $AB = 3\sqrt{7}$,求 $DE$.

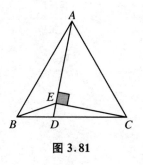

图3.81

82. 如图3.82所示,在等边△ABC中,D、F分别是AB、AC上一点,CD、BF交于点E.若∠BED = 60°,$CE = 8$,$S_{\triangle ACD} = 18\sqrt{3}$,求 $DB$.

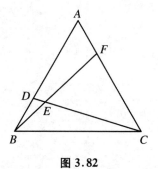

图3.82

83. 如图 3.83 所示,在正方形 $ABCD$ 中,$O$ 为对角线 $AC$ 和 $BD$ 的交点,$E$ 为正方形内部一点,满足 $AB=BE$,$AE=\sqrt{2}DE$. 已知 $S_{\triangle AED}=4$,求 $OE$.

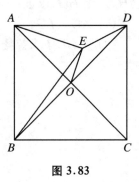

图 3.83

84. 如图 3.84 所示,已知正方形 $ABCD$,$E$ 为正方形外部一动点,满足 $\angle AEB=90°$,连接 $DE$,$CF \perp DE$ 于点 $G$ 并交 $EA$ 的延长线于点 $F$. 设 $\angle EAB=\alpha$,$\angle EFC=\beta$.

(1) 如图(a)所示,求证:$FC=ED$.

(2) 如图(a)所示,求 $\tan\beta - \tan\alpha$.

(3) 如图(b)所示,当 $\tan\alpha = \dfrac{1}{2}$ 时,求 $\dfrac{S_{\triangle GDC}}{S_{ABCD}}$.

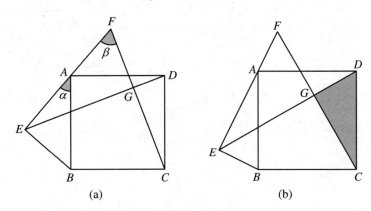

图 3.84

85. 如图 3.85 所示,已知正方形 $ABCD$,$E$ 为线段 $AB$ 上异于端点的一动点,连接 $CE$,将线段 $CE$ 绕点 $E$ 逆时针旋转 $90°$ 得到线段 $FE$,连接 $CF$,作 $FG \perp AD$ 于点 $G$,取 $CF$ 的中点 $H$,连接 $HG$. 求证:

(1) $AG = FG$;

(2) $\triangle GDH$ 为等腰直角三角形.

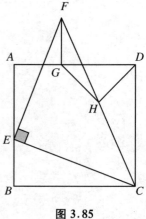

图 3.85

86. 如图 3.86 所示,在四边形 $ABCD$ 中,$AB = AC$,$AD \parallel BC$,$\angle BAD = 3\angle ABD = 3\alpha$,$CD \perp AC$,$BD = 12$,求 $AB$.

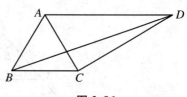

图 3.86

87. 如图 3.87 所示,已知四边形 $ABDC$,对角线 $BC \perp AB$,$AB = BC$,$E$ 是 $BC$ 上一点,连接 $AE$,满足 $\angle BCD = 3\angle BAE = 3\alpha$,$\angle D = \angle AEB$. 若 $BE = \sqrt{5}$,$CD = 3$,求 $AE$.

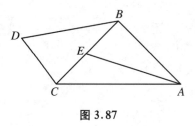

图 3.87

88. 如图 3.88 所示,在 $\mathrm{Rt}\triangle ABC$ 中,$\angle C = 90°$,$BD$ 平分 $\angle CBA$ 交 $AC$ 于点 $D$,点 $E$ 在 $BC$ 上,$\angle EDB = 45°$,$CE = 1$,$BE = 5$,求 $AB$.

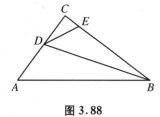

图 3.88

89. 如图 3.89 所示,在 △ABC 中,D 为 BC 的中点. 点 E 在线段 AD 上,满足 ∠BED = ∠BAC = 2∠DEC = 2α,求 $\dfrac{AB}{AC}$.

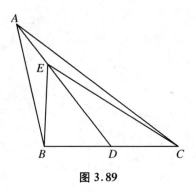

图 3.89

90. 如图 3.90 所示,在 Rt△ABC 中,∠B = 90°,D 为 AC 的中点,E 为线段 BC 上异于端点的一动点,连接 DE,DF⊥DE 交 AB 于点 F,EF、DB 交于点 G. 设∠BDE = α,∠A = β,$\dfrac{S_{\triangle DFG}}{S_{\triangle DEG}} = k$.

(1) 如图(a)所示,探究 k、tan α、tan β 三者之间的数量关系.

(2) 如图(b)所示,已知 AB = 8,BC = 6,$k = \dfrac{3}{2}$,求 BE.

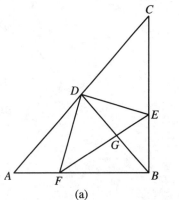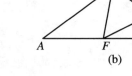

(a)　　　　　　(b)

图 3.90

91. 如图 3.91 所示,在菱形 ABCD 中,∠ABC = 60°,P 是对角线 BD 上一点,E 是 BC 的延长线上一点,PE = PA.

(1) 如图(a)所示,求∠APE.

(2) 如图(b)所示,FG 垂直平分 BE 交 BD 于点 F,交 BC 于点 G,求 $\dfrac{PF}{AB}$.

(3) 如图(c)所示,PE 交 CD 于点 M,当∠CME = 45°时,求 $\dfrac{CE}{BC}$.

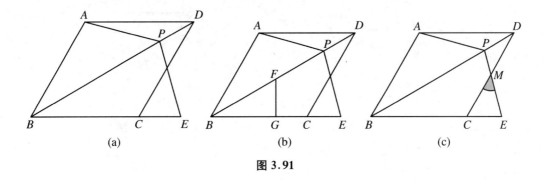

图 3.91

92. 如图 3.92 所示,在等腰 Rt△ABC 中,∠BAC = 90°,E 为线段 AB 上一点,D 为 CE 的中点,且∠BDE = 30°. 若 AB = 1,求 BE.

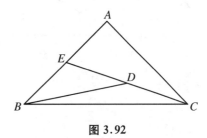

图 3.92

93. 如图 3.93 所示,在正方形 $ABCD$ 中,点 $G$、$E$ 分别在 $BC$、$AD$ 上,满足 $\angle GAB = \angle EBD = \alpha$,$AG$ 与 $BE$ 交于点 $F$,$DF$ 的延长线交 $AB$ 于点 $H$. 已知 $BH = HF$,求:

(1) $\dfrac{BH}{HD}$;

(2) $\tan \alpha$.

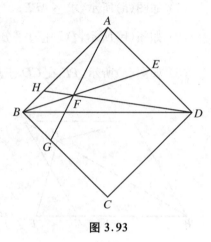

图 3.93

94. 如图 3.94 所示,在矩形 $ABCD$ 中,$E$ 为 $AD$ 上一点,连接 $BE$、$CE$,满足 $\angle EBC = 2\angle ECD = 2\alpha$.

(1) 如图(a)所示,在线段 $BE$ 上取点 $F$,使得 $BF = AB$. 若 $EF = 9$,$ED = 2$,求 $\tan \alpha$.

(2) 如图(b)所示,在(1)的条件下,取 $EC$ 的中点 $M$,连接 $AM$ 交 $BE$ 于点 $P$,求 $\dfrac{AP}{PM}$.

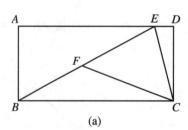
(a)

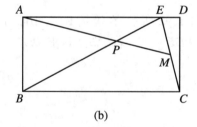
(b)

图 3.94

95. 如图 3.95 所示，在矩形 $ABCD$ 中，$E$ 为 $AB$ 的中点，$BG\perp AC$ 于点 $G$，连接 $EG$ 并延长交 $AD$ 于点 $F$，连接 $CF$. 若 $EF\perp CF$，求 $\dfrac{AB^2}{AD^2}$.

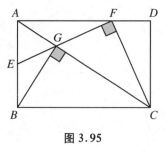

图 3.95

96. 如图 3.96 所示，在平行四边形 $ABCD$ 中，以对角线为直径的 $\odot O$ 分别交 $BC$、$CD$、$AD$ 于点 $E$、$F$、$G$，连接 $EF$. 若 $AB=15$，$BC=14$，$BE=9$，求 $EF$.

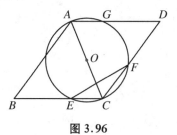

图 3.96

97. 如图 3.97 所示，$\angle BAC = \angle BDC = 90°$，四边形 $ABDE$ 为平行四边形. 若 $AD = 6$，$BC = 8$，求 $CE$.

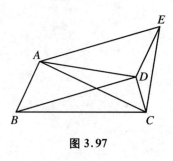

图 3.97

98. 如图 3.98 所示，在 $\triangle ABC$ 中，$\cos\angle CAB = \dfrac{1}{4}$，$2AC + AB = 6$，作 $\triangle ABC$ 的外接圆，点 $D$ 在 $\overset{\frown}{BC}$ 上，满足 $DB = 2CD$，求 $AD$.

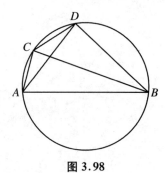

图 3.98

99. 如图3.99所示,正△ABC 内接于⊙O,ED 为△ABC 的中位线,ED 的延长线交⊙O 于点F,连接 BF、AF. 求:

(1) $\dfrac{BF}{EF}$；

(2) $\dfrac{BF}{AF}$.

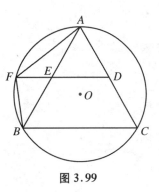

图 3.99

100. 如图3.100所示,△ABC 内接于⊙O,弦 CD 平分∠ACB,E 为$\overparen{AD}$上一点,连接 CE、DE,CD 与 AB 交于点N.

(1) 如图(a)所示,求证:∠AND = ∠CED.

(2) 如图(b)所示,AB 为⊙O 的直径,连接 BE、BD,BE 与 CD 交于点F. 若 2∠BDC = 90° − ∠DBE,求证:CD = CE.

(3) 如图(c)所示,在(2)的条件下,连接 OF. 若 BE = BD + 4,BC = 2$\sqrt{10}$,求 OF.

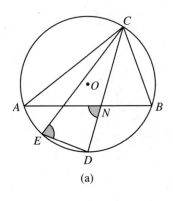 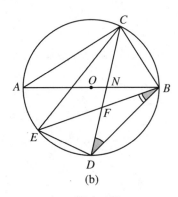 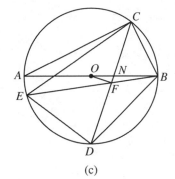

(a)　　　　　　(b)　　　　　　(c)

图 3.100

# 第四部分 相似三角形100题解析

1. **解** 延长 $BF$、$CD$ 交于点 $G$，作 $EH$ // $AB$ 交 $AD$ 于点 $H$(图 4.1).

∵ $AE = CE$, $GC$ // $AB$,

∴ $\dfrac{GC}{AB} = \dfrac{CE}{AE} = 1$,

∴ $GC = AB = 3CD$,

∴ $GD = 2CD$.

∵ $AE = CE$, $DC$ // $HE$,

∴ $CD = 2HE$, $AH = HD$,

∴ $GD = 4HE$,

∴ $\dfrac{HE}{GD} = \dfrac{HF}{FD} = \dfrac{1}{4}$.

设 $HF = x$, 则 $DF = 4x$.

∴ $DH = 5x = AH$,

∴ $AF = 6x$,

∴  $\dfrac{AF}{FD} = \dfrac{6x}{4x} = \dfrac{3}{2}$.

答案是 C 项.

**思路点拨**

延长 $BF$、$CD$ 交于点 $G$，利用 $AE = CE$ 可知 $GD = 2CD$. 作 $EH$ // $AB$, 可知 $EH$ 为 $\triangle ACD$ 的中位线，那么 $CD = 2EH$, 所以 $GD = 4HE$, 继而可得 $\dfrac{HF}{FD} = \dfrac{1}{4}$. 又 $AH = HD$, 故  $\dfrac{AF}{FD} = \dfrac{3}{2}$.

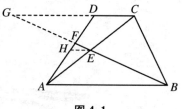

图 4.1

2. **解** 连接 $ME$(图 4.2).

∵ $AM = MC$, $DE = CE$,

∴ $ME$ 为 $\triangle ADC$ 的中位线,

∴ $AD$ // $ME$, $ME = \dfrac{1}{2}AD$.

∵ $BD = DE$, $AD$ // $ME$,

∴ $DG$ 为 $\triangle BEM$ 的中位线,

∴ $ME = 2DG$, $BG = GM$,

∴ $AD = 4DG$,

∴ $AG = 3DG$,

∴ $\dfrac{ME}{AG} = \dfrac{HM}{GH} = \dfrac{2}{3}$.

设 $HM = 2k$, 则 $GH = 3k$.

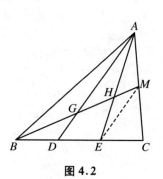

图 4.2

∴ $GM = BG = 5k$,
∴ $BG : GH : HM = 5k : 3k : 2k = 5 : 3 : 2$.
答案是 D 项.

### 思路点拨

中位线在本题中起到了重要的作用. 中位线既可以产生数量关系又可以产生平行关系,是一箭双雕之举. 不难发现,$DG : ME : AG = 1 : 2 : 3$,那么 $BG : GH : HM = 5 : 3 : 2$.

3. **解法 1** 设 $AD = DE = a$, $BC = 4b$,则 $CE = 3b$.
∵ $AD \parallel BC \parallel x$ 轴(图 4.3),
∴ $\dfrac{OF}{AD} = \dfrac{BF}{BD} = \dfrac{CE}{CD}$,
∴ $\dfrac{OF}{a} = \dfrac{3b}{3b+a}$,
∴ $OF = \dfrac{3ab}{3b+a}$.
又 $\dfrac{EF}{BC} = \dfrac{DE}{CD}$,
∴ $\dfrac{EF}{4b} = \dfrac{a}{3b+a}$,
∴ $EF = \dfrac{4ab}{3b+a}$,
∴ $\dfrac{OF}{EF} = \dfrac{3}{4}$,
∴ $\dfrac{OF}{OE} = \dfrac{OF}{OF+EF} = \dfrac{3}{7}$,
∵ $OE = 7$,
∴ $OF = 3$,
∴ $F(3, 0)$.

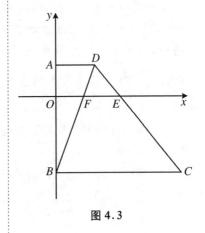

图 4.3

**解法 2** 连接 $BE$ 交 $AD$ 的延长线于点 $G$(图 4.4).
∵ $DG \parallel BC$,
∴ $\dfrac{EC}{BC} = \dfrac{DE}{DG} = \dfrac{3}{4}$.
∵ $AD = DE$,
∴ $\dfrac{AD}{DG} = \dfrac{3}{4}$.
∵ $AD \parallel x$ 轴,
∴ $\dfrac{OF}{AD} = \dfrac{BF}{BD} = \dfrac{EF}{DG}$,

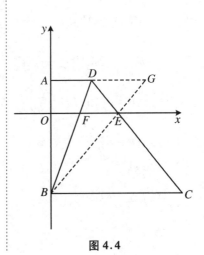

图 4.4

∴ $\dfrac{AD}{DG} = \dfrac{OF}{EF} = \dfrac{3}{4}$,

∴ $\dfrac{OF}{OE} = \dfrac{3}{7}$.

∵ $OE = 7$,

∴ $OF = 3$,

∴ $F(3, 0)$.

答案是 B 项.

 **思路点拨**

$OE = 7$ 为已知条件,那么解得 $\dfrac{OF}{OE}$ 的值,即可解得点 $F$ 的坐标. 本题中 $AD \parallel BC \parallel x$ 轴是破题的关键. 解法 1 利用平行线分线段成比例定理,结合题设条件,将线段 $OF$、$OE$ 用代数的方法表示出来,求解即可. 解法 2 更为巧妙,利用平行线分线段成比例定理,通过导比的方式解得 $\dfrac{OF}{OE}$,继而求得点 $F$ 的坐标.

4. **解** 连接 $AF$ 交 $ED$ 于点 $M$,延长 $DE$ 交 $CB$ 的延长线于点 $N$(图 4.5).

∵ 易证 $\triangle ABF \cong \triangle DAE \cong \triangle NBE$,

∴ $BN = AD$, $\angle BAF = \angle ADE$,

∴ $AF \perp DE$,

∴ $\triangle MFG$ 为等腰直角三角形.

∵ $AD \parallel NF$,

∴ $\dfrac{AD}{NF} = \dfrac{AM}{MF} = \dfrac{2}{3}$,

∴ $MF = \dfrac{3}{5} AF$,

∴ $FG = \sqrt{2} MF = \dfrac{3\sqrt{2}}{5} AF$.

∵ $AB = \sqrt{10}$, $BF = \dfrac{\sqrt{10}}{2}$.

∴ $AF = \dfrac{5\sqrt{2}}{2}$,

∴ $FG = 3$.

答案是 B 项.

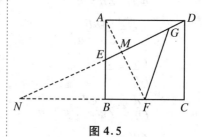

图 4.5

第四部分 相似三角形100题解析

**思路点拨**

由于 $\angle EGF = 45°$,欲求 $FG$,构造等腰直角三角形势在必行.连接 $AF$ 交 $ED$ 于点 $M$,由于 $\triangle ABF \cong \triangle DAE$,故 $AF \perp DE$,等腰直角三角形是构造出来了,但是无法求出 $MF$.那么我们延长 $DE$ 交 $CB$ 的延长线于点 $N$,可知 $\triangle ABF \cong \triangle NBE$,则 $\dfrac{AD}{NF} = \dfrac{AM}{MF} = \dfrac{2}{3}$,即 $MF = \dfrac{3}{5}AF$,利用勾股定理易求 $AF$,从而解得 $MF$,继而求得 $FG$.

5. **解法1** 作 $MD \parallel AC$ 交 $BE$ 于点 $M$(图4.6).

∵ $AP = PD$,$MD \parallel AC$,

∴ $\dfrac{AE}{MD} = \dfrac{AP}{PD} = 1$,

∴ $MD = AE$,

∴ $\dfrac{AE}{EC} = \dfrac{MD}{EC} = \dfrac{BD}{BC}$.

∵ $\angle BAD + \angle ABD = \angle BAD + \angle DAC = 90°$,

∴ $\angle ABD = \angle DAC$,

∴ $\text{Rt}\triangle CAD \sim \text{Rt}\triangle ABD$,

∴ $\dfrac{AC}{AB} = \dfrac{AD}{BD} = \dfrac{CD}{AD} = k$.

设 $BD = 1$,则 $AD = k$,$CD = k^2$.

∴ $BC = k^2 + 1$,

∴ $\dfrac{AE}{EC} = \dfrac{BD}{BC} = \dfrac{1}{k^2+1}$.

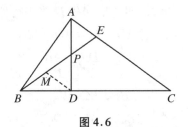

图4.6

**解法2** 作 $DN \parallel BE$ 交 $AC$ 于点 $N$(图4.7).

∴ $\dfrac{S_{\triangle ADC}}{S_{\triangle ABD}} = \dfrac{CD}{BD}$,

又 $\text{Rt}\triangle CAD \sim \text{Rt}\triangle ABD$,

∴ $\dfrac{S_{\triangle ADC}}{S_{\triangle ABD}} = \dfrac{CD}{BD} = \left(\dfrac{AC}{AB}\right)^2 = k^2$.

设 $BD = 1$,则 $CD = k^2$.

∴ $BC = k^2 + 1$.

∵ $DN \parallel BE$,$AP = PD$,

∴ $AE = EN$,

∴ $\dfrac{AE}{EC} = \dfrac{EN}{EC} = \dfrac{BD}{BC} = \dfrac{1}{k^2+1}$.

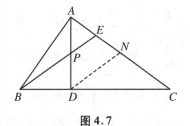

图4.7

答案是C项.

解法1的核心思路是利用平行线将 $AE$ 转化为 $MD$,继而将 $\dfrac{AE}{EC}$ 转化为 $\dfrac{BD}{BC}$,再通过相似解得 $\dfrac{BD}{BC}=\dfrac{1}{k^2+1}$.解法2的核心思路是先利用相似三角形面积比等于相似比的平方得到 $\dfrac{CD}{BD}=k^2$,再利用平行线将问题转化为 $\dfrac{EN}{EC}=\dfrac{BD}{BC}=\dfrac{1}{k^2+1}$.

6. **解** 作 $MR \parallel BS$ 交 $BD$ 于点 $M$(图4.8).

∵ 四边形 $ABCD$ 为平行四边形,

∴ $AD=BC$,$AD \parallel BS$,

∴ $\dfrac{AD}{CS}=\dfrac{DR}{RC}=\dfrac{AR}{RS}=\dfrac{2}{3}$.

∵ $MR \parallel BC$,

∴ $\dfrac{BC}{MR}=\dfrac{AD}{MR}=\dfrac{DC}{DR}=\dfrac{AO}{OR}=\dfrac{5}{2}$.

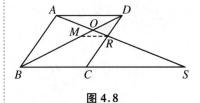

图4.8

设 $AO=5k$,则 $OR=2k$.

∴ $AR=7k$,

∴ $RS=\dfrac{21}{2}k$.

∴ $AO:OR:RS=5k:2k:\dfrac{21}{2}k=10:4:21$.

欲求三条线段的比值,我们采取各个击破的策略,先求 $\dfrac{AR}{RS}$,再求 $\dfrac{AO}{OR}$,最后换算成最简整数比即可.首先 $\dfrac{AR}{RS}$ 比较好解决,可直接利用平行线分线段成比例定理.接下来求解 $\dfrac{AO}{OR}$ 相对困难一些,现有的条件不够,那么添加辅助线势在必行,只要有 $MR \parallel BS$,就能轻松解得 $\dfrac{AO}{OR}$.

7. **解** 设 $AE=x$,$DF=y$.

∴ $BE = 6-x, CF = 4-y$.

∵ $AD + x + EF + y = (6-x) + BC + (4-y) + EF$,

∴ $3 + (x+y) + EF = 19 - (x+y) + EF$,

∴ $x + y = 8$,

∴ $DF = 8-x, FC = x-4$.

∵ $EF // BC$,

∴ $\dfrac{AE}{BE} = \dfrac{DF}{FC}$,

∴ $\dfrac{x}{6-x} = \dfrac{8-x}{x-4} \Rightarrow x = \dfrac{24}{5}$.

作 $AN // DC$ 交 $EF$ 于点 $M$,交 $BC$ 于点 $N$(图 4.9).

∴ 四边形 $ANCD$ 为平行四边形,

∴ $AD = NC = 3$,

∴ $BN = AB = 6$.

∵ $EM // BN$,

∴ $\dfrac{AE}{AB} = \dfrac{EM}{BN} \Rightarrow AE = EM$,

∴ $EF = EM + MF = AE + AD = \dfrac{39}{5}$.

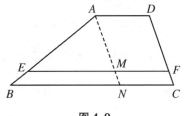

图 4.9

### 思路点拨

首先利用周长相等建立方程,得到 $AE + DF = 8$. 对于梯形,通过平移一腰构造平行四边形以寻求解决问题的办法. 平移后发现,欲求 $EF$,只需求 $EM$,而 $EM // BN$,这样一来,平行线分线段成比例定理又派上用场了,从而轻松地解决了问题.

8. 解 (1) ∵ $AB // EF$(图 4.10),

∴ $\dfrac{EF}{AB} = \dfrac{FD}{BD}$.

∵ $CD // EF$,

∴ $\dfrac{EF}{CD} = \dfrac{BF}{BD}$,

∴ $\dfrac{EF}{AB} + \dfrac{EF}{CD} = \dfrac{FD}{BD} + \dfrac{BF}{BD} = \dfrac{FD + BF}{BD} = 1$,

∴ $\dfrac{1}{AB} + \dfrac{1}{CD} = \dfrac{1}{EF}$,

∴ $EF = \dfrac{1}{\dfrac{1}{4} + \dfrac{1}{6}} = \dfrac{12}{5}$.

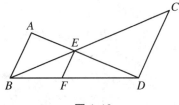

图 4.10

(2) ∵ $AB // CD$(图 4.11),

∴ $\dfrac{AE}{ED} = \dfrac{BE}{CE} = \dfrac{AB}{CD}$,

∴ $\dfrac{AE+BE}{CE+ED} = \dfrac{AB}{CD} = \dfrac{1}{2}$.

设 $AB = x$,则 $CD = 2x$.

由(1)可知

$$\dfrac{1}{x} + \dfrac{1}{2x} = \dfrac{1}{EF} \Rightarrow EF = \dfrac{2}{3}x.$$

∵ $CD \parallel EF$,

∴ $\dfrac{BF}{BD} = \dfrac{EF}{CD} = \dfrac{1}{3}$.

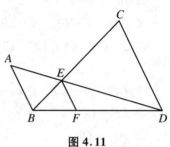

图 4.11

### 思路点拨

第一问是典型的"倒数和"相似模型.利用平行线分线段成比例定理得到 $\dfrac{1}{AB} + \dfrac{1}{CD} = \dfrac{1}{EF}$. 第二问在第一问的基础上有所拓展,利用等比性质可知 $\dfrac{AB}{CD} = \dfrac{1}{2}$,再利用第一问的结论得到 $EF = \dfrac{2}{3}AB$,故 $\dfrac{BF}{BD} = \dfrac{EF}{CD} = \dfrac{1}{3}$.

9. **解** 作 $EG \perp AB$ 于点 $G$,连接 $GF$(图 4.12).

∵ $GE \parallel FC$,

∴ $\dfrac{GE}{BE} = \dfrac{AC}{BC}$.

∵ $\dfrac{FC}{BE} = \dfrac{AC}{BC}$,

∴ $\dfrac{FC}{BE} = \dfrac{GE}{BE}$,

∴ $FC = GE$,

∴ 四边形 $GECF$ 为平行四边形,

∴ $GF \parallel BC$,

∴ $\angle AGF = \angle B = \alpha$.

∵ $\angle GAE + \angle EAF = \angle AFD + \angle EAF = 90°$,

∴ $\angle GAE = \angle AFD$,

∴ Rt$\triangle FDA \sim$ Rt$\triangle AEG$(AA),

∴ $\dfrac{DF}{AE} = \dfrac{AF}{AG} = \tan \alpha$.

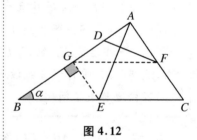

图 4.12

### 思路点拨

本题是较为典型的"双十字架"模型.由于 $\angle GAE =$

$\angle AFD$，构造 Rt△AEG 是很自然的思路．结合题目条件可知 $FC=GE$，故四边形 $GECF$ 为平行四边形，这样一来，就将 $\alpha$ 转化为 $\angle AGF$，再由 Rt△FDA∽Rt△AEG 可得 $\dfrac{DF}{AE}=\tan \alpha$．

**10. 解** 作 $CF \parallel AD$ 交 $BA$ 的延长线于点 $F$，延长 $BE$ 交 $CF$ 于点 $G$，连接 $AG$（图 4.13）．

∵ $AD \parallel CF$，

∴ $\angle BAD = \angle F$，$\angle DAC = \angle ACF$．

∵ $\angle BAD = \angle DAC$，

∴ $\angle F = \angle ACF$，

∴ $AC = AF = 5$．

又 $\dfrac{AE}{FG}=\dfrac{BE}{BG}=\dfrac{ED}{CG}$，$AE = ED$，

∴ $FG = CG$，

∴ $AG \perp FC$，

∴ $AG \perp AD$．

∵ $\angle BED = \angle AEG$，

∴ $\tan \angle BED = \tan \angle AEG = 2$．

∵ $AE = 2$，

∴ $AG = 4$，$EG = 2\sqrt{5}$，

∴ $FG = 3$，

∴ $\dfrac{AE}{FG}=\dfrac{BE}{BG}=\dfrac{2}{3}$，

∴ $BE = 2EG = 4\sqrt{5}$．

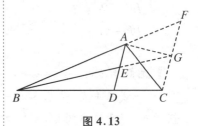

图 4.13

**思路点拨**

平行线遇见角平分线就会出现等腰三角形．这是中考的高频考点．以本题为例，作 $CF \parallel AD$，目的有两个：一是产生等腰三角形，将 $AC$ 转化为 $AF$；二是为应用平行线分线段成比例定理作铺垫．同时，中线 $BE$ 延长交 $CF$ 于点 $G$，又产生了中线 $BG$，这样一来，$AG$ 为△$ACF$ 的中垂线，结合已知条件，不难解得 $FG=3$，$EG=2\sqrt{5}$．至此，关键线段的数量关系就明朗化了，最后利用平行线分线段成比例定理解得 $BE$．

**11. 解** ∵ $\angle APB + \angle DPC = \angle DPC + \angle PDC = 90°$

(图 4.14),

∴ $\angle APB = \angle PDC$.

又 $\angle ABP = \angle PCD$,

∴ $\triangle ABP \sim \triangle PCD$(AA),

∴ $\dfrac{AB}{PC} = \dfrac{BP}{CD}$.

设 $BP = x$,则 $PC = 13 - x$.

∴ $x(13 - x) = 36$,

∴ $x = 4$ 或 $x = 9$.

∵ $BP < PC$,

∴ $BP = 4$.

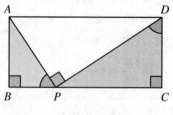

图 4.14

#### 思路点拨

"一线三垂直"是基本的一类相似模型,是中考的高频考点.对于这类模型,解决方法只需两步,一是判定相似,二是建立方程求解.

12. 解 由翻折性质可知 $\triangle ADE \cong \triangle CDE$.

∴ $AD = CD$,$AE = EC$,$\angle DCE = 60°$.

∵ $\angle ODC + \angle DCO = \angle ECB + \angle DCO = 120°$,

∴ $\angle ODC = \angle ECB$.

又 $\angle DOC = \angle CBE = 60°$,

∴ $\triangle DOC \sim \triangle CBE$(图 4.15),相似比为

$$\dfrac{DC}{CE} = \dfrac{AD}{AE} = \dfrac{7}{8}.$$

设 $\triangle DOC$ 的周长为 $L_1$,则 $L_1 = AO + OC = 5 + OC$.

设 $\triangle CBE$ 的周长为 $L_2$,则 $L_2 = AB + BC = 5 + BC$.

设 $OC = x$,则 $BC = 5 - x$.

∴ $\dfrac{L_1}{L_2} = \dfrac{5 + x}{10 - x} = \dfrac{7}{8}$,

∴ $x = 2$,

∴ $C(2, 0)$.

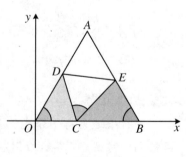

图 4.15

#### 思路点拨

破解本题需要把握两个关键点:"一线三等角"相似是核心,从而判定 $\triangle DOC \sim \triangle CBE$;利用相似比等于周长比是运算技巧.特别是第二点,使计算量大大减少,如果利用相似成比例建立方程计算,则相当烦琐.

13. (1) 证明 ∵ $\angle PDQ = 60°$,△ABC 为等边三角形(图 4.16),

∴ $\angle PDR = \angle PBD = \angle RCD = 120°$.

∵ $\angle 1 + \angle 2 = \angle ABC = 60°$,$\angle 2 + \angle 3 = 60°$,

∴ $\angle 1 = \angle 3$,

∴ △PBD∽△DCR(AA),

∴ $\dfrac{PB}{DC} = \dfrac{PD}{DR} = \dfrac{BD}{CR}$.

∵ $AD \perp BC$,

∴ $BD = CD$,

∴ $\dfrac{PD}{DR} = \dfrac{CD}{CR}$,

∴ △PDR∽△DCR,

∴ $\angle 4 = \angle 3$,

∴ $\angle 1 = \angle 4$,即 PD 平分 $\angle APR$.

同理,DR 平分 $\angle ARP$.

∵ AD 平分 $\angle PAR$,

∴ 点 D 为△APR 的内心.

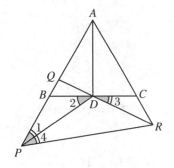

图 4.16

(2) 解 ① 在线段 PR 上取点 E、F,使得 $\angle PDB = \angle PDE$,$\angle RDC = \angle RDF$(图 4.17).

∴ $\angle EDF = 120° - (\angle PDB + \angle RDC) = 60°$.

∵ 易证△PDB≌△PDE(ASA),

∴ $BD = DE$.

同理,$DC = DF$.

∴ $DE = DF$,

∴ △DEF 为等边三角形,

∴ $EF = 2$,

∴ $PE + FR = PB + CR = 5$.

由(1)可知 $BD^2 = PB \cdot CR = 4$.

设 $BP = x$,则 $CR = 5 - x$.

∴ $x(5-x) = 4 \Rightarrow x = 1$ 或 $x = 4$.

∵ $BP < CR$,

∴ $BP = 1$,$CR = 4$.

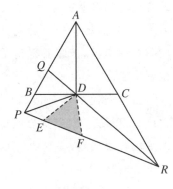

图 4.17

② 作 $DM \parallel AB$ 交 AR 于点 M(图 4.18).

∵ $BD = DC$,△ABC 为等边三角形,

∴ △MDC 为等边三角形,

∴ $AM = MC = DM = 2$.

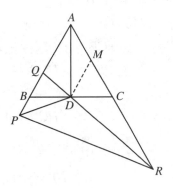

图 4.18

∵ $CR = 4$, $AC = 4$,

∴ $MR = 6$, $AR = 8$.

∵ $DM \parallel AB$,

∴ $\dfrac{DM}{AQ} = \dfrac{MR}{AR}$,

∴ $AQ = \dfrac{8}{3}$,

∴ $BQ = AB - AQ = \dfrac{4}{3}$.

**思路点拨**

第一问是典型的中点型"一线三等角". 一般来说, 中点型"一线三等角"与三角形的内心或旁心有关, 通过两次相似即可证明.

第二问的第一小问的关键在于找到 $PB$、$CR$ 和 $PR$ 三者之间的数量关系. 由第一问可知 $BD^2 = PB \cdot CR = 4$ 为定值, 显然还差一个数量关系. 利用第一问的结论, 我们作对称变换, 很容易得到 $PB + CR = 5$, 这样一来问题便解决了.

第二问的第二小问, 由中点想到中位线, 这一条中位线可以说是"化天堑为通途", 利用平行线分线段成比例定理解决问题. 当然也可以利用三角形内角平分线定理解决问题.

14. **解** 延长 $DC$ 至点 $G$, 使得 $CG = BC$, 连接 $BG$, 则 $\triangle BGC$ 为等边三角形.

作 $EH \parallel BG$, 交 $DG$ 于点 $H$, 则四边形 $EBGH$ 为平行四边形(图4.19).

∴ $\angle EHC = \angle G = 60°$, $EH = BG = BC = AD$.

∵ $\angle FCD + \angle DFC = \angle FCD + \angle HCE = 120°$,

∴ $\angle DFC = \angle HCE$.

又 $\angle D = \angle EHC = 60°$,

∴ $\triangle DFC \sim \triangle HCE$(AA),

∴ $\dfrac{CF}{CE} = \dfrac{DC}{HE}$.

∵ $DC = AB$, $HE = AD$,

∴ $\dfrac{CF}{CE} = \dfrac{AB}{AD} = \dfrac{1}{2}$.

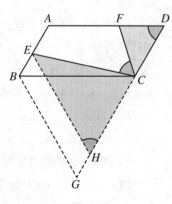

图4.19

**思路点拨**

在线段 $CD$ 上出现了两个 $60°$ 的角,那么构造第三个 $60°$ 的角,即"一线三等角",就必然会出现相似三角形.由于 $\angle BCD = 120°$,构造 $60°$ 的角即构造等边 $\triangle BCG$.再利用平移法构造平行四边形 $BGHE$,这样一来,既有"一线三等角"又使得 $BE = BC$,产生了数量关系.接下来问题就很容易解决了.

15. 解 (1) 作 $EG \perp BC$ 交 $DC$ 的延长线于点 $G$(图 4.20).

∵ $\angle D = 45°$,$AD \parallel BC$,

∴ $\angle BCG = 45°$,

∴ $\triangle EGC$ 为等腰直角三角形,

∴ $\angle G = 45°$,$EG = CE$.

∵ $\angle AFD + \angle FAD = \angle AFD + \angle GFE = 135°$,

∴ $\angle FAD = \angle EFG$,

∴ $\triangle EFG \backsim \triangle FAD$(AA),

∴ $\dfrac{CE}{DF} = \dfrac{EG}{DF} = \dfrac{EF}{AF}$.

∵ $\angle AFE = 45°$,$\angle AEF = 90°$,

∴ $\triangle AEF$ 为等腰直角三角形,

∴ $\dfrac{CE}{DF} = \dfrac{EF}{AF} = \dfrac{\sqrt{2}}{2}$.

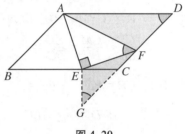

图 4.20

(2) 作 $FH \perp AD$ 于点 $M$,交 $BA$ 的延长线于点 $H$(图 4.21).

∵ $\angle ADF = \angle HAD = 45°$,

∴ $\triangle AHM$ 与 $\triangle DMF$ 均为等腰直角三角形,

∴ $HM = AM$,$MD = MF$,

∴ $AD = HF$.

∵ $\angle HAF + \angle BAE = \angle HAF + \angle AFH = 135°$,

∴ $\angle BAE = \angle AFH$.

∵ $\angle B = \angle H = 45°$,

∴ $\triangle ABE \backsim \triangle FHA$(AA),

∴ $\dfrac{AB}{HF} = \dfrac{AE}{AF} = \dfrac{AB}{AD}$.

∵ $\triangle AEF$ 为等腰直角三角形,

∴ $\dfrac{AE}{AF} = \dfrac{\sqrt{2}}{2}$,

∴ $\dfrac{AB}{AD} = \dfrac{\sqrt{2}}{2}$.

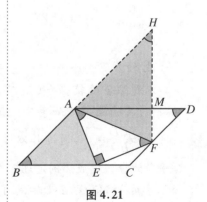

图 4.21

### 思路点拨

第一问中,在线段上有两个等角,那么构造"一线三等角"是一个不错的思路.同样的,第二问中,在线段 $AB$ 上也有两个相等的角,我们如法炮制即可.由于 $45°$ 角相当特殊,首先想到构造等腰直角三角形,既便于计算,也便于理清线段之间的数量关系.

16. **解** 作 $CM \perp AD$ 于点 $M$, $BN \perp AD$ 于点 $N$,则 $BN // CM$.

在 $AD$ 上取点 $P$,使得 $CP = EP$(图 4.22).

∵ $\angle MPC = 2\angle DEC = \angle BEN$,

∴ $Rt\triangle CPM \backsim Rt\triangle BEN$(AA),

∴ $\dfrac{CP}{BE} = \dfrac{CM}{BN} = \dfrac{CD}{BD} = \dfrac{1}{3}$,

∴ $CP = PE = \dfrac{1}{3}BE = 2$.

∵ $\angle BED = \angle ABE + \angle BAE$,$\angle BAC = \angle BAE + \angle EAC$,

∴ $\angle ABE = \angle CAP$.

∵ $\angle AEB = 180° - \angle BEN$,$\angle CPA = 180° - \angle MPC$,

∴ $\angle AEB = \angle CPA$,

∴ $\triangle ABE \backsim \triangle CAP$(AA),

∴ $\dfrac{BE}{AP} = \dfrac{AE}{CP}$.

设 $AE = x$,则 $AP = x + 2$.

∴ $\dfrac{6}{x+2} = \dfrac{x}{2} \Rightarrow x^2 + 2x - 12 = 0 \Rightarrow x = \sqrt{13} - 1$.

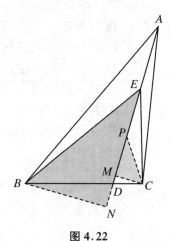

图 4.22

### 思路点拨

本题综合性较强.利用二倍角关系构造相似是难点,同时又构造"一线三等角"相似.

已知 $\dfrac{CD}{BD} = \dfrac{1}{3}$,通过作双垂线、构造等腰 $\triangle CPE$,结合平行线分线段成比例定理可知 $CP = 2$.这样一来,"一线三等角"相似模型就起到了重要的作用,$\triangle ABE \backsim \triangle CAP$,设元求解即可.

17. **解** (1) 延长 $FE$、$BG$ 交于点 $M$,作 $GN // AB$ 交 $FM$ 于点 $N$(图 4.23).

∵ $FD = 4$,$BD = 14$,

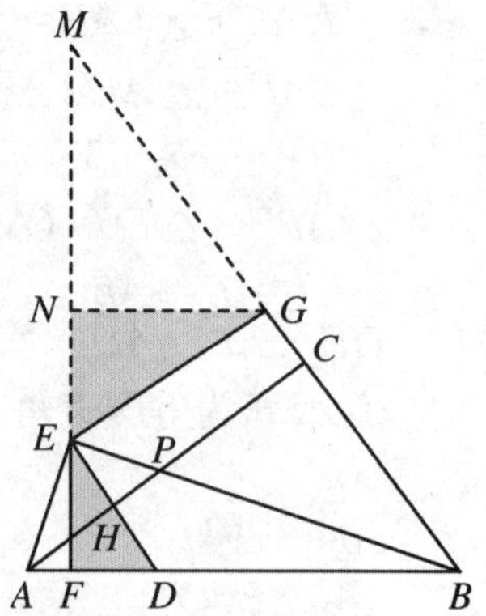

图 4.23

∴ $FB = 18$.

∵ $\cos \angle ABC = \dfrac{3}{5}$,

∴ $MB = 30, FM = 24$.

∵ $BG = 15, GN \parallel BF$,

∴ $NG$ 为 $\triangle MFB$ 的中位线,

∴ $MN = NF = 12, NG = 9$.

∵ $\angle NGE + \angle NEG = \angle NEG + \angle FED = 90°$,

∴ $\angle NGE = \angle FED$,

∴ $Rt\triangle NGE \backsim Rt\triangle FED$(AA),

∴ $\dfrac{NE}{NG} = \dfrac{FD}{EF}$.

设 $EF = x$,则 $NE = 12 - x$.

∴ $\dfrac{12-x}{9} = \dfrac{4}{x}$,

∴ $x^2 - 12x + 36 = 0 \Rightarrow (x-6)^2 = 0$,

∴ $EF = 6$.

(2) ∵ $\angle AEH + \angle DEB = \angle BEG + \angle DEB = 90°$,

∴ $\angle AEH = \angle BEG$.

∵ $\angle AEB = 90°, \angle ACB = 90°$,

∴ $\angle EAH + \angle EPA = \angle EBG + \angle CPB = 90°$.

∵ $\angle EPA = \angle CPB$,

∴ $\angle EAH = \angle EBG$,

∴ $\triangle AEH \backsim \triangle BEG$(图 4.24),

∴ $\dfrac{AH}{BG} = \dfrac{AE}{BE} = \tan \angle EBF = \dfrac{EF}{BF}$.

∵ $EF = 6, BF = 18$,

∴ $\dfrac{AH}{BG} = \dfrac{1}{3}$,

∴ $AH = 5$.

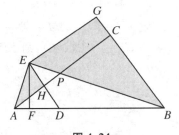

图 4.24

### 思路点拨

只有先求出 $EF$,才能解得 $\tan \angle EBF$.由于 $EF \perp AB$,$EG \perp ED$,出现了两个直角,"一线三等角"模型初具雏形,再构造一个直角势在必行.不难发现,只要延长 $FE$、$BG$ 交于点 $M$,结合已知条件,$G$ 为 $BM$ 的中点,那么作 $GN \perp FM$,既能构造"一线三等角",又构造了中位线,一箭双雕,继而解得 $EF$.求 $AH$ 的关键在于判定 $\triangle AEH \backsim \triangle BEG$,从而有 $\dfrac{AH}{BG} = \dfrac{AE}{BE} = \tan \angle EBF = \dfrac{EF}{BF}$. $EF$ 已知,那么问题也就解决了.

**18. 解** 作 $AF \perp x$ 轴于点 $F$，$BE \perp x$ 轴于点 $E$（图 4.25）.

∴ $S_{\triangle AOF} = \frac{1}{2}k_1$，$S_{\triangle BOE} = -\frac{1}{2}k_2$.

∵ 易证 $\triangle BOE \backsim \triangle OAF$（AA），

∴ $\tan \angle BAO = \frac{BO}{AO} = \sqrt{\frac{S_{\triangle BOE}}{S_{\triangle AOF}}} = \sqrt{-\frac{k_2}{k_1}}$.

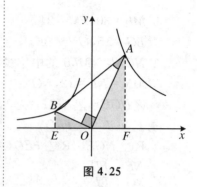

图 4.25

> **思路点拨**
>
> 利用"一线三垂直"相似模型将面积比转化为线段比，继而解得 $\tan \angle BAO$. 本题特别要注意的地方是 $S_{\triangle BOE} = -\frac{1}{2}k_2$，这是易错点.

**19. 解** 在线段 $AD$ 上取点 $M$，使得 $AB = AM$.

在线段 $AD$ 上取点 $N$，使得 $CD = DN$（图 4.26）.

∴ $\triangle ABM$、$\triangle CDN$ 为等腰直角三角形.

∵ $AB = DC$,

∴ $BM = CN$.

∵ $\angle MEB + \angle MBE = \angle MEB + \angle NEC = 45°$,

∴ $\angle MBE = \angle NEC$.

又 $\angle EMB = \angle CNE = 135°$,

∴ $\triangle EMB \backsim \triangle CNE$（图 4.27），

∴ $\frac{BM}{NE} = \frac{EM}{CN}$.

设 $AB = DC = AM = DN = EF = x$，则 $BM = CN = \sqrt{2}x$.

令 $CF = 2k(k>0)$，则 $BF = 3k$.

∴ $ME = 3k - x$，$NE = 2k - x$.

∴ $\frac{\sqrt{2}x}{2k-x} = \frac{3k-x}{\sqrt{2}x} \Rightarrow x^2 + 5kx - 6k^2 = 0$,

∴ $x = k$（负值舍去），

∴ $\frac{EF}{BC} = \frac{1}{5}$.

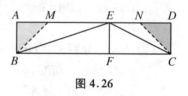

图 4.26

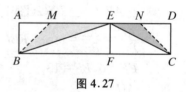

图 4.27

> **思路点拨**
>
> 本题的解法很多，构造"一线三等角"相似模型是一种较为简洁的方法. 通过构造等腰直角 $\triangle ABM$、$\triangle CDN$，在 $AD$ 上就出现了三个 $135°$ 的角. 这样一来，关键线段的数量关系就凸显出来了，建立方程求解即可.

**20. 解** 在 $x$ 轴上点 $A$ 左侧取点 $M$，使得 $\angle FMA = 30°$（图 4.28）.

由题意得 $FM = 4\sqrt{3}$.

在 $x$ 轴上点 $B$ 右侧取点 $N$，使得 $\angle ENA = 30°$.

∵ 易证 $\triangle FMA \sim \triangle ANE$（AA），

∴ $\dfrac{FM}{AN} = \dfrac{AM}{EN}$.

连接 $GB$（图 4.29）.

∵ 由反比例函数的性质得 $GB // EF$,

∴ $\dfrac{GF}{BE} = \dfrac{GC}{BC} = \dfrac{2}{\sqrt{3}}$.

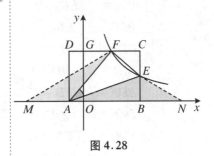

图 4.28

设 $GF = 2a$，则 $BE = \sqrt{3}a$.

∴ $BN = 3a$，$EN = 2\sqrt{3}a$，$DF = 2a + 1$，

∴ $AN = AB + BN = 5 + 3a$，$AM = \sqrt{3}AD - DF = 5 - 2a$.

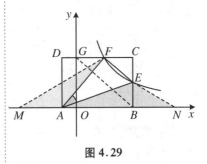

图 4.29

∴ $\dfrac{4\sqrt{3}}{5 + 3a} = \dfrac{5 - 2a}{2\sqrt{3}a}$,

∴ $a = 1$（负值舍去），

∴ $GF = 2$,

∴ $k = GF \cdot OG = 4\sqrt{3}$.

**思路点拨**

本题的关键在于三点：构造"一线三等角"相似模型；充分利用反比例函数的几何性质；敏锐地发现 $AF \perp EF$. 能够把握住这三点，势如破竹.

首先通过构造"一线三等角"相似模型，使得解题的方向不偏离正确的轨道，其次利用反比例函数的几何性质得到 $\dfrac{GF}{BE} = \dfrac{2}{\sqrt{3}}$，这一比例关系起到了至关重要的作用，由相似的性质可得 $GF = 2$，则 $k = 4\sqrt{3}$.

**21. 解** 易证 $AB = AD = BD = BF = DC$.

∵ $\angle ADC = 150°$,

∴ $\angle DCA = 15°$.

∵ $\angle DCB = 45°$,

∴ $\angle ECB = 30°$.

∵ $\angle ABF = 90°$，$\angle ABD = 60°$,

∴ $\angle EBF = 30°$.

又 $\angle BEF = \angle CEB$,

∴ $\triangle BEF \backsim \triangle CEB$（AA）.

连接 $DF$（图 4.30）.

∵ $\angle DBF = 30°$, $BD = BF$,

∴ $\angle BDF = \angle BFD = 75°$,

∴ $\angle DFE = 30°$, $\angle DEF = 75°$,

∴ $\angle FDC = \angle FCD = 15°$, $DF = EF$,

∴ $DF = CF = EF = \sqrt{2}$,

∴ $CE = 2\sqrt{2}$.

∴ $\dfrac{BE}{CE} = \dfrac{EF}{BE}$,

∴ $BE^2 = CE \cdot EF = 4$,

∴ $BE = 2$.

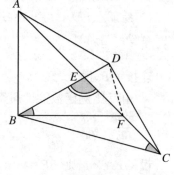

图 4.30

 思路点拨

本题的图形较为复杂，把握住两点即可破题：$\triangle BEF \backsim \triangle CEB$（AA）；$F$ 为 Rt$\triangle EDC$ 斜边的中点. 由于题目条件中的三角形均为特殊三角形，分析三角形的边角关系是必不可少的步骤. 通过分析可知 $\triangle BEF$ 与 $\triangle CEB$ 为子母相似，同时通过对角度和边长的分析可知 $DF = CF = EF$. 至此，问题就明朗化了.

22. **解** 延长 $AF$ 至点 $G$，使得 $DF = FG$（图 4.31）.

∴ $\angle AFD = 2\angle G = 60°$,

∴ $\angle G = 30°$.

∵ $AB = 1$, $AD = \sqrt{3}$, $\angle BAD = 90°$,

∴ $\tan \angle ADB = \dfrac{\sqrt{3}}{3}$,

∴ $\angle ADE = 30°$.

又 $\angle EAD = \angle DAG$,

∴ $\triangle AED \backsim \triangle ADG$（AA）,

∴ $\dfrac{AD}{AG} = \dfrac{AE}{AD} \Rightarrow AD^2 = AE \cdot AG$,

∴ $AG = \dfrac{10}{3}$,

∴ $L = AF + DF + AD = AG + AD = \dfrac{10 + 3\sqrt{3}}{3}$.

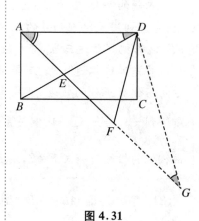

图 4.31

## 思路点拨

欲求 $\triangle AFD$ 的周长，由于 $AD=\sqrt{3}$ 已知，只需求 $AF+DF$ 的值. 经分析可知 $\angle AFD=2\angle G=60°$，既然有二倍角关系，那么通常采用的方法是构造等腰出单倍角，于是延长 $AF$ 至点 $G$，使得 $DF=FG$. 这样一来，既有 $AG=AF+DF$，又有 $\triangle AED\backsim\triangle ADG$，继而利用相似的性质解得 $AG=\dfrac{10}{3}$，最终解得 $\triangle AFD$ 的周长.

23. **解** 延长 $CA$ 至点 $F$，使得 $AF=AD$（图 4.32）.
∵ $AB=AD=AF$，
∴ $FB\perp BD$，$\angle F=\angle FBA=\angle FEB$，
∴ $\triangle AFB\backsim\triangle BFE$（AA），
∴ $\dfrac{AF}{BF}=\dfrac{BF}{EF}$.

设 $AE=ED=a$，则 $FD=4a$，$EF=3a$.
∴ $\dfrac{2a}{BF}=\dfrac{BF}{3a}\Rightarrow BF^2=6a^2$.
∵ 在 $\text{Rt}\triangle FBD$ 中，$BF^2+BD^2=FD^2$，
∴ $6a^2+10=16a^2$，
∴ $a=1$.

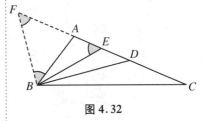

图 4.32

作 $CG\perp FB$ 交其延长线于点 $G$，则 $CG\parallel BD$（图 4.33）.
∴ $\dfrac{BG}{BF}=\dfrac{DC}{FD}=\dfrac{1}{2}$，$\dfrac{BD}{CG}=\dfrac{DF}{CF}=\dfrac{2}{3}$，
∴ $BG=\dfrac{1}{2}BF=\dfrac{\sqrt{6}}{2}$，$CG=\dfrac{3}{2}BD=\dfrac{3\sqrt{10}}{2}$，
∴ $BC^2=BG^2+CG^2\Rightarrow BC=2\sqrt{6}$.

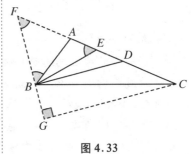

图 4.33

## 思路点拨

$\triangle ABE$ 为二倍角三角形，对于二倍角三角形，通常构造等腰三角形，形成子母相似，以寻求解决问题的办法. 以本题为例，$\triangle AFB$ 与 $\triangle BFE$ 为子母相似，结合题设条件可知 $\triangle FBD$ 为直角三角形，那么可求出 $AE=ED=1$，再利用平行线分线段成比例定理解得 $BG$、$CG$ 的长度，最后在 $\text{Rt}\triangle BGC$ 中根据勾股定理求得 $BC$.

24. **解** 作 $AD\parallel PC$ 交 $x$ 轴于点 $D$，则 $\angle BAD=45°$.
在 $x$ 轴正半轴上取点 $E$，使得 $AO=EO$（图 4.34）.
∴ $\triangle AOE$ 为等腰直角三角形，

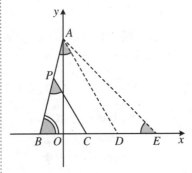

图 4.34

∴ $\angle AEB = 45°$.

∵ $\angle ABE = \angle DBA$,

∴ $\triangle ABD \sim \triangle EBA$,

∴ $\dfrac{AB}{EB} = \dfrac{BD}{BA} \Rightarrow AB^2 = BD \cdot BE$.

∵ $y_{AB} = 4x + 4$,

∴ $A(0, 4), B(-1, 0)$,

∴ $AB^2 = 17, AO = EO = 4, BC = 2, BE = 5$,

∴ $BD = \dfrac{17}{5}$.

∵ $AD \parallel PC$,

∴ $\dfrac{BP}{AB} = \dfrac{BC}{BD} = \dfrac{10}{17}$.

作 $PG \perp x$ 轴于点 $G$(图4.35).

∴ $PG \parallel AO$,

∴ $\dfrac{PG}{AO} = \dfrac{BG}{BO} = \dfrac{BP}{AB} = \dfrac{10}{17}$,

∴ $BG = \dfrac{10}{17}, PG = \dfrac{40}{17}$,

∴ $P\left(-\dfrac{7}{17}, \dfrac{40}{17}\right)$.

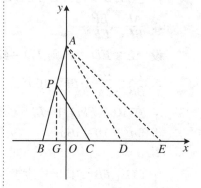

图 4.35

### 思路点拨

本解法的核心思路是构造子母相似,再利用平行线分线段成比例定理求解 $BG$、$PG$ 的长度,从而解得点 $P$ 的坐标. 由于 $\angle BPC = 45°$,但是点 $P$ 的位置不可知,直接入手解决问题比较困难. 通过构造平行线转化几何元素,使得 $\angle BAD = 45°$,再构造等腰 $Rt\triangle AOE$,那么子母相似就形成了. 接下来势如破竹,先求解 $BD$,再解得 $\dfrac{BC}{BD}$,即 $\dfrac{BP}{AB}$,于是 $BG$、$PG$ 可求. 至此,再将线段长度转化为点的坐标就非常轻松了.

25. 解 作 $MN \parallel AC$ 交 $AB$ 于点 $N$(图4.36).

∵ $PM = CM$,

∴ $MN = \dfrac{1}{2}AC = 1, \angle NMP = \angle ACP, PN = AN$.

∵ $\angle PBM = \angle ACP$,

∴ $\angle NBM = \angle NMP$.

又 $\angle BNM = \angle MNP$,

∴ $\triangle BNM \sim \triangle MNP$(AA),

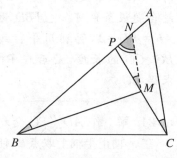

图 4.36

$$\therefore \frac{BN}{MN} = \frac{NM}{NP},$$

$$\therefore MN^2 = BN \cdot NP.$$

设 $BP = x$.

$$\therefore AN = PN = \frac{3-x}{2}, BN = \frac{3+x}{2},$$

$$\therefore 1 = \frac{(3+x)(3-x)}{4} \Rightarrow x = \sqrt{5},$$

$$\therefore BP = \sqrt{5}.$$

**思路点拨**

本题的关键在于如何利用角度关系和中点条件. 首先由中点条件可以联想到中位线, 这是转化几何元素常见的手段之一. 有了中位线, 就将 $\angle PBM = \angle ACP$ 转化为 $\angle NBM = \angle NMP$, 并且可得 $MN = 1$, 同时 $\triangle BNM$ 与 $\triangle MNP$ 又是子母相似, 一箭三雕之举. 继而建立方程求解即可.

26. **解** 在线段 $AD$ 上取点 $G$, 使得 $FG = FD$, 作 $FH \perp AD$ 于点 $H$ (图 4.37).

$\therefore \angle FGD = \angle D, GH = DH,$

$\therefore \angle AGF = \angle FCE = 180° - \angle D.$

$\therefore \angle AFD + \angle FAD = \angle AFD + \angle EFC = 180° - \angle D,$

$\therefore \angle FAD = \angle EFC,$

$\therefore \triangle EFC \sim \triangle FAG$ (AA),

$\therefore \dfrac{CF}{CE} = \dfrac{AG}{FG} = \dfrac{1}{3}.$

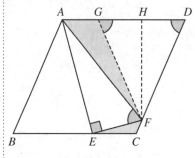

图 4.37

设 $CF = 1$, 则 $CE = 3$.

设 $AG = x$, 则 $FG = DF = 3x$.

$\therefore AD = DC = 3x + 1,$

$\therefore GD = AD - AG = 2x + 1,$

$\therefore GH = DH = \dfrac{2x+1}{2},$

$\therefore \cos \angle FGH = \dfrac{GH}{GF} = \dfrac{2x+1}{6x}.$

$\therefore \dfrac{EF}{AF} = \dfrac{CF}{AG} = \cos \angle AFE = \dfrac{1}{x},$

$\therefore \dfrac{2x+1}{6x} = \dfrac{1}{x} \Rightarrow x = \dfrac{5}{2},$

$\therefore \cos \angle AFE = \cos D = \dfrac{1}{x} = \dfrac{2}{5}.$

**思路点拨**

本题构造燕尾型相似三角形,结合三角函数,解题过程非常简洁,计算量很小.当然,也可以采用"一线三等角"相似模型,计算量稍大一些.

27. **解** (1) ∵ $BE \perp CM$,$EF$ 平分 $\angle CEB$,

∴ $\angle CEF = \angle BEF = \angle AEM = 45°$,

∴ $\angle AEB = 135°$,

∴ $\angle CEA = 135°$.

∵ $\angle EAB + \angle ABE = \angle BEF = 45°$,$\angle EAB + \angle CAE = \angle CAB = 45°$,

∴ $\angle ABE = \angle CAE$,

∴ $\triangle ABE \backsim \triangle CAE$(图 4.38),

∴ $\dfrac{AB}{CA} = \dfrac{AE}{CE} = \dfrac{BE}{AE} = \sqrt{2}$.

设 $CE = \sqrt{2}a$,则 $AE = 2a$.

作 $CN \perp AF$ 于点 $N$(图 4.39).

∴ $\triangle CEN$ 为等腰直角三角形,

∴ $EN = CN = \dfrac{CE}{\sqrt{2}} = a$,

∴ $AN = AE + EN = 3a$,

∴ $\tan\angle CAF = \dfrac{CN}{AN} = \dfrac{1}{3}$.

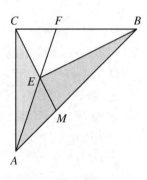

图 4.38

(2) 由(1)可知 $\triangle CAE \backsim \triangle ABE$,且相似比为 $1:\sqrt{2}$.

∴ $\dfrac{S_{\triangle CAE}}{S_{\triangle ABE}} = \left(\dfrac{1}{\sqrt{2}}\right)^2 = \dfrac{1}{2}$,

∴ $S_{\triangle ABE} = 2$.

∵ $\dfrac{AE}{CE} = \dfrac{BE}{AE}$,

∴ $AE^2 = CE \cdot BE$,

∴ $\dfrac{S_{\triangle CEB}}{S_{\triangle CAE}} = \dfrac{CE \cdot BE}{AE \cdot CN} = \dfrac{AE^2}{AE \cdot EN} = \dfrac{AE}{EN} = 2$,

∴ $S_{\triangle CEB} = 2$,

∴ $S_{\triangle ABC} = \dfrac{1}{4}AB^2 = 5$,

∴ $AB = 2\sqrt{5}$.

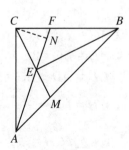

图 4.39

## 第四部分 相似三角形100题解析

**思路点拨**

本题的关键在于判定 $\triangle ABE \backsim \triangle CAE$,继而判定两个三角形的相似比为 $\sqrt{2}:1$,再借助 $45°$ 角构造等腰直角三角形,确定相关的数量关系,从而解决问题. 第二问利用第一问的结论,分别计算 $\triangle CAE$ 与 $\triangle CEB$、$\triangle ABE$ 的面积比值,从而解决 $\triangle ABC$ 的面积,最终求得 $AB$.

28. 解 (1) ∵ $ED \perp DG$,$FD$ 平分 $\angle EDG$,

∴ $\angle FDE = \angle FDG = 45°$.

∵ $AC = BC$,$AC \perp BC$,

∴ $\angle A = \angle B = 45°$.

∵ $\angle FDA = \angle FDE + \angle EDA = \angle F + \angle B$,

又 $\angle FDE = \angle B = 45°$,

∴ $\angle EDA = \angle F$,

∴ $\triangle AED \backsim \triangle BDF$ (图 4.40),

∴ $\dfrac{AE}{BD} = \dfrac{AD}{BF}$.

设 $AD = BD = a$.

∴ $AC = BC = \sqrt{2}a$,

∴ $AE = \dfrac{\sqrt{2}}{3}a$,

∴ $a^2 = \dfrac{\sqrt{2}}{3}a \cdot BF$,

∴ $BF = \dfrac{3\sqrt{2}}{2}a$,

∴ $FC = BF - BC = \dfrac{\sqrt{2}}{2}a$.

连接 $CD$(图 4.41).

∴ $CD = a$,$\angle FCD = \angle GCD = 135°$.

∵ $\angle G + \angle CDG = \angle CDG + \angle CDF = 45°$,

∴ $\angle G = \angle CDF$,

∴ $\triangle FCD \backsim \triangle DCG$(AA),

∴ $\dfrac{FD}{DG} = \dfrac{FC}{CD} = \dfrac{\sqrt{2}}{2}$.

(2) 由(1)可知 $\triangle AED \backsim \triangle BDF$(图 4.42).

∴ $\dfrac{AE}{BD} = \dfrac{AD}{BF}$.

设 $AD = BD = a$,则 $AC = BC = \sqrt{2}a$.

∴ $AE = \dfrac{\sqrt{2}}{n+1}a$,

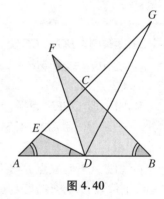

图 4.40

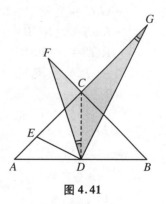

图 4.41

$\therefore a^2 = \dfrac{\sqrt{2}}{n+1} a \cdot BF,$

$\therefore BF = \dfrac{(n+1)\sqrt{2}}{2} a,$

$\therefore FC = BF - BC = \dfrac{(n-1)\sqrt{2}}{2} a.$

连接 $CD$(图 4.43).

由(1)可知 $\triangle FCD \backsim \triangle DCG$(AA).

$\therefore \dfrac{FD}{DG} = \dfrac{FC}{CD} = (n-1)\dfrac{\sqrt{2}}{2}.$

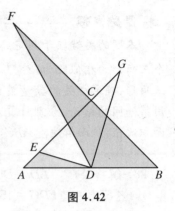

图 4.42

### 思路点拨

第一问到第二问体现了从特殊到一般的数学思想. 就本题的图形来看, 不算很复杂, 但蕴含着好几组相似三角形. 首先比较容易判定 $\triangle AED \backsim \triangle BDF$(AA), 目的是计算 $FC$. 再构造燕尾型相似三角形, 可得 $\dfrac{FD}{DG} = \dfrac{FC}{CD}$.

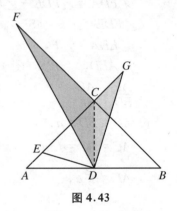

图 4.43

29. **解** 作 $BG \parallel EF$ 交 $AD$ 于点 $G$(图 4.44).

$\therefore \angle GBP = \angle EMP = 45°.$

$\because GE \parallel BF,$

$\therefore$ 四边形 $GBFE$ 为平行四边形,

$\therefore GE = BF = ED = 4.5,$

$\therefore AG = 3.$

在线段 $AB$ 上取点 $R$, 使得 $AR = AG$, 连接 $GR$; 在线段 $BC$ 上取点 $Q$, 使得 $PC = QC$, 连接 $PQ$.

$\therefore \triangle AGR$、$\triangle PQC$ 均为等腰直角三角形,

$\therefore \angle GRB = \angle BQP = 135°.$

$\because \angle RBG + \angle RGB = \angle RBG + \angle QBP = 45°,$

$\therefore \angle RGB = \angle QBP,$

$\therefore \triangle RGB \backsim \triangle QBP$(AA),

$\therefore \dfrac{RB}{RG} = \dfrac{PQ}{BQ}.$

$\because AG = AR = 3,$

$\therefore RB = 3, RG = 3\sqrt{2}.$

设 $PC = CQ = x,$

$\therefore PQ = \sqrt{2}x, BQ = 12 - x,$

$\therefore \dfrac{3}{3\sqrt{2}} = \dfrac{\sqrt{2}x}{12-x},$

$\therefore PC = x = 4.$

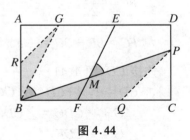

图 4.44

### 思路点拨

由于题设中所给出的特殊角的位置比较尴尬,不利于解决问题,因此利用平行转化法是首选方案.这样一来,就为接下来构造燕尾型相似三角形创造了有利的条件.最后利用相似的性质建立方程求解即可.

**30. 解** 在线段 $DC$ 上取点 $P$,使得 $DF=DP$,连接 $FP$;在线段 $BC$ 上取点 $Q$,使得 $BE=BQ$,连接 $EQ$(图 4.45).

∵△$DFP$ 与△$BEQ$ 均为等边三角形,

∴∠$EQC$=∠$CPF$=120°.

∵∠$QEC$+∠$QCE$=∠$QCE$+∠$PCF$=60°,

∴∠$QEC$=∠$PCF$,

∴△$QEC$∽△$PCF$(AA),

∴$\dfrac{QE}{PC}=\dfrac{QC}{PF}=\dfrac{EC}{CF}$,

∴$\dfrac{EC}{CF}=\dfrac{QE+QC}{PC+PF}=\dfrac{BQ+QC}{PC+PD}=\dfrac{BC}{CD}=\dfrac{9}{8}$.

设 $CF=CM=8x$,则 $CE=9x$.

∴$EM=x$.

∵易证△$BEM$∽△$CEB$(AA),

∴$BE^2=EM\cdot CE=9x^2$,

∴$BE=3x$,

∴$\dfrac{BE}{CM}=\dfrac{3}{8}$.

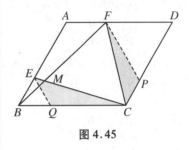

图 4.45

### 思路点拨

本题的关键有三点:一是构造燕尾型相似三角形;二是利用等比性质简化解题步骤;三是把握△$BEM$∽△$CEB$,这是典型的子母相似类型.我们先构造两个等边三角形,这就出现了燕尾型相似三角形,得到 $\dfrac{QE}{PC}=\dfrac{QC}{PF}=\dfrac{EC}{CF}$;再巧妙地利用等比性质,大大化简了解题步骤,得到 $\dfrac{EC}{CF}=\dfrac{BC}{CD}=\dfrac{9}{8}$,有了这个结论,问题基本上就明朗了;再由△$BEM$∽△$CEB$ 即可求解.

**31. 解** 连接 $EF$(图 4.46).

由翻折性质可知 $AE=EG$,∠$EGF$=∠$EAB$=90°,∠$AEB$=∠$GEB$.

∵$E$ 为 $AD$ 的中点,

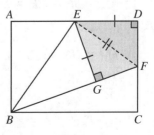

图 4.46

∴ $AE = ED$,

∴ $ED = EG$,

∴ △$EGF$≌△$EDF$(HL),

∴ ∠$GEF = ∠DEF$,

∴ ∠$AEB + ∠DEF = \frac{1}{2}(∠AEG + ∠DEG) = 90°$.

∵ ∠$ABE + ∠AEB = 90°$,

∴ ∠$ABE = ∠DEF$.

∵ ∠$BAE = ∠EDF = 90°$,

∴ △$AEB$∽△$DFE$(图 4.47),

∴ $\frac{AE}{AB} = \frac{DF}{DE}$.

设 $AB = 2a$,$AD = 2b$,则 $DF = a$,$AE = ED = b$.

∴ $\frac{b}{2a} = \frac{a}{b} \Rightarrow \frac{b}{a} = \sqrt{2}$,

∴ $\frac{AD}{AB} = \frac{2b}{2a} = \sqrt{2}$.

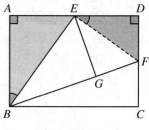

图 4.47

 思路点拨

本题的关键在于证明 $BE \perp EF$,继而利用"一线三垂直"相似模型来寻求矩形邻边的数量关系.首先根据翻折性质和中点条件判定△$EGF$≌△$EDF$(HL),这样一来,$BE \perp EF$ 显而易见,这就为判定△$AEB$∽△$DFE$(AA)创造了必要条件.有了这个结论,剩下的计算不足为惧.

32. **解** (1) ∵ ∠$B = 30°$(图 4.48),

∴ ∠$A = 60°$.

由翻折性质知∠$F = ∠A = 60°$,∠$AED = ∠FED = 45°$.

∴ $AB \perp EF$,

∴ ∠$EMB = ∠NMF = 60°$,

∴ △$MNF$ 为等边三角形.

∵ $AE = BE$,

∴ $AE = BE = EF$.

设 $AE = BE = EF = \sqrt{3}a$,则 $ME = a$,$AB = 2\sqrt{3}a$,$AC = \sqrt{3}a$.

∴ $FM = MN = (\sqrt{3} - 1)a$,

∴ $\frac{MN}{AC} = \frac{\sqrt{3}-1}{\sqrt{3}} = \frac{3-\sqrt{3}}{3}$.

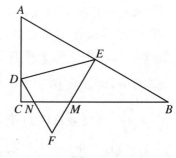

图 4.48

(2) ∵ 易证∠$A = ∠F = ∠EMB = ∠NMF$,

∴ $NF = MN$.

∵ △EMB∽△CAB（AA），

∴ $\dfrac{AC}{BC} = \dfrac{EM}{BE} = \dfrac{3}{4}$.

∵ $AB = 48$,

∴ $BE = EF = 24$,

∴ $EM = 18, BM = 30$,

∴ $MF = EF - EM = 6$.

作 $NG \perp EF$，垂足为 $G$（图 4.49）.

∵ $NF = MN$,

∴ $MG = FG = 3$.

∵ △NGM∽△BEM（AA），

∴ $\dfrac{MN}{BM} = \dfrac{GM}{EM} = \dfrac{1}{6}$,

∴ $MN = 5$.

**思路点拨**

本题的切入点有两个：$\angle F = \angle A, AB \perp EF$. 把握住这两点，势如破竹. 第一问，由 $\angle A = 60°$ 知 $\triangle MNF$ 为等边三角形，欲求 $MN$，只要求得 $FM$，比较简单. 第二问，情况有所变化，把握 $MN = NF$，可以迅速打开思路，遇等腰作垂线是常见的手段，这样一来，利用平行线分线段成比例定理或者相似的性质即可解得 $MN$.

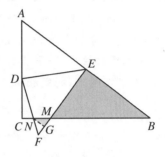

图 4.49

33. **解** （1）由翻折性质知 $\angle ADB = \angle EDB, AG = EG$.

∵ $AD // BC$,

∴ $\angle ADB = \angle DBC$,

∴ $\angle BDF = \angle DBF$,

∴ $BF = FD$.

设 $DC = AB = 3a$，则 $FC = 4a$.

∴ $BF = FD = 5a$.

作 $FH \perp BD$ 于点 $H$，则 $BH = HD$（图 4.50）.

∵ $\angle ABG + \angle FBH = \angle ABG + \angle BAG = 90°$,

∴ $\angle BAG = \angle FBH$,

∴ Rt△BAG∽Rt△FBH（AA），

∴ $\dfrac{AB}{FB} = \dfrac{AG}{BH} = \dfrac{\frac{1}{2}AE}{\frac{1}{2}BD} = \dfrac{AE}{BD} = \dfrac{3a}{5a} = \dfrac{3}{5}$.

（2）作 $FH \perp BD$（图 4.51）.

由（1）可知 $\dfrac{AB}{FB} = \dfrac{AE}{BD} = \dfrac{24}{25}$.

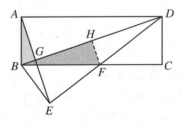

图 4.50

设 $AB=DC=24b$,则 $BF=DF=25b$.

∴ $FC=7b$,

∴ $BC=32b$,

∴ $\dfrac{AB}{BC}=\dfrac{3}{4}$.

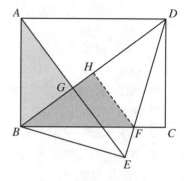

图 4.51

### 思路点拨

本题第一、二问之间有着紧密的关联,解决了第一问,第二问的解答便水到渠成.

一般情况下,角平分线遇平行线就会产生等腰三角形,这是中考的高频考点.以本题为例,判定 $BF=FD$ 是解决本题的核心,遇等腰三角线作垂线是常见的解题手段,有了这两点,判定相似不是困难的事情.再利用结论 $\dfrac{AB}{FB}=\dfrac{AE}{BD}$,结合题设条件,求出相关线段的比例关系.

34. **解** 连接 $AC$,作 $EG\perp x$ 轴于点 $G$(图 4.52).
由反比例函数的性质可知 $AC/\!/EF$.

∴ $\angle CAB=\angle FEB$,

∴ $\tan\angle FEB=\tan\angle CAB=\dfrac{1}{2}$.

∵ 易证 $\triangle GED\backsim\triangle CDF$(AA),且 $\triangle CDF$ 与 $\triangle GED$ 的相似比为 $1:2$,

∴ $DC=\dfrac{1}{2}GE=1$, $CF=\dfrac{1}{2}GD$.

∵ $\dfrac{AE}{BE}=\dfrac{CF}{BF}=\dfrac{CF}{DF}=\dfrac{DG}{ED}=\dfrac{DG}{BE}$,

∴ $AE=GD=OG$.

设 $AE=GD=OG=2a$,则 $CF=a$.

∴ $OC=OD+DC=4a+1=4\Rightarrow a=\dfrac{3}{4}$,

∴ $k=OC\cdot CF=3$.

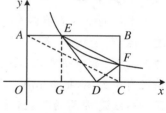

图 4.52

### 思路点拨

本题在反比例函数的背景下对矩形进行翻折,不同于一般的翻折问题.反比例函数有着独特的几何性质,在此就不一一赘述了.把握反比例函数的几何性质对于解决本题有着举足轻重的作用.就本题而言,$AC/\!/EF$ 是反比例函数几何性质的体现.再结合"一线三直角"相似模型,通过导比例得到 $AE=GD=OG$,最后根据反比例函数比例系数的几何意义求解.

**35. 解** 作 $FG \perp AC$ 于点 $G$（图 4.53）.

由翻折性质可知 $AB = AF$.

$\because CF = DC = AB$，

$\therefore CF = AF$，

$\therefore G$ 为 $AC$ 的中点.

$\because AB = 4\sqrt{5}, BC = 4\sqrt{11}$，

$\therefore AG = GC = \dfrac{1}{2}AC = 8$，

$\therefore FG = 4$.

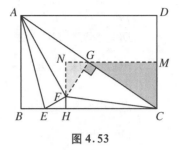

图 4.53

过点 $G$ 作 $BC$ 的平行线交 $DC$ 于点 $M$，延长 $HF$ 交 $MG$ 的延长线于点 $N$.

$\because$ 四边形 $NHCM$ 为矩形，$GM$ 为 $\triangle ACD$ 的中位线，

$\therefore GM = \dfrac{1}{2}BC = 2\sqrt{11}, HN = MC = \dfrac{1}{2}AB = 2\sqrt{5}$.

$\because \angle NGF + \angle NFG = \angle NGF + \angle MGC = 90°$，

$\therefore \angle NFG = \angle MGC$.

又 $\angle FNG = \angle GMC = 90°$，

$\therefore \triangle NFG \sim \triangle MGC$（AA），

$\therefore \dfrac{NF}{MG} = \dfrac{FG}{GC} = \dfrac{1}{2}$，

$\therefore NF = \sqrt{11}$，

$\therefore FH = HN - NF = 2\sqrt{5} - \sqrt{11}$.

**思路点拨**

由翻折性质与矩形性质可得 $CF = AF$，遇等腰作垂线势在必行. 不难求出 $AG = 8, FG = 4$. 通过构造"一线三直角"相似三角形可以将 $GM$、$NF$ 的数量关系建立起来，即可求得 $NF = \sqrt{11}, FH = 2\sqrt{5} - \sqrt{11}$.

**36. 解** 连接 $OD$（图 4.54）.

$\therefore \angle ODC = 45°$.

$\because DF、DE$ 均与 $\odot O$ 相切，

$\therefore \angle FDO = \angle EDO$.

由翻折性质可知 $\angle FDE = \angle EDC$.

设 $\angle FDO = \angle EDO = \alpha$.

$\therefore \angle FDE = \angle EDC = 2\alpha$，

$\therefore \angle ODC = 3\alpha = 45°$，

$\therefore \alpha = 15°$，

$\therefore \angle EDC = 30°$，

$\therefore \angle FED = \angle CED = \angle FEB = 60°$.

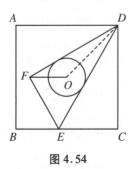

图 4.54

作 $FG \perp BC$ 于点 $G$,延长 $OF$ 交 $AB$ 于点 $H$(图 4.55).

∴ $\triangle FGE \backsim \triangle DCE$(AA),

∴ $\dfrac{FG}{DC} = \dfrac{GE}{CE} = \dfrac{FE}{DE} = \dfrac{1}{2}$,

∴ $FG = \dfrac{1}{2}DC$,$GE = \dfrac{1}{2}EC = \dfrac{DC}{2\sqrt{3}}$.

∵ 点 $O$ 到 $BC$ 的距离为 $\dfrac{1}{2}DC$,

∴ $OF \parallel BC$,

∴ $OH = \dfrac{1}{2}DC$.

设 $DE = 4a$.

∴ $AB = 2\sqrt{3}a$,$EC = 2a$,$GE = a$,$OH = \sqrt{3}a$,

∴ $BG = HF = 2\sqrt{3}a - 3a$,

∴ $FO = \sqrt{3}a - (2\sqrt{3}a - 3a) = 3a - \sqrt{3}a$,

∴ $\dfrac{FO}{DE} = \dfrac{3-\sqrt{3}}{4}$.

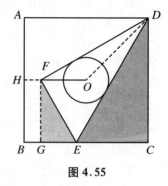

图 4.55

**思路点拨**

本题将"$DF$、$DE$ 均与 $\odot O$ 相切"作为切入点,解得 $\angle FED = \angle CED = 60°$,继而可知 $\triangle FGE \backsim \triangle DCE$(AA),那么 $FG = \dfrac{1}{2}DC$,由于点 $O$ 到 $BC$ 的距离为 $\dfrac{1}{2}DC$,因此 $OF \parallel BC$.至此,各条线段之间的数量关系一目了然,计算量不大,可速解.

37. **解** 由翻折性质可知 $\angle E = \angle B = 90°$.

∴ $\triangle AFP \backsim \triangle DCG$(图 4.56),

∴ $\dfrac{AF}{DC} = \dfrac{AP}{GD} = \dfrac{FP}{GC} = \dfrac{2}{5}$.

设 $AP = 2a$,$PF = 2b$,则 $GD = 5a$,$CG = 5b$.
延长 $CP$ 交 $DA$ 的延长线于点 $H$(图 4.57).

∴ $\angle H = \angle HCB = \angle ECH$,

∴ $HG = GC = 5b$.

∵ $\tan H = \dfrac{DC}{HD} = \dfrac{10}{5(a+b)} = \dfrac{2}{a+b}$,

又 $\tan \angle HCB = \dfrac{BP}{BC} = \dfrac{10-2a}{14} = \dfrac{5-a}{7}$,

∴ $\dfrac{2}{a+b} = \dfrac{5-a}{7}$,

∴ $(5-a)(a+b) = 14$.

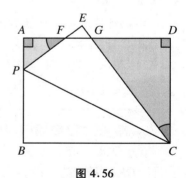

图 4.56

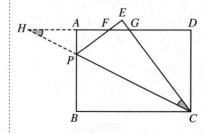

图 4.57

∵ 在 Rt△APF 中，$PF^2 - AP^2 = AF^2$，

∴ $4b^2 - 4a^2 = 16 \Rightarrow (b-a)(b+a) = 4$，

∴ $\dfrac{5-a}{b-a} = \dfrac{7}{2} \Rightarrow b = \dfrac{5a+10}{7}$，

∴ $\begin{cases} a = \dfrac{3}{2} \\ b = \dfrac{5}{2} \end{cases}$ 或 $\begin{cases} a = \dfrac{8}{3} \\ b = \dfrac{10}{3} \end{cases}$.

当 $b = \dfrac{10}{3}$ 时，$CG = \dfrac{50}{3} > BC$，与题意矛盾，舍去.

∴ $GD = 5a = \dfrac{15}{2}$.

### 思路点拨

不难发现 △AFP∽△DCG，且相似比为 2：5，在 △APF 中利用勾股定理得到 AP、PF 之间的数量关系. 平行线遇到角平分线出等腰三角形是中考高频考点. 以本题为例，利用 HG = GC，结合两角的正切相等得到 AP、PF 之间的第二个关系式，联立方程求解即可.

38. **解** 连接 DF，交 AE 于点 P（图 4.58）.

由翻折性质可知 AE⊥DF，DP = PF，DE = EF.

∵ AB∥DE，

∴ $\dfrac{EF}{AB} = \dfrac{DE}{AB} = \dfrac{DQ}{BQ} = \dfrac{1}{3}$，

∴ EF = DE = 5.

设 DQ = x，OQ = y.

∵ O 为 BD 的中点，

∴ BO = x + y，BQ = x + y + y = x + 2y，

∴ $\dfrac{x}{x+2y} = \dfrac{1}{3}$，

∴ x = y，即 Q 为 OD 的中点，

∴ QP 为 △DOF 的中位线，

∴ QE∥OG，

∴ QE 为 △DOG 的中位线，

∴ FG⊥DF，DE = GE = 5.

∵ ∠DAE + ∠ADP = ∠FDG + ∠ADP = 90°，

∴ ∠DAE = ∠FDG.

又 ∠ADE = ∠DFG = 90°，

∴ △ADE∽△DFG（图 4.59），

∴ $\dfrac{DE}{AD} = \dfrac{1}{3} = \dfrac{FG}{DF}$，

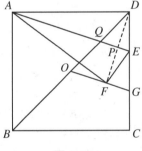

图 4.58

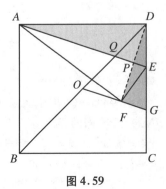

图 4.59

∴ $DF = 3FG$.

设 $FG = a$,则 $DF = 3a$.

由勾股定理得 $FG^2 + DF^2 = DG^2$.

∴ $a^2 + 9a^2 = 100 \Rightarrow a = \sqrt{10}$,

∴ $FG = \sqrt{10}$.

#### 思路点拨

本题的难点在于判定 $AE$、$OG$ 的位置关系,由此可以确定 $QE$ 为 △$DOG$ 的中位线.这样一来,线段之间的数量关系就一目了然了.不难证明 △$ADE$∽△$DFG$(AA),由此确定 Rt△$DFG$ 的三边关系,求解 $FG$ 便水到渠成.

39.**解** 由翻折性质可知 $\angle A = \angle E$(图 4.60).

∴ $\tan E = \dfrac{4}{3}$.

设 $ME = AM = 5k$.

∴ $MD = 4k, ED = 3k$,

∴ $AD = EF = 9k$,

∴ $DF = 6k$.

延长 $EF$ 交 $BC$ 于点 $H$(图 4.61).

∴ $EH \perp BC$.

∵ $\angle A = \angle C$,

∴ $DH = \dfrac{4}{5}CD = \dfrac{36}{5}k$,

∴ $FH = \dfrac{6}{5}k$.

∵ $ME /\!/ FN, DM /\!/ NH$,

∴ $\angle EMD = \angle FNH$,

∴ △$EMD$∽△$FNH$,

∴ $\dfrac{FN}{EM} = \dfrac{FH}{ED} = \dfrac{2}{5}$,

∴ $FN = BN = \dfrac{2}{5}EM = 2k$,

∴ $CN = 7k$,

∴ $\dfrac{BN}{CN} = \dfrac{2}{7}$.

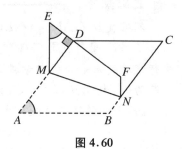

图 4.60

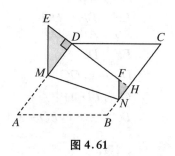

图 4.61

#### 思路点拨

本题的关键在于把握 $\angle A = \angle E = \angle C$ 和 $ME /\!/ FN$.利用菱形的性质在 △$DEM$、△$DCH$、△$FNH$ 中寻求相关线段的比例关系.对于平行四边形的翻折,一定要特别留意平行线的作用.

**40. 解** (1) 连接 $DE$ 交 $AF$ 于点 $P$(图 4.62).
由翻折性质可知:$GF$ 垂直平分 $DE$,$DF = EF$.
∴ $DG = GE$,∠1 = ∠2.
∵ $EG \parallel CD$,
∴ ∠2 = ∠3,
∴ ∠1 = ∠2 = ∠3,
∴ $DG = DF$,
∴ $DG = EG = EF = DF$,
∴ 四边形 $DGEF$ 为菱形.

(2) ∵ ∠$DAF$ + ∠$ADP$ = ∠$FDP$ + ∠$ADP$ = 90°,
∴ ∠$DAF$ = ∠$FDP$(图 4.63).
∵ ∠$DFA$ = ∠$PFD$,
∴ △$DAF$ ∽ △$PDF$(AA),
∴ $FD^2 = AF \cdot PF$.
由(1)可知 $DF = EG$,$GP = PF$.
设 $GP = PF = x$,则 $AF = AG + GF = 6 + 2x$.
∴ $20 = x(6 + 2x) \Rightarrow (x - 2)(x + 5) = 0$,
∴ $x = 2$,
∴ $GF = 2x = 4$.

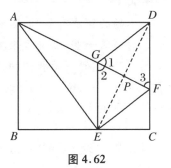

图 4.62

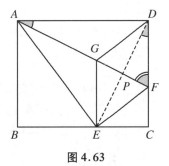

图 4.63

**思路点拨**

第一问要求证明四边形为菱形,根据菱形判定定理,只需证明四边相等即可.根据对称性有 $DF = EF$,$DG = GE$,再结合 $EG \parallel CD$ 可判定 $DG = DF$,故可判定四边形四边相等,命题得证.第二问在第一问的基础上有所拓展,由子母相似(射影定理)可知 $FD^2 = AF \cdot PF$,由于 $DF = EG$,$GP = PF$,设元求解即可.

**41. 解** 由旋转性质可知∠$ECF$ = ∠$ACB$.
∵ $AD \parallel BC$,
∴ ∠$GAC$ = ∠$ACB$,
∴ ∠$FCG$ = ∠$CAG$(图 4.64).
∵ ∠$AGC$ = ∠$CGF$,
∴ △$AGC$ ∽ △$CGF$(AA),
∴ $CG^2 = AG \cdot GF$.
∵ $FC = BC = 5$,$DC = AB = 3$,
∴ $FD = 4$.
设 $GD = x$,则 $AG = 5 - x$,$FG = 4 - x$.
∵ $CG^2 = DC^2 + GD^2 = 9 + x^2$,
∴ $(5 - x)(4 - x) = 9 + x^2 \Rightarrow x = \dfrac{11}{9}$.

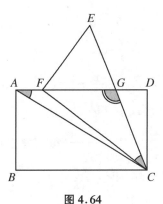

图 4.64

本题的解法有多种,这种子母相似加勾股定理的解法相对简洁一些.首先要把握△AGC∽△CGF,这是核心的思路,同时利用相似的性质和勾股定理得到 $CG^2 = DC^2 + GD^2 = AG \cdot GF$.这样一来,各条线段都可以用线段 GD 的长来表示,建立方程求解即可.

42. **解** 设∠CAB = α,由旋转性质可知∠BAD = α.

∴∠CAD = ∠ABD = 2α.

∵ AB = AD,

∴∠ADB = ∠ABD = 2α,

∴ 5α = 180°,

∴ α = 36°.

∵ 易证△BED∽△AFD(图 4.65),

∴ $\dfrac{BE}{AF} = \dfrac{BD}{AD}$.

作∠ADB 的平分线交 AB 于点 G(图 4.66).

∴∠GDB = ∠GDA = ∠GAD = α,

∴△DGB∽△ADB(AA),

∴ $\dfrac{DG}{AD} = \dfrac{GB}{BD}$.

设 DG = AG = BD = a,AD = AB = b.

∴ $\dfrac{a}{b} = \dfrac{b-a}{a}$,

∴ $\dfrac{a}{b} - \dfrac{b}{a} + 1 = 0$.

令 $\dfrac{a}{b} = t$.

∴ $t - \dfrac{1}{t} + 1 = 0$,

∴ $t^2 + t - 1 = 0$,

∴ $t = \dfrac{\sqrt{5}-1}{2}$(负值舍去),

∴ $\dfrac{BD}{AD} = \dfrac{BE}{AF} = \dfrac{a}{b} = \dfrac{\sqrt{5}-1}{2}$.

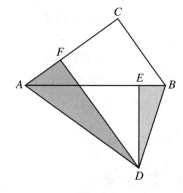

图 4.65

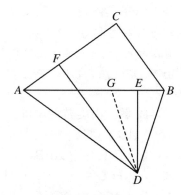

图 4.66

根据旋转性质,结合题设条件,不难得到 α = 36°,那么△ADB 为黄金三角形,则底与腰之比为黄金比,再由△BED∽△AFD 可得 $\dfrac{BE}{AF} = \dfrac{BD}{AD}$ 即可.

**43. 解** 连接 $BP$、$BD$（图 4.67）.

$\because \angle DPF = \angle DAC, \angle ADC = \angle PFD = 90°$,

$\therefore \angle BDC = \angle PDF$,

$\therefore \angle FDC + \angle BDF = \angle PDB + \angle BDF$,

$\therefore \angle FDC = \angle PDB$.

$\because \tan \alpha = \dfrac{3}{4}$.

$\therefore \sin \alpha = \dfrac{DF}{DP} = \dfrac{DC}{BD} = \dfrac{3}{5}$,

$\therefore \dfrac{DF}{DC} = \dfrac{DP}{BD}$,

$\therefore \triangle PDB \backsim \triangle FDC$,

$\therefore \dfrac{CF}{BP} = \dfrac{DC}{DB} = \dfrac{3}{5}$,

$\therefore CF = \dfrac{3}{5} BP$,

$\therefore$ 当 $CF$ 取得最小值时，$BP$ 取得最小值.

$\because$ 点 $P$ 在 $AC$ 上，

$\therefore$ 当 $BP \perp AC$ 时，$BP$ 最小（图 4.68），

$\therefore \dfrac{AP}{BP} = \tan \alpha = \dfrac{3}{4}$,

$\therefore \dfrac{AP}{CF} = \dfrac{AP}{\dfrac{3}{5}BP} = \dfrac{5}{3} \tan \alpha = \dfrac{5}{4}$.

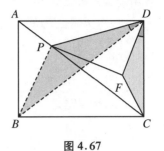

图 4.67

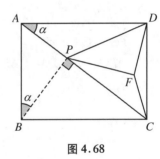

图 4.68

### 思路点拨

如果直接去研究 $CF$ 的最小值，就要去研究点 $F$ 的轨迹，相对比较烦琐. 由 $\triangle PDB \backsim \triangle FDC$ 知 $CF = \dfrac{3}{5} BP$，那么只需研究 $BP$ 的最小值即可，而 $BP$ 的最小值就容易计算了. 当 $BP \perp AC$ 时，$BP$ 最小，从而 $\dfrac{AP}{CF} = \dfrac{5}{3} \tan \alpha = \dfrac{5}{4}$.

**44. 解** 连接 $AG$（图 4.69）.

由旋转的性质可知 $\angle AEF = \angle ABC = 90°, AB = AE$.

$\because AE = EG$,

$\therefore \triangle AEG$ 为等腰直角三角形.

设 $AB = AE = CD = x$，则 $AG = \sqrt{2} x, DG = x - 4$.

$\because$ 在 Rt$\triangle AGD$ 中，$AG^2 = AD^2 + DG^2$,

$\therefore 2x^2 = (x-4)^2 + 49$,

$\therefore x = 5$（负值舍去）.

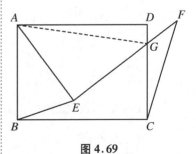

图 4.69

连接 $AC$、$AF$(图 4.70).

由旋转的性质可知 $\angle BAE = \angle CAF$, $AC = AF$.

∴ $\triangle ACF \backsim \triangle ABE$,

∴ $\dfrac{CF}{BE} = \dfrac{AC}{AB}$.

∵ $AB = 5, BC = 7$,

∴ $AC = \sqrt{74}$,

∴ $\dfrac{CF}{BE} = \dfrac{\sqrt{74}}{5}$.

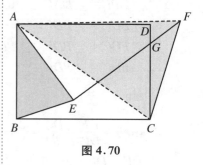

图 4.70

线段 $CF$、$BE$ 不在同一个三角形中,不便求解. 但是由旋转的性质易证 $\triangle ACF \backsim \triangle ABE$,这样问题的焦点在于矩形的宽. 由于 $\triangle AEG$ 为等腰直角三角形,在 Rt$\triangle AGD$ 中可以求解矩形的宽,有了矩形的宽,马到成功.

45. **解** (1) 作 $DM \perp AE$ 于点 $M$,$CN \perp AE$ 于点 $N$ (图 4.71).

∴ $DM // CN$,

∴ $\dfrac{DF}{FC} = \dfrac{DM}{CN} = \dfrac{4}{5}$.

∵ $AD \cdot DE = DM \cdot AE$,

∴ $DM = \dfrac{12}{5}$,

∴ $CN = 3$,

∴ $AN = 4$.

由旋转性质可知 $\angle CAN = \alpha$,

∴ $\tan \alpha = \dfrac{CN}{AN} = \dfrac{3}{4}$.

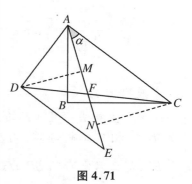

图 4.71

(2) ∵ $DM = \dfrac{12}{5}$ 为定值,

∴ $\dfrac{DF}{CF} = \dfrac{\dfrac{12}{5}}{CN}$.

当 $CN$ 取得最大值时,$\dfrac{DF}{CF}$ 有最小值.

∵ $CN \leqslant AC = 5$,

∴ $\dfrac{DF}{CF} \geqslant \dfrac{12}{25}$.

## 思路点拨

第一问利用双垂线构造平行线,将 $\dfrac{DF}{FC}$ 转化为 $\dfrac{DM}{CN}$,由于 $DM$ 易求,故 $CN$ 可求,继而解得 $\tan\alpha$. 第二问的关键在于把握"斜大于直",求得 $CN$ 的最大值,从而得出 $\dfrac{DF}{FC}$ 的最小值.

46. (1) 探究结论:$BE = 2BF$.

**证** 作 $CH \perp AB$ 于点 $H$,延长 $CD$ 交 $BE$ 于点 $G$(图 4.72).

∵ $AC = CF$,
∴ $\angle FCH = \angle ACH$.
∵ $\angle BCA = 90°$,
∴ $\angle ABC = \angle ACH$.
由旋转性质可知 $\angle ABC = \angle AED$.
设 $\angle FCH = \angle ACH = \alpha$,则 $\angle ACD = \angle ADC = 2\alpha$.
∵ 易证 $\triangle ACD \sim \triangle ABE$,
∴ $\angle ABE = \angle AEB = 2\alpha$,
∴ $\angle GED = \angle FBC = \alpha$.
∵ $\angle GDE + 2\alpha = \angle FCB + 2\alpha = 90°$,
∴ $\angle GDE = \angle FCB$.
∵ 在 $\triangle FBC$ 与 $\triangle GED$ 中,

$$\begin{cases} \angle FBC = \angle GED \\ BC = ED \\ \angle FCB = \angle GDE \end{cases},$$

∴ $\triangle FBC \cong \triangle GED$ (ASA),
∴ $BF = EG$.
∵ 易证 $\triangle ACF \sim \triangle GBF$(图 4.73),
∴ $FB = GB$,
∴ $BF = BG = GE$,
∴ $BE = 2BF$.

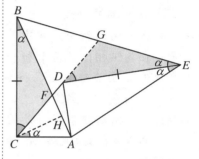

图 4.72

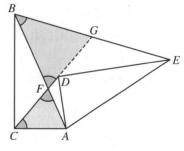

图 4.73

(2) **解** ① 作 $CM \perp AB$ 于点 $M$(图 4.74).
∵ $\tan\angle ABC = \dfrac{1}{3}$, $AB = 10$,
∴ $AC = CF = \sqrt{10}$.
∵ $\angle ABC = \angle ACM$,
∴ $AM = 1$,
∴ $AF = 2AM = 2$,
∴ $BF = AB - AF = 8$,

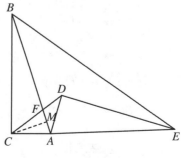

图 4.74

∴ $BE = 2BF = 16$.

② ∵ $\triangle ACD \backsim \triangle ABE$,

∴ $\dfrac{AC}{AB} = \dfrac{CD}{BE} = \dfrac{1}{\sqrt{10}}$,

∴ $CD = \dfrac{16}{\sqrt{10}}$.

∵ $CF = \sqrt{10}$,

∴ $DF = CD - CF = \dfrac{6}{\sqrt{10}}$,

∴ $\dfrac{DF}{CF} = \dfrac{3}{5}$.

**思路点拨**

第一问的结论是解决第二问的关键.本题的特点是存在多组相似三角形和一组全等三角形.△ACD∽△ABE 是由旋转△ABC 得到的,延长 CD 交 BE 于点 G 以后可判定△ACF∽△GBF 和△FBC≌△GED,这就为解决问题提供了有效的数量关系.第二问根据第一问的探究结论,速解 BE,再求 CD 即可,从而最终解决问题.

47. **解** 作 $DH \perp BC$ 于点 $H$(图 4.75).

∵ $AC \parallel DH$,

∴ $\angle ACD = \angle CDH$.

∵ $DG \parallel EF$,

∴ $\angle DGC = \angle F = 60°$,

∴ $\angle DGC = \angle DAC = 60°$,

∴ $A$、$G$、$C$、$D$ 四点共圆,

∴ $\angle AGD = \angle ACD$,$\angle GAD = \angle GCD = 90°$,

∴ $\angle AGD = \angle HDC$,

∴ $\triangle AGD \backsim \triangle HDC$(AA),

∴ $\dfrac{S_{\triangle AGD}}{S_{\triangle HDC}} = \left(\dfrac{GD}{DC}\right)^2 = \left(\dfrac{2}{\sqrt{3}}\right)^2 = \dfrac{4}{3}$,

∴ $S_{\triangle HDC} = \dfrac{3}{4} S_{\triangle AGD} = \dfrac{1}{8} S_{\triangle ABC}$.

设 $BH = x$,$CH = y$.

∴ $BC = x + y$,$DH = \dfrac{x}{\sqrt{3}}$,$AC = \dfrac{x+y}{\sqrt{3}}$,

∴ $\dfrac{xy}{\sqrt{3}} = \dfrac{(x+y)^2}{8\sqrt{3}}$,

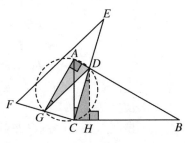

图 4.75

∴ $\left(\dfrac{x}{y}\right)^2 - \dfrac{6x}{y} + 1 = 0$,

∴ $\dfrac{x}{y} = 3 + 2\sqrt{2}$(负值舍去).

∵ $AC \parallel DH$,

∴ $\dfrac{BH}{CH} = \dfrac{BD}{AD} = 3 + 2\sqrt{2}$.

**思路点拨**

本题的条件非常少,直接的数量关系只有 $S_{\triangle AGD} = \dfrac{1}{6} S_{\triangle ABC}$,由于这两个三角形比较分散,不利于求解,因此我们就要寻求一个中间量,即可以与这两个三角形都有确定关系的三角形.沿着这个思路,我们发现 $A$、$G$、$C$、$D$ 四点共圆,继而作 $DH \perp BC$ 于点 $H$,即有 $\triangle AGD \backsim \triangle HDC$.这样一来,桥梁搭建起来了,数量关系找到了,再结合题目条件可知 $\dfrac{BH}{CH} = 3 + 2\sqrt{2}$,从而解决问题.

**48. 解** (1) 作 $BM \perp AG$ 于点 $M$(图 4.76).

∴ $\triangle BME \backsim \triangle ACE$(AA),

∴ $\dfrac{BE}{AE} = \dfrac{ME}{CE}$.

∵ $BE = CE$,

∴ $BE^2 = ME \cdot AE$.

设 $AC = 8k$,则 $BC = 6k$.

∴ $BE = CE = 3k$.

∵ Rt$\triangle FBG \backsim$ Rt$\triangle ABC$,相似比为 $1:2$,

∴ $BG = 3k$,$GF = 4k$,$BF = 5k$,

∴ $AE = \sqrt{73}k$,

∴ $9k^2 = ME \cdot \sqrt{73}k$,

∴ $ME = \dfrac{9}{\sqrt{73}}k$.

∵ $BG = BE = 3k$,

∴ $GE = \dfrac{18}{\sqrt{73}}k$,

∴ $\dfrac{GE}{AE} = \dfrac{18}{73}$,

∴ $\dfrac{GE}{AG} = \dfrac{18}{91}$.

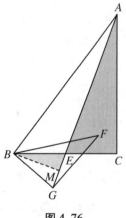

图 4.76

(2) 由旋转性质可知 $\angle ABF = \angle CBG$.

∵ $\angle AGB = \angle ACB = 90°$,

∴ 点 $A$、$B$、$G$、$C$ 在以 $AB$ 为直径的圆上(图4.77),

∴ $\angle BCG = \angle BAF$,

∴ $\triangle BCG \backsim \triangle BAF$(AA),

∴ $\dfrac{CG}{AF} = \dfrac{BG}{BF} = \dfrac{3k}{5k} = \dfrac{3}{5}$.

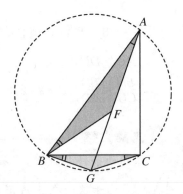

图 4.77

### 思路点拨

第一问的关键在于发现 $BG = BE$,遇等腰作垂线是常规操作.这样一来,判定 $\triangle BME \backsim \triangle ACE$ 不是难事,有了这个相似,那么线段之间的数量关系就明朗了,问题即可解决.第二问主要考查旋转性质以及两个直角三角形共斜边情况下的共圆结论.把握住这两点,便有了 $\triangle BCG \backsim \triangle BAF$,从而解决问题.

49. **解** (1) 设 $\angle ACB = \alpha$(图4.78).

∴ $\angle ACD = \angle ADC = 90° - \alpha$,

∴ $\angle DAC = 2\alpha$.

由旋转性质可知 $\angle E = \alpha$,$EF \perp AC$.

∵ $AM = ME$,

∴ $\angle EAM = \angle E = \alpha$,

∴ $\angle AMF = 2\alpha = \angle DAC$,

∴ $\triangle AMF$ 为等腰直角三角形,

∴ $2\alpha = 45°$,

∴ $\alpha = 22.5°$.

设 $AF = MF = k$.

∴ $AM = ME = \sqrt{2}k$,

∴ $FE = (\sqrt{2}+1)k$,

∴ $\tan E = \tan \angle ACB = \dfrac{AF}{EF} = \sqrt{2} - 1$.

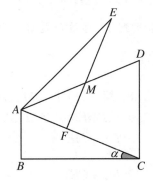

图 4.78

(2) ∵ $\angle ACB = 22.5°$,

∴ $\angle BAC = 67.5°$.

∵ $AB = BF$,

∴ $\angle ABF = 45°$,

∴ $BF$ 平分 $\angle ABC$.

作 $FM \perp BC$ 于点 $M$,$FN \perp AB$ 于点 $N$(图4.79).

∴ $NF = MF$,

∴ $\dfrac{S_{\triangle ABF}}{S_{\triangle BCF}} = \dfrac{NF \cdot AB}{MF \cdot BC} = \dfrac{AB}{BC} = \tan \angle ACB$.

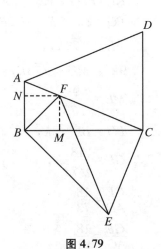

图 4.79

(3) 由(2)可知

$$\frac{S_{\triangle ABF}}{S_{\triangle BCF}} = \tan \angle ACB = \sqrt{2} - 1 = \frac{1}{1+\sqrt{2}}.$$

∵ 易证△ABF∽△CBE,

∴ $\frac{S_{\triangle ABF}}{S_{\triangle BCE}} = \frac{AB^2}{BC^2} = \frac{1}{3+2\sqrt{2}}.$

设 $S_{\triangle ABF} = 1$.

∴ $S_{\triangle BCF} = 1+\sqrt{2}, S_{\triangle BCE} = 3+2\sqrt{2},$

∴ $S_{BECF} = S_{\triangle BCF} + S_{\triangle BCE} = 4+3\sqrt{2},$

∴ $\frac{S_{\triangle ABF}}{S_{BECF}} = \frac{1}{4+3\sqrt{2}} = \frac{3\sqrt{2}-4}{2}.$

**思路点拨**

第一问的关键在于利用旋转性质推导出△AMF为等腰直角三角形,之后再求解就容易许多. 第二问在第一问的基础上,利用角平分线性质结合面积比求解. 第三问将四边形 BECF 分割成△BCF 与△BCE, 分别求出它们与△ABF 的面积比即可解决问题.

50. 解 (1) ∵ $FE = ED$,

∴ CE 为 Rt△CDF 斜边上的中线,

∴ $CE = EF = ED$,

∴ $\angle D = \angle ECD$.

由旋转性质可知$\angle B = \angle D, BC = CD$(图 4.80).

∴ $\angle ECD = \angle B$,

∴ $CD \parallel AB$.

设 $AC = 3k$, 则 $BC = 4k, AB = FD = 5k$.

∴ $CE = ED = \frac{5}{2}k$,

∴ $BE = \frac{3}{2}k$,

∴ $\frac{BG}{BC} = \frac{BG}{CD} = \frac{BE}{CE} = \frac{3}{5}.$

(2) 作 $DH \perp BC$ 于点 $H$(图 4.81).

∵ 旋转角为 30°,

∴ $\angle ACF = \angle BCD = 30°.$

∵ $CD = CB = 4k,$

∴ $DH = 2k, CH = 2\sqrt{3}k,$

∴ $BH = 4k - 2\sqrt{3}k,$

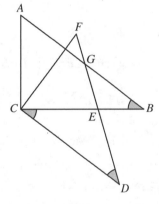

图 4.80

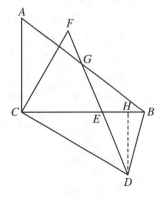

图 4.81

$$\therefore \tan \angle CBD = \frac{DH}{BH} = \frac{2}{4-2\sqrt{3}} = 2+\sqrt{3}.$$

(3) 作 $CM \perp AB$ 于点 $M$,连接 $BD$(图 4.82).

$\because AC = FC = 3k$,

$\therefore AM = MF$.

$\because \tan B = \frac{3}{4}$,

$\therefore \cos A = \frac{3}{5}$,

$\therefore AM = AC \cdot \cos A = \frac{9}{5}k$,

$\therefore AF = 2AM = \frac{18}{5}k, BF = AB - AF = \frac{7}{5}k.$

$\because$ 易证 $\triangle ACF \backsim \triangle BCD$,

$\therefore \angle CBD = \angle A$,

$\therefore \angle ABC + \angle CBD = \angle ABC + \angle A = 90°$,

$\therefore \angle FBD = 90°$.

$\because DF = AB = 5k$,

$\therefore BD = \frac{24}{5}k$.

$\because$ 易证 $\triangle CEF \backsim \triangle DEB$(AA),

$\therefore \frac{EF}{BE} = \frac{CF}{BD} = \frac{5}{8}.$

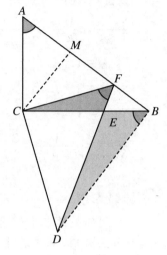

图 4.82

**思路点拨**

第一问只要从角度入手,抓住平行的特点,即可轻松破解.第二问是解三角形,把握旋转角不是困难的事情.第三问的难点有两个:求 $BD$ 和利用反 8 字形相似.

51. **解** 设正方形 $ABCD$ 的边长为 1, $CE = n (n \leqslant 1)$.

$\because AB \parallel CD$(图 4.83),

$\therefore \frac{CE}{AB} = \frac{EF}{BF} = \frac{FC}{AF} = n,$

$\therefore \frac{S_{\triangle BCF}}{S_{\triangle BCE}} = \frac{1}{n+1}, \frac{S_{\triangle CEF}}{S_{\triangle BCE}} = \frac{n}{n+1},$

$\therefore S_{\triangle BCF} = \frac{1}{n+1} S_{\triangle BCE}, S_{\triangle CEF} = \frac{n}{n+1} S_{\triangle BCE},$

$\therefore S_1 = \frac{1-n}{1+n} \cdot S_{\triangle BCE} = \frac{1}{2} \cdot \frac{(1-n)n}{1+n}.$

$\because \frac{S_{\triangle ABF}}{S_{\triangle ABC}} = \frac{AF}{AC} = \frac{1}{n+1},$

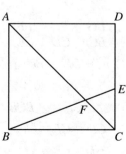

图 4.83

$\therefore S_{\triangle ABF} = \frac{1}{2} \cdot \frac{1}{1+n} = S_2,$

$\therefore \frac{S_1}{S_2} = (1-n) \cdot n = -n^2 + n = -\left(n - \frac{1}{2}\right)^2 + \frac{1}{4},$

$\therefore$ 当 $E$ 为 $CD$ 的中点时,$\frac{S_1}{S_2}$ 取得最大值 $\frac{1}{4}$.

**思路点拨**

本题的关键是解出 $\frac{S_1}{S_2}$ 的函数表达式. 首先利用平行线分线段成比例定理得到 $\frac{CE}{AB} = \frac{EF}{BF} = \frac{CF}{AF} = n$,再根据等底同高得到 $\triangle BCF$ 和 $\triangle CEF$ 的数量关系. 先求解 $S_1$,相对而言 $S_2$ 容易求解,这样一来,$\frac{S_1}{S_2} = (1-n) \cdot n$,从而轻松解决问题.

52. **解** 延长 $PE$ 交 $CD$ 的延长线于点 $Q$(图 4.84).

设 $AP = x$,易知 $2.5 \leqslant x \leqslant 10$.

$\because AC = 5AG,$

$\therefore \frac{AG}{GC} = \frac{1}{4}.$

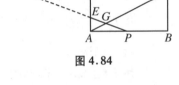

图 4.84

$\because QC \parallel AB,$

$\therefore \frac{AP}{QC} = \frac{AG}{GC},$

$\therefore QC = 4x,$

$\therefore DQ = 4x - 10.$

设 $AE = y$,则 $DE = 5 - y$.

$\because QD \parallel AP,$

$\therefore \frac{5-y}{4x-10} = \frac{y}{x},$

$\therefore y = \frac{x}{x-2},$

$\therefore S_{\triangle AEP} = \frac{1}{2} AP \cdot AE = \frac{1}{2} \cdot \frac{x^2}{x-2} (2.5 \leqslant x \leqslant 10).$

令 $x - 2 = t (0.5 \leqslant t \leqslant 8).$

$\therefore S_{\triangle AEP} = \frac{1}{2} \cdot \frac{(t+2)^2}{t} = \frac{1}{2}\left(t + \frac{4}{t}\right) + 2 = \frac{1}{2}\left(\sqrt{t} - \frac{2}{\sqrt{t}}\right)^2 + 4.$

当 $\sqrt{t} = \frac{2}{\sqrt{t}}$,即 $t = 2$,$x = 4$ 时,$\triangle AEP$ 的面积有最小值 4.

## 思路点拨

$S_{\triangle AEP} = \frac{1}{2}AP \cdot AE$，如果可以判定 $AP$ 和 $AE$ 之间存在某种函数关系，那么本题可解. 沿着这个思路，利用平行线分线段成比例定理，不难得出 $S_{\triangle AEP} = \frac{1}{2} \cdot \frac{x^2}{x-2}$，到了这一步就比较棘手了. 对于 $\frac{ax^2+bx+c}{dx+e}(a\neq 0, d\neq 0)$ 分式型（最简分式），求取值范围，一般情况下采用换元法求最值. 以本题为例，通过换元可得 $S_{\triangle AEP} = \frac{1}{2}\left(t+\frac{4}{t}\right)+2$，在初中阶段可以利用配方法求解，另外还可以利用基本不等式求解.

53. **解** (1) 延长 $EH$ 交 $BG$ 于点 $M$（图 4.85）.

设 $EF = 2x$，则 $EC = 2x$.

∵ $EF \parallel BC$，

∴ $\frac{BM}{EF} = \frac{BH}{FH} = \frac{MH}{EH} = \frac{1}{2}$，

∴ $BM = x$，$EH = \frac{2}{3}EM$，

∴ $MC = 15 - x$.

∵ 在 Rt$\triangle EMC$ 中，$EM^2 = MC^2 + EC^2$，

∴ $EM = \sqrt{(15-x)^2 + 4x^2} = \sqrt{5} \cdot \sqrt{(x-3)^2 + 36}$，

∴ $EM \geq 6\sqrt{5}$，

∴ $EH = \frac{2}{3}EM \geq 4\sqrt{5}$.

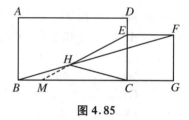

图 4.85

(2) 作 $HN \perp BG$ 于点 $N$（图 4.86）.

∵ $HN \parallel GF$，

∴ $\frac{HN}{FG} = \frac{BN}{BG} = \frac{BH}{BF} = \frac{1}{3}$.

设 $HN = x$.

∴ $FG = CG = 3x$，$BG = BC + CG = 15 + 3x$，

∴ $BN = \frac{1}{3}BG = 5 + x$，

∴ $NC = BC - BN = 10 - x$.

∵ 在 Rt$\triangle HNC$ 中，$CH^2 = HN^2 + NC^2$，

∴ $CH = \sqrt{x^2 + (10-x)^2} = \sqrt{2} \cdot \sqrt{(x-5)^2 + 25}$，

∴ $(CH)_{\min} = 5\sqrt{2}$.

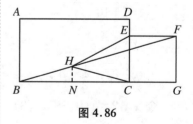

图 4.86

### 思路点拨

二次函数是研究变量的有力武器,数形结合是重要的数学思想.本题利用平行线分线段成比例定理,将相关线段都用某条线段的长度表示出来,利用勾股定理建立函数关系,最终解得最值.

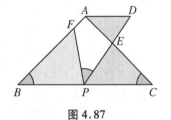

图 4.87

**54.** 解 ∵ $AD \parallel BC$,

∴ $\triangle ADE \backsim \triangle CPE$.

∵ 易证$\triangle BFP \backsim \triangle CPE$(图 4.87),

∴ $\dfrac{BF}{BP} = \dfrac{PC}{CE} = \dfrac{BC-BP}{AC-AE}$,

∴ $\triangle ADE \backsim \triangle BFP$,

∴ $\dfrac{AD}{AE} = \dfrac{BF}{BP}$,

∴ $AE \cdot BF = 6BP$.

∵ $BC = 18$,

∴ $AB = AC = 9\sqrt{2}$,

∴ $\dfrac{BF}{BP} = \dfrac{18-BP}{9\sqrt{2}-AE}$,

∴ $BF \cdot (9\sqrt{2} - AE) = 18BP - BP^2$,

∴ $9\sqrt{2}BF = 24BP - BP^2$.

设 $AF = y, BP = x$.

∴ $9\sqrt{2}(9\sqrt{2} - y) = -x^2 + 24x$,

∴ $y = \dfrac{(x-12)^2 + 18}{9\sqrt{2}} \geqslant \sqrt{2}$.

### 思路点拨

本题的关键在于$\triangle ADE$、$\triangle CPE$、$\triangle BFP$ 两两相似,但是条件不同,一组是由平行产生的相似,另一组是"一线三等角"相似,由这两组相似产生了数量关系.由平行型相似,我们得到 $AE \cdot BF = 6BP$;由"一线三等角"相似,我们得到 $BF \cdot (9\sqrt{2} - AE) = 18BP - BP^2$.那么 $AF$ 和 $BP$ 之间就是二次函数关系,利用二次函数解决问题是必然的.

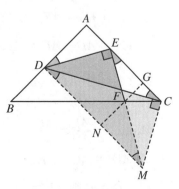

图 4.88

**55.** (1) 探究结论:$CF = \sqrt{2}(AD - AE)$.

**证 1** 过点 $C$ 作 $DC$ 的垂线,交 $EF$ 的延长线于点 $M$,连接 $DM$,过点 $F$ 作 $AC$ 的垂线交 $AC$ 于点 $G$,交 $DM$ 于 $N$(图 4.88).

∵ 易证$\angle FEG = \angle ADE = \beta$,

∵ ∠DEM = ∠DCM = 90°,
∴ D、M、C、E 在以 DM 为直径的圆上,
∴ ∠CDM = ∠CEM = ∠EMD = ∠ACD = β,
∴ DM ∥ AC,
∴ 四边形 ADNG 为矩形.
∵ 易证△DEM≌△MCD(AAS),
∴ DE = MC.
∵ ∠DCB = 45° − β,
∴ ∠FCM = 45° + β.
∵ ∠EFB = ∠FEC + ∠ACB = 45° + β = ∠CFM,
∴ ∠FCM = ∠CFM,
∴ MC = MF = DE,
∴ △ADE≌△NMF(图 4.89),
∴ NF = AE,
∴ AD = GF + NF = GF + AE.
∵ △FGC 为等腰直角三角形,
∴ $FG = \dfrac{FC}{\sqrt{2}}$,
∴ $CF = \sqrt{2}(AD - AE)$.

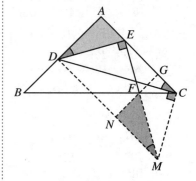

图 4.89

证2 作 FG⊥AC 于点 G,则△FGC 为等腰直角三角形(图 4.90).

设 AB = AC = 1, AD = a(a<1).

∴ $\tan\beta = \dfrac{AE}{AD} = \dfrac{AD}{AC} \Rightarrow AE = a^2, \tan\beta = a$.

∵ 易证∠FEG = β,

∴ $\tan\angle FEG = \dfrac{FG}{EG} = a$.

设 EG = x,则 FG = CG = ax.

∴ $EC = x + ax = 1 - a^2$,

∴ $(1 + a)x = (1 + a)(1 - a)$,

∴ EG = 1 − a = BD.

∵ AD + BD = AE + EG + GC,

∴ $GC = AD - AE = \dfrac{FC}{\sqrt{2}}$,

∴ $CF = \sqrt{2}(AD - AE)$.

(2) ∵ ∠ADE = ∠ACD = β,

∴ $\tan\beta = \dfrac{AE}{AD} = \dfrac{AD}{AC}$,

∴ $AD^2 = AC \cdot AE$.

设 AD = a,则 $AE = \dfrac{a^2}{4}$.

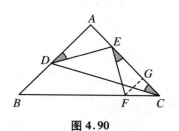

图 4.90

由(1)可知
$$CF = \sqrt{2}(AD - AE) = \sqrt{2}\left(a - \frac{a^2}{4}\right).$$
$\therefore BF = BC - CF = \frac{\sqrt{2}}{4}(a-2)^2 + 3\sqrt{2},$
$\therefore BF \geqslant 3\sqrt{2}.$

根据探究的结论 $CF = \sqrt{2}(AD - AE)$,结合母子相似可知 $AD^2 = AC \cdot AE$.那么 $BF$ 和 $AD$ 之间存在二次函数关系,利用配方法求最小值即可.对于探究结论的证明,第二种方法较简洁,值得借鉴.

56. **解** 在线段 $BC$ 上取点 $D$,使得 $AC = 2CD$(图 4.91).
$\therefore \dfrac{CD}{AC} = \dfrac{AC}{BC} = \dfrac{1}{2},$
$\therefore \dfrac{CD}{BD} = \dfrac{1}{3}.$
$\because \angle ACD = \angle BCA,$
$\therefore \triangle ACD \backsim \triangle BCA,$
$\therefore \dfrac{AC}{BC} = \dfrac{AD}{AB} = \dfrac{1}{2},$
$\therefore AD = \dfrac{1}{2}AB = 3.$
$\therefore \dfrac{S_{\triangle ABD}}{S_{\triangle ABC}} = \dfrac{BD}{BC} = \dfrac{3}{4},$
$\therefore S_{\triangle ABC} = \dfrac{4}{3} S_{\triangle ABD}.$

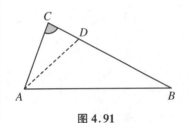

图 4.91

作 $DE \perp AB$ 于点 $E$(图 4.92).
$\therefore S_{\triangle ABD} = \dfrac{1}{2} DE \cdot AB.$
$\because DE \leqslant AD = 3,$
$\therefore S_{\triangle ABD} \leqslant 9,$
$\therefore S_{\triangle ABC} = \dfrac{4}{3} S_{\triangle ABD} \leqslant 12.$

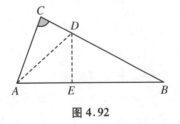

图 4.92

本题的关键在于利用 $\angle C$ 为共角构造子母相似.首先判定 $AD$ 为定值,将问题转化为求 $\triangle ABD$ 的面积最大值.由于 $AD$、$AB$ 均为定值,且共一个顶点,$\triangle ABD$ 的面积最大值相对来说要好解得多,再利用 $S_{\triangle ABC} = \dfrac{4}{3} S_{\triangle ABD}$ 解得 $\triangle ABC$ 的面积最大值.

**57. 解** （1）取 $OB$ 的中点 $N$，作 $NH \perp AD$ 于点 $H$，连接 $AC$、$OM$、$MN$（图 4.93）.

∵ $AB$ 为 $\odot O$ 的直径，

∴ $\angle ACB = \angle ADB = 90°$,

∴ $NH \parallel BD$.

∵ $AO = BO$，$BM = CM$,

∴ $AC \parallel OM$,

∴ $\angle OMB = 90°$.

∵ $ON = BN$,

∴ $MN$ 为 Rt$\triangle OMB$ 斜边上的中线,

∴ $MN = ON = BN = \dfrac{3}{2}$,

∴ $NH \leqslant MN = \dfrac{3}{2}$.

∵ $\dfrac{NH}{BD} = \dfrac{AN}{AB} = \dfrac{3}{4}$,

∴ $BD = \dfrac{4}{3}NH \leqslant 2$.

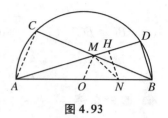

图 4.93

（2）作 $MP \perp BM$ 交 $AB$ 于点 $P$，连接 $AC$（图 4.94）.

∴ $MP \parallel AC$,

∴ $\dfrac{BP}{AP} = \dfrac{BM}{MC} = 2$,

∴ $BP = 2AP = 4$.

取 $BP$ 的中点 $N$，作 $NH \perp AD$ 于点 $H$，连接 $MN$.

∴ $NH \parallel BD$，$MN$ 为 Rt$\triangle PMB$ 斜边上的中线,

∴ $PN = BN = MN = 2$,

∴ $NH \leqslant MN = 2$.

∵ $\dfrac{NH}{BD} = \dfrac{AN}{AB} = \dfrac{2}{3}$,

∴ $BD = \dfrac{3}{2}NH \leqslant 3$.

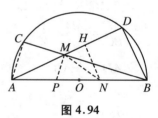

图 4.94

第一问与第二问既有联系也有区别．共同的方法就是构造平行线，利用平行线分线段成比例定理，结合直角三角形的性质，解得斜边上的中线长为定值，再根据斜边大于直角边，解得 $NH$ 的长度．$NH$ 与 $BD$ 之间是线性关系，由此解得 $BD$ 最大值.

**58. 解** 在射线 $AD$ 上取点 $M$，使得 $ME = 2AF$，连接 $MG$（图 4.95）.

∵ $EG = 2EF$,

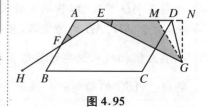

图 4.95

$\therefore \dfrac{EF}{EG} = \dfrac{AF}{ME} = \dfrac{1}{2}$,

$\therefore \dfrac{EF}{AF} = \dfrac{EG}{EM}$.

$\because \angle AFE + \angle AEF = \angle MEG + \angle AEF = 60°$,

$\therefore \angle AFE = \angle MEG$,

$\therefore \triangle AFE \sim \triangle MEG$,

$\therefore \dfrac{AF}{ME} = \dfrac{AE}{MG} = \dfrac{1}{2}$,

$\therefore MG = 2AE = 2\sqrt{3}, \angle FAE = \angle EMG = 120°$.

作 $GN \perp AD$ 于点 $N$.

$\because \angle EMG = 120°$,

$\therefore \angle GMD = 60°$.

$\because MG = 2\sqrt{3}$,

$\therefore GN = 3$,

$\therefore GD \geqslant GN = 3$.

#### 思路点拨

本题利用"一线三等角"相似模型可知 $MG = 2\sqrt{3}$ 为定值,同时 $\angle GMD = 60°$,那么点 $G$ 到 $AD$ 的距离 $GN = 3$ 为定值,利用"斜边大于直角边"可知 $GD \geqslant GN = 3$. 本题的突破点在于 $\angle A = \angle FEG = 120°$. 这是非常典型的构造一角形成一线三等角的类型. 由于 $EG = 2EF$,取点 $M$ 使得 $ME = 2AF$,即可构造 $\triangle AFE \sim \triangle MEG$.

59. **解** 取点 $E(-1,0)$, 连接 $EB$ (图 4.96).

$\because \dfrac{OE}{OC} = \dfrac{OB}{OA} = \dfrac{1}{2}$,

$\therefore \dfrac{OE}{OB} = \dfrac{OC}{OA}$.

$\because \angle EOB = \angle COA = 90°$,

$\therefore \triangle EOB \sim \triangle COA$,

$\therefore \dfrac{OE}{OC} = \dfrac{EB}{CA} = \dfrac{1}{2}$,

$\therefore AC = 2EB$,

$\therefore AC + 2BD = 2(EB + BD) \geqslant 2ED$.

$\because E(-1,0), D\left(\dfrac{3}{2}, -\dfrac{5}{2}\right)$,

$\therefore ED = \dfrac{5\sqrt{2}}{2}$,

$\therefore AC + 2BD \geqslant 5\sqrt{2}$.

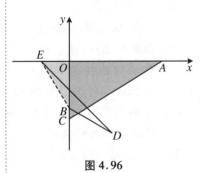

图 4.96

#### 思路点拨

由于 $AC$、$BD$ 没有公共端点,解决问题比较困难,因此我们就要另辟蹊径,将 $\triangle AOC$ 顺时针旋转 $90°$ 并按照 $2:1$ 的比例缩小,得到 $\triangle BOE$. 这样一来,可知 $AC = 2EB$,继而利用三角形三边关系解决问题.

60. **解** 作 $GC \perp BC$,在射线 $CG$ 上取点 $G$,使得 $GC = 2BC$,连接 $BG$(图 4.97).

∵ 四边形 $ABCD$ 为菱形,$AC$ 为对角线,

∴ $\angle EAD = \dfrac{1}{2}\angle BAD = 30°$.

∵ $BC \perp GC$, $\angle BCD = 60°$,

∴ $\angle FCG = 30°$.

∴ $\dfrac{BC}{GC} = \dfrac{AD}{GC} = \dfrac{AE}{FC} = \dfrac{1}{2}$,

∴ $\dfrac{AD}{AE} = \dfrac{GC}{FC}$,

∴ $\triangle ADE \sim \triangle CGF$,

∴ $\dfrac{DE}{GF} = \dfrac{AE}{CF} = \dfrac{1}{2}$,

∴ $GF = 2DE$,

∴ $BF + 2DE = BF + GF \geqslant BG$.

∵ $BC = 4$, $GC = 8$,

∴ $BG = 4\sqrt{5}$,

∴ $BF + 2DE \geqslant 4\sqrt{5}$.

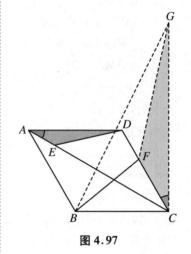

图 4.97

#### 思路点拨

由于 $BF$、$DE$ 两条线段没有公共端点,求 $BF + 2DE$ 的最值就有困难. 注意到 $\angle EAD = \angle FCG$ 和 $CF = 2AE$,我们尝试构造相似三角形,将 $BC$ 扩大两倍即可得到 $GF = 2DE$,此时两条线段就有了公共端点,将问题转化为求两个定点之间的最短距离.

特别要注意的是,不能将本题与"胡不归"问题混淆了. 解题思路不对,无论如何也不能解决问题.

61. **解** 在 $BC$ 的延长线上取点 $H$,使得 $CH = BC$,连接 $DB$、$BF$、$HF$(图 4.98).

∵ $EF = BE$, $BE \perp EF$,

∴ $\triangle BEF$ 为等腰直角三角形.

∵ $BH = 2BC$, $DB = \sqrt{2}BC$,

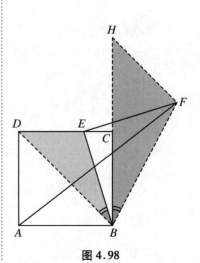

图 4.98

∴ $\dfrac{DB}{BH} = \dfrac{BE}{BF} = \dfrac{1}{\sqrt{2}}$,

∴ $\dfrac{DB}{BE} = \dfrac{BH}{BF}$.

∵ $\angle DBE + \angle EBC = \angle HBF + \angle EBC = 45°$,

∴ $\angle DBE = \angle HBF$,

∴ $\triangle DBE \backsim \triangle HBF$,

∴ $\angle BHF = \angle BDE = 45°$ 为定值,即定点 $H$ 与动点 $F$ 的连线始终与直线 $BC$ 成 $45°$ 夹角,亦即点 $F$ 在直线 $HF$ 上运动.

作 $AM \perp HF$ 于点 $M$(图 4.99).

∴ $AF \geqslant AM$.

∵ $\angle BHF = \angle DBH = 45°$,

∴ $DB \parallel HF$,$AM \perp HF$,

∴ $AM \perp DB$.

∵ $AC \perp DB$,

∴ $A$、$C$、$M$ 三点共线,

∴ $CM = \dfrac{CH}{\sqrt{2}} = \sqrt{2}$,

∴ $AM = AC + CM = 3\sqrt{2}$,

∴ $(AF)_{\min} = 3\sqrt{2}$.

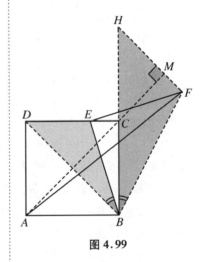

图 4.99

### 思路点拨

本题的关键是求出动点 $F$ 的运动轨迹.通过构造"手拉手"旋转相似三角形,得到 $\triangle DBE \backsim \triangle HBF$,继而可以判断出定点 $H$ 与动点 $F$ 的连线始终与直线 $BC$ 成 $45°$ 角,这样一来就解决了点 $F$ 的运动轨迹,从而将问题转化为定点 $A$ 到定直线的最短距离问题.在求解 $AM$ 时,不能忽略三点共线的证明,这一点要特别注意.

**62.解** 连接 $OB$,以 $OB$ 为斜边在 $OB$ 上方作等腰 Rt $\triangle OBD$,连接 $AO$、$CD$(图 4.100).

∵ $\angle ABO + \angle ABD = \angle CBD + \angle ABD = 45°$,

∴ $\angle ABO = \angle CBD$.

∴ $\dfrac{AB}{BC} = \dfrac{OB}{BD} = \sqrt{2}$,

∴ $\dfrac{AB}{OB} = \dfrac{BC}{BD}$,

∴ $\triangle ABO \backsim \triangle CBD$,

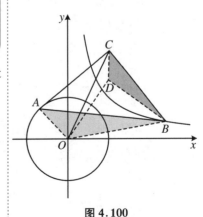

图 4.100

∴ $\dfrac{AO}{CD} = \dfrac{BO}{BD} = \sqrt{2}$,

∴ $CD = \sqrt{2}$.

设 $B\left(x, \dfrac{4}{x}\right)$.

∴ $OB^2 = x^2 + \dfrac{16}{x^2} = \left(x - \dfrac{4}{x}\right)^2 + 8 \geqslant 8$.

当且仅当 $x = \dfrac{4}{x}$,即 $x = 2$ 时,上述不等式取等号.

∴ $OB \geqslant 2\sqrt{2}$,

∴ $OD = \dfrac{OB}{\sqrt{2}} \geqslant 2$.

∵ $OC \geqslant OD - CD$,

∴ $OC \geqslant 2 - \sqrt{2}$.

当 $B(2,2)$,且 $O$、$D$、$C$ 三点共线时,$OC$ 取得最小值.

**思路点拨**

点 $A$、$B$ 的运动轨迹不同,直接导致点 $C$ 的运动轨迹无法确定,这就给解决问题造成了困难.若想利用轨迹法求得 $CD$ 最小值,显然不能.采用旋转相似的办法,通过构造等腰 $Rt\triangle OBD$,解得 $CD = \sqrt{2}$ 为定值,这就为解决问题带来了一丝曙光.利用三角形三边关系,得到 $OC \geqslant OD - CD$,从而求得 $OC$ 最小值,大功告成.

63. **解** 根据翻折的性质可知 $BF = BE = 2$.

∴ 点 $F$ 在以点 $B$ 为圆心、2 为半径的 ⊙$B$ 上运动.

取 $BE$ 的中点 $H$,连接 $HF$、$DH$(图 4.101).

∵ $\dfrac{FB}{BH} = \dfrac{BC}{FB} = 2, \angle FBH = \angle CBF$,

∴ $\triangle FBH \backsim \triangle CBF$,

∴ $\dfrac{FH}{CF} = \dfrac{BH}{BF} = \dfrac{1}{2}$,

∴ $FH = \dfrac{1}{2}CF$,

∴ $DF + \dfrac{1}{2}CF = DF + FH \geqslant DH$.

∵ $HC = 3, DC = 4$,

∴ $DH = 5$,

∴ $\left(DF + \dfrac{1}{2}FC\right)_{\min} = 5$.

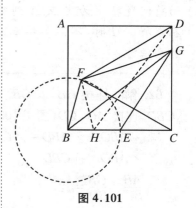

图 4.101

本题是比较典型的阿氏圆问题.根据翻折的性质可知:点 $F$ 在以点 $B$ 为圆心、2 为半径的 $\odot B$ 上运动,且 $\dfrac{BC}{FB}=2$ 为定值.这样一来,通过共角构造子母相似,得到 $FH=\dfrac{1}{2}FC$,继而将 $DF+\dfrac{1}{2}CF$ 转化为 $DF+FH$.此时问题已明朗化,根据"两点之间直线距离最短"解决问题.

64. **解** 以 $AB$ 为直角边在 $AB$ 下方作等腰 $\text{Rt}\triangle ABE$,连接 $CE$(图 4.102).

∵ $\angle DBA=\angle DBC+\angle CBA=45°+\angle CBA$,
又 $\angle CBE=\angle ABE+\angle CBA=45°+\angle CBA$,
∴ $\angle DBA=\angle CBE$.
∴ $\dfrac{DB}{BC}=\dfrac{AB}{BE}=\dfrac{1}{\sqrt{2}}$,
∴ $\dfrac{DB}{AB}=\dfrac{BC}{BE}$,
∴ $\triangle ABD\backsim\triangle EBC$,
∴ $\dfrac{AB}{EB}=\dfrac{AD}{EC}=\dfrac{1}{\sqrt{2}}$,
∴ $EC=\sqrt{2}AD$.
∵ $AE-AC\leqslant CE\leqslant AE+AC$,
又 $AC=\sqrt{2},AE=AB=3\sqrt{2}$,
∴ $2\sqrt{2}\leqslant\sqrt{2}AD\leqslant 4\sqrt{2}$,
∴ $2\leqslant AD\leqslant 4$.

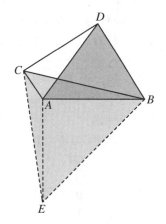

图 4.102

欲求 $AD$ 的取值范围,在现有的情况下不便求解,那么我们利用旋转相似构造等腰 $\text{Rt}\triangle ABE$,即可得到 $\triangle ABD\backsim\triangle EBC$,继而可知 $EC=\sqrt{2}AD$,再利用三角形三边关系即可解决问题.

65. **解** 作 $CE\perp CD$,且 $CE=4$,连接 $ED$、$AE$(图 4.103).
∴ $ED=5$.
∴ $\dfrac{CD}{CE}=\dfrac{BC}{AC}=\dfrac{3}{4}$,
∴ $\dfrac{CE}{AC}=\dfrac{CD}{BC}$.

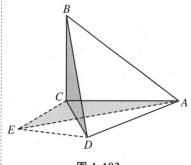

图 4.103

∵ ∠ECA = 90° + ∠DCA, ∠DCB = 90° + ∠DCA,
∴ ∠ECA = ∠DCB,
∴ △ECA∽△DCB,
∴ $\dfrac{EC}{DC} = \dfrac{AE}{BD} = \dfrac{4}{3}$,
∴ $AE = \dfrac{4}{3}BD$.
∵ ED + AD ≥ AE,
∴ BD ≤ 9.
当且仅当 E、D、A 三点共线时，BD 取得最大值 9.

### 思路点拨

本题的难点在于线段 BD 与 CD、AD 比较分散，不便计算最值. 由于 BC、AC 的比值关系确定，我们可以构造"手拉手"相似模型，将线段 BD 以一定的比例关系转化到 △AED 中，最终利用三角形三边关系解决问题.

66. **解** 设 $DG = 3a$，则 $DE = 5a$（图 4.104）.
∴ $S_{DGFE} = 15a^2 = 60$,
∴ $a = 2$,
∴ $DG = 6, DE = 10$.
∵ $DG \parallel AH$,
∴ $\dfrac{DG}{AH} = \dfrac{BG}{BH} = \dfrac{3}{5}$,
∴ $\dfrac{GH}{BH} = \dfrac{2}{5}$.
同理 $\dfrac{HF}{HC} = \dfrac{2}{5}$.
∴ $\dfrac{GH}{BH} = \dfrac{HF}{HC}$,
∴ $\dfrac{GH+HF}{BH+HC} = \dfrac{GF}{BC} = \dfrac{DE}{BC} = \dfrac{2}{5}$,
∴ $BC = 25$,
∴ $S_{\triangle ABC} = \dfrac{1}{2} AH \cdot BC = 125$.

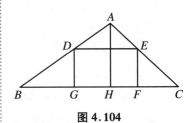

图 4.104

### 思路点拨

由于 △ABC 底边 BC 上的高 AH 已知，欲求 $S_{\triangle ABC}$，只需求 BC. 根据已知条件易求 $DG = 6, DE = 10$. 由 $DG \parallel AH \parallel EF$ 可知 $\dfrac{GH}{BH} = \dfrac{HF}{HC} = \dfrac{2}{5}$，再根据等比性质可得 $\dfrac{DE}{BC} = \dfrac{2}{5}$，从而 $BC = 25$，故 $S_{\triangle ABC} = 125$.

**67. 解** 作 $MD \parallel AC$ 交 $BC$ 于点 $D$(图 4.105).

∴ $\angle MDP = \angle NCQ$.

∵ 在 $\triangle MDP$ 与 $\triangle NCQ$ 中,

$$\begin{cases} \angle MDP = \angle NCQ \\ \angle MPD = \angle NQC = 90° \\ MP = NQ \end{cases}$$

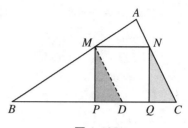

图 4.105

∴ $\triangle MDP \cong \triangle NCQ$(AAS),

∴ $S_{\triangle MDP} = S_{\triangle NCQ} = 1$,

∴ $S_{\triangle BMD} = 4$.

∵ $MN \parallel BD, AC \parallel MD$,

∴ $\triangle BMD \backsim \triangle MAN$,

∴ $\dfrac{S_{\triangle AMN}}{S_{\triangle BMD}} = \dfrac{1}{4} = \left(\dfrac{MN}{BD}\right)^2$,

∴ $\dfrac{MN}{BD} = \dfrac{1}{2}$.

∵ 四边形 $MDCN$ 为平行四边形,

∴ $MN = DC$,

∴ $\dfrac{MN}{BC} = \dfrac{1}{3}$.

∵ $MN \parallel BC$,

∴ $\triangle AMN \backsim \triangle ABC$,

∴ $\dfrac{S_{\triangle AMN}}{S_{\triangle ABC}} = \left(\dfrac{MN}{BC}\right)^2 = \dfrac{1}{9}$,

∴ $S_{\triangle ABC} = 9$,

∴ $S_{MPQN} = S_{\triangle ABC} - S_{\triangle MBP} - S_{\triangle NQC} - S_{\triangle AMN} = 4$.

> **思路点拨**
> 
> 解决本题的核心思路就是利用平行线构造全等三角形与相似三角形,再通过相似三角形的面积比等于相似比的平方,求解 $\triangle AMN$ 与 $\triangle ABC$ 的面积关系,最终解得正方形 $MPQN$ 的面积.

**68. 解** 连接 $ME$(图 4.106).

∵ $PM \parallel AC$,

∴ $S_{\triangle MPE} = S_{\triangle APM} = 8$.

延长 $DA$、$PM$ 交于点 $Q$,延长 $DC$、$MP$ 交于点 $F$(图 4.107).

∴ 四边形 $AMFC$ 为平行四边形,

∴ $FC = AM$.

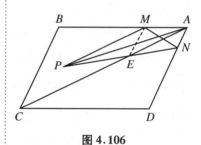

图 4.106

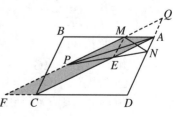

图 4.107

∵ $AM = \dfrac{1}{3}AB$,

∴ $\dfrac{AM}{FD} = \dfrac{1}{4} = \dfrac{AQ}{QD}$,

∴ $\dfrac{AQ}{AD} = \dfrac{1}{3}$.

∴ $\dfrac{AN}{AD} = \dfrac{1}{4}$,

∴ $\dfrac{AQ}{AN} = \dfrac{4}{3}$.

∵ $PQ \parallel AE$,

∴ $\dfrac{PE}{EN} = \dfrac{AQ}{AN} = \dfrac{4}{3}$,

∴ $\dfrac{S_{\triangle MPE}}{S_{\triangle MNE}} = \dfrac{PE}{EN} = \dfrac{4}{3}$,

∴ $S_{\triangle MNE} = 6$,

∴ $S_{\triangle PMN} = 14$.

**思路点拨**

要牢牢把握三组平行线,方能破解问题.首先根据"平行线之间的距离处处相等",将 $S_{\triangle APM}$ 转化为 $S_{\triangle MPE}$,为求解 $S_{\triangle PMN}$ 打下基础,同时将问题转化为求 $\dfrac{PE}{EN}$,这是核心步骤.接下来,结合题目条件,构造四边形 $AEMQ$,进一步将问题转化为求 $\dfrac{AQ}{AN}$,此时问题已明朗化,不难解得 $\dfrac{S_{\triangle MPE}}{S_{\triangle MNE}} = \dfrac{4}{3}$,从而 $S_{\triangle PMN} = 14$.

69. 证 (1) 延长 $DE$、$CB$ 交于点 $Q$,作 $BP \parallel AH$ 交 $DQ$ 于点 $P$(图 4.108).

∵ $AD \parallel QB$, $AE = BE$,

∴ $\dfrac{AD}{BQ} = \dfrac{AE}{BE} = \dfrac{DE}{QE} = 1$,

∴ $BQ = AD = BC$, $QE = DE$.

同理 $\dfrac{PE}{EH} = \dfrac{AE}{BE} = 1$.

∵ $BF = FC$,

∴ $\dfrac{AD}{QF} = \dfrac{GD}{QG} = \dfrac{AG}{GF} = \dfrac{2}{3}$.

设 $GD = 4x$,则 $QG = 6x$.

∵ $GD + GE = QG - GE$,

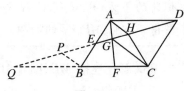

图 4.108

∴ $GE = \dfrac{QG-GD}{2} = x$.

∵ $BP \parallel AH$，$AH \parallel CG$，

∴ $BP \parallel CG$.

∵ $QB = BC$，

∴ $PG = PQ = \dfrac{1}{2}QG = 3x$，

∴ $PE = EH = 2x$，

∴ $EG = GH = x$，即 $G$ 为 $EH$ 的中点.

(2) 连接 $AC$、$BG$（图 4.109）.

∵ $GC \parallel AH$，

∴ $S_{\triangle AHC} = S_{\triangle AHG}$.

∵ $EG = GH$，$AE = BE$，

∴ $S_{\triangle AEG} = S_{\triangle AGH} = S_{\triangle BEG}$.

∵ $BF = FC$，

∴ $S_{\triangle ABF} = S_{\triangle ACF}$，$S_{\triangle BGF} = S_{\triangle CGF}$，

∴ $S_{\triangle ABF} - S_{\triangle BGF} = S_{\triangle ACF} - S_{\triangle CGF}$，

∴ $S_{\triangle ABG} = S_{\triangle ACG} = 2S_{\triangle AGH}$.

设 $S_{\triangle AEG} = S_{\triangle AGH} = S_{\triangle BEG} = a$.

∴ $S_{AGCH} = 3S_{\triangle AGH} = 3a$.

由(1)可知 $\dfrac{AG}{GF} = \dfrac{2}{3}$.

∴ $S_{\triangle BGF} = S_{\triangle CGF} = \dfrac{3}{2}S_{\triangle ABG} = 3a$，

∴ $S_{AGCH} = S_{\triangle FCG}$.

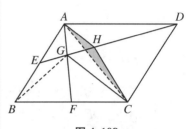

图 4.109

### 思路点拨

第一问很关键，只有解决了第一问才能解决第二问．首先，利用中点条件和平行线分线段成比例定理，证得 $PE = EH = 2GE$，即可证明 $G$ 为 $EH$ 的中点．第二问利用了平行线的性质，将四边形 $AGCH$ 的面积转化为 $\triangle AGH$ 与 $\triangle AGC$ 的面积之和，再由燕尾模型可知 $S_{\triangle ABG} = S_{\triangle ACG}$，结合 $G$ 为 $EH$ 的中点和 $\dfrac{AG}{GF} = \dfrac{2}{3}$，即可证明 $S_{AGCH} = S_{\triangle FCG}$.

70. **解** 延长 $CP$、$DA$ 交于点 $H$（图 4.110）.

由翻折性质可知 $\angle GCP = \angle BCP$.

∵ $HD \parallel BC$，

∴ $\angle H = \angle BCP$，

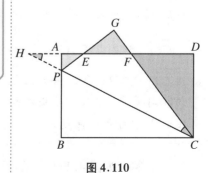

图 4.110

$\therefore \angle H = \angle GCH$,

$\therefore HF = FC$.

$\because AP = 1, BP = 4$,

$\therefore \dfrac{AH}{BC} = \dfrac{AP}{BP} = \dfrac{1}{4}$,

$\therefore AH = 2$,

$\therefore HD = 10$.

设 $HF = FC = x$.

$\therefore FD = 10 - x, AF = x - 2$.

$\because$ 在 Rt$\triangle FDC$ 中,$FC^2 = FD^2 + CD^2$.

$\therefore x^2 = (10-x)^2 + 25 \Rightarrow x = \dfrac{25}{4}$,

$\therefore FD = \dfrac{15}{4}$.

$\because$ 易证 $\triangle AEP \backsim \triangle DCF \backsim \triangle GEF$,

$\therefore \dfrac{AP}{AE} = \dfrac{DF}{DC} = \dfrac{3}{4}$,

$\therefore AE = \dfrac{4}{3}$,

$\therefore EF = AD - AE - FD = \dfrac{35}{12}$,

$\therefore \dfrac{S_{\triangle EFG}}{S_{\triangle DCF}} = \left(\dfrac{EF}{FC}\right)^2 = \left(\dfrac{7}{15}\right)^2$.

$\because S_{\triangle DCF} = \dfrac{1}{2} FD \cdot DC = \dfrac{75}{8}$,

$\therefore S_{\triangle EFG} = \dfrac{49}{24}$.

**思路点拨**

本题的突破点在于角平分线遇平行线出等腰三角形,由此可得等量关系.根据平行线分线段成比例定理解得 $AH = 2, HD = 10$,继而在 Rt$\triangle FDC$ 中,由勾股定理解得 $FC = \dfrac{25}{4}$.显然,$\triangle AEP \backsim \triangle DCF \backsim \triangle GEF$,则易求得 $AE = \dfrac{4}{3}$,从而可知 $EF = \dfrac{35}{12}$.如果直接求解 $\triangle EFG$ 的面积会比较麻烦,但是 $\triangle DCF$ 的面积相对易求,那么再根据相似三角形面积比等于相似比的平方可解决问题.

71. **解** 如图 4.111 所示,设 $S_{\triangle CEF} = x$.

∴ $\dfrac{S_{\triangle AEF}}{S_{\triangle CEF}} = \dfrac{2}{x} = \dfrac{AF}{FC}$, $S_{\triangle ABC} = 4+x$,

∴ $\dfrac{AF}{AC} = \dfrac{2}{x+2}$.

∵ $EF /\!/ BC$,

∴ $\triangle AEF \backsim \triangle ABC$,

∴ $\dfrac{S_{\triangle AEF}}{S_{\triangle ABC}} = \left(\dfrac{AF}{AC}\right)^2$,

∴ $\dfrac{2}{4+x} = \dfrac{4}{(x+2)^2}$,

∴ $x = \sqrt{5} - 1$(负值舍去),

∴ $S_{\triangle ABC} = 3 + \sqrt{5}$.

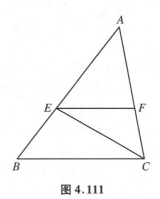

图 4.111

**思路点拨**

由于 $S_{\triangle AEF} = S_{\triangle BCE} = 2$,欲求 $S_{\triangle ABC}$,只需求 $S_{\triangle CEF}$. 本题的关键是根据等底同高将 $\triangle AEF$ 与 $\triangle CEF$ 的面积比转化为线段比,再利用 $\triangle AEF \backsim \triangle ABC$ 将相似三角形的面积比转化为对应线段比的平方,从而建立方程,解得 $\triangle CEF$ 的面积,继而求出 $\triangle ABC$ 的面积.

**72. 解** 连接 $GC$(图 4.112).

∵ $AE : EF : FC = 5 : 7 : 8$,

∴ $\dfrac{AE}{AC} = \dfrac{1}{4}$,

∴ $S_{\triangle AED} = \dfrac{1}{4} S_{\triangle ACD}$.

∵ $AD /\!/ HC$,

∴ $\dfrac{AD}{HC} = \dfrac{AF}{FC} = \dfrac{3}{2}$,

∴ $\dfrac{BH}{BC} = \dfrac{1}{3}$,

∴ $S_{\triangle BGH} = \dfrac{1}{3} S_{\triangle BCG}$.

∵ $AG /\!/ DC$,

∴ $\dfrac{AG}{DC} = \dfrac{AE}{EC} = \dfrac{1}{3}$,

∴ $\dfrac{BG}{AB} = \dfrac{2}{3}$,

∴ $S_{\triangle BCG} = \dfrac{2}{3} S_{\triangle ABC}$,

∴ $S_{\triangle BGH} = \dfrac{2}{9} S_{\triangle ABC}$,

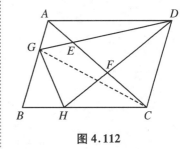

图 4.112

$$\therefore \frac{S_{\triangle AED}}{S_{\triangle BGH}} = \frac{9}{8}.$$

**思路点拨**

△AED 与 △BGH 分散在不同的三角形中,不利于求解两者的面积比值关系.因此我们要寻求一个中间量,将两者联系起来,以便解决问题.虽然 △AED 在 △ACD 中,△BGH 在 △ABC 中,比较分散,但是 △ACD 与 △ABC 的面积相等,那么只要分别求出 △AED 与 △ACD,以及 △BGH 与 △ABC 的面积比例关系,即可解决问题.沿着这个思路,不难发现 $\frac{AE}{AC} = \frac{1}{4}$,$\frac{BH}{BC} = \frac{1}{3}$,$\frac{BG}{AB} = \frac{2}{3}$,根据共高定理易求得 $\frac{S_{\triangle AED}}{S_{\triangle ACD}} = \frac{1}{4}$,$\frac{S_{\triangle GBH}}{S_{\triangle ABC}} = \frac{2}{9}$,从而可得 $\frac{S_{\triangle AED}}{S_{\triangle BGH}} = \frac{9}{8}$.

73. **解** (1) 如图 4.113 所示,设 $AC = a, BC = b$.

$\therefore FG = GC = a, CD = DE = b$.

$\because AC \parallel FG$,

$\therefore \frac{MC}{FG} = \frac{BC}{BG}$,

$\therefore MC = \frac{ab}{a+b}$.

同理 $NC = \frac{ab}{a+b}$.

$\therefore MC = NC$.

$\because S_{\triangle MCB} = \frac{1}{2} BC \cdot MC, S_{\triangle NCA} = \frac{1}{2} AC \cdot NC$,

$\therefore \frac{S_{\triangle MCB}}{S_{\triangle NCA}} = \frac{BC}{AC} = \tan \angle CAB = \frac{3}{4}$,

$\therefore \sin \angle CAB = \frac{3}{5}$.

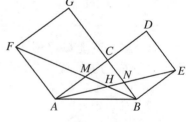

图 4.113

(2) $\because \sin \angle CAB = \frac{3}{5}, AB = 5$,

$\therefore BC = 3, AC = 4$.

由(1)可知 $NC = \frac{12}{7}$.

$\therefore NB = \frac{9}{7}$.

$\because AF \parallel NB$,

$\therefore \frac{NB}{AF} = \frac{HB}{FH} = \frac{9}{28}$,

258

$$\therefore \frac{S_{\triangle AHB}}{S_{\triangle ABF}} = \frac{HB}{BF} = \frac{9}{37}.$$

作 $FP \perp AB$ 于点 $P$(图 4.114).

$\because \angle PFA + \angle FAP = \angle CAB + \angle FAP = 90°$,

$\therefore \angle PFA = \angle CAB$,

$\therefore \sin \angle PFA = \frac{3}{5}$,

$\therefore \cos \angle PFA = \frac{4}{5}$,

$\therefore PF = AF\cos \angle PFA = \frac{16}{5}$,

$\therefore S_{\triangle ABF} = \frac{1}{2} PF \cdot AB = 8$,

$\therefore S_{\triangle AHB} = \frac{9}{37} S_{\triangle ABF} = \frac{72}{37}.$

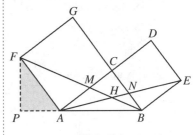

图 4.114

### 思路点拨

第一问的关键在于证明 $MC = NC$,利用平行线分线段成比例定理不难得出结论. 第二问在第一问的基础上有所拓展,由 $NC = \frac{12}{7}$ 得 $NB = \frac{9}{7}$,那么 $\frac{NB}{AF} = \frac{9}{37}$,故 $\triangle AHB$ 与 $\triangle ABF$ 的面积关系一目了然,而 $\triangle ABF$ 的面积易求,于是 $\triangle AHB$ 的面积可解.

74. **解** 作 $PE \perp x$ 轴于点 $E$, 连接 $PO$、$CO$(图 4.115).

$\because S_{\triangle BCO} = S_{\triangle POE}$,

$\therefore BC \cdot OB = OE \cdot PE$.

$\because PE \parallel BO, AP = 2BP$,

$\therefore \frac{PE}{OB} = \frac{AP}{AB} = \frac{AE}{AO} = \frac{2}{3}$.

设 $OE = m, PE = 2n$, 则 $OA = 3m, OB = 3n$.

$\therefore BC \cdot 3n = m \cdot 2n \Rightarrow BC = \frac{2}{3}m$.

$\because BC \cdot OB = 2mn = 18$,

$\therefore mn = 9$,

$\therefore S_{\triangle ABO} = \frac{1}{2} OB \cdot OA = \frac{9mn}{2} = \frac{81}{2}$.

延长 $BC$、$AD$ 交于点 $M$, 则四边形 $OBMA$ 为矩形(图 4.116).

又 $BC \cdot OB = AD \cdot AO$,

$\therefore \frac{BC}{AD} = \frac{AO}{OB} = \frac{BM}{AM}$,

$\therefore AB \parallel CD$.

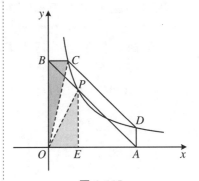

图 4.115

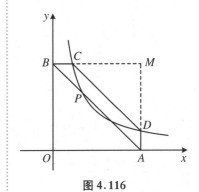

图 4.116

∴ $\dfrac{BC}{OA} = \dfrac{BC}{BM} = \dfrac{2}{9}$,

∴ $\dfrac{CM}{BM} = \dfrac{7}{9}$,

∴ $\dfrac{S_{\triangle DMC}}{S_{\triangle ABM}} = \left(\dfrac{CM}{BM}\right)^2 = \dfrac{49}{81}$,

∴ $\dfrac{S_{ABCD}}{S_{\triangle ABM}} = \dfrac{32}{81}$.

∵ $S_{\triangle ABO} = S_{\triangle ABM} = \dfrac{81}{2}$,

∴ $S_{ABCD} = 16$.

### 思路点拨

反比例函数与面积结合的题型在近几年成为中考的热点,需要引起足够的重视.解决本题需要把握两点:利用反比例函数系数的几何意义解得△ABO 的面积;证明 AB∥CD,利用线段比与面积比的关系解得四边形 ABCD 与△ABM 的面积比值.

75. **解** 作 $PD\perp y$ 轴于点 $D$,$AE\perp y$ 轴于点 $E$(图 4.117).

∴ $AE\parallel PD$,

∴ $\triangle OAE\backsim\triangle OPD$.

∴ $\dfrac{OA}{OP} = \dfrac{1}{2}$,

∴ $\dfrac{S_{\triangle AEO}}{S_{\triangle PDO}} = \left(\dfrac{OA}{OP}\right)^2 = \dfrac{1}{4}$.

∵ $S_{\triangle AEO} = \dfrac{1}{2}k$,

∴ $S_{\triangle PDO} = 2k$.

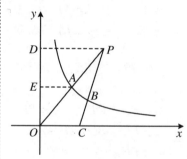

图 4.117

作 $BF\perp y$ 轴于点 $F$,连接 $OB$ 并延长交 $DP$ 的延长线于点 $G$(图 4.118).

∴ $BF\parallel DG$.

∵ $\dfrac{CB}{CP} = \dfrac{1}{3}$,

∴ $\dfrac{OB}{OG} = \dfrac{CB}{CP} = \dfrac{1}{3}$.

∵ $\triangle OBF\backsim\triangle OGD$,

∴ $\dfrac{S_{\triangle OBF}}{S_{\triangle OGD}} = \left(\dfrac{OB}{OG}\right)^2 = \dfrac{1}{9}$.

∵ $S_{\triangle OBF} = \dfrac{1}{2}k$,

∴ $S_{\triangle OGD} = \dfrac{9}{2}k$,

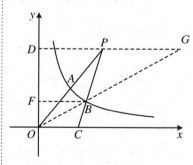

图 4.118

$$\therefore S_{\triangle OGP} = \frac{5}{2}k.$$

$$\because \frac{CB}{CP} = \frac{1}{3},$$

$$\therefore S_{\triangle OPB} = \frac{2}{3}S_{\triangle POC} = 5.$$

$$\because \frac{OB}{OG} = \frac{1}{3},$$

$$\therefore S_{\triangle POB} = \frac{1}{3}S_{\triangle OGP} = \frac{5}{6}k,$$

$$\therefore \frac{5}{6}k = 5 \Rightarrow k = 6.$$

**思路点拨**

本题的关键在于如何利用题设中唯一的面积条件与反比例函数的系数产生关联,建立方程.根据反比例函数系数的几何意义,首先就应该想到利用点 $A$、$B$ 在反比例函数图像上这个条件构造相似三角形,并结合已知条件,利用相似三角形的面积比等于对应线段比的平方,不难解得 $S_{\triangle OGP} = \frac{5}{2}k$,再根据等底同高可知 $S_{\triangle OPB} = 5 = \frac{5}{6}k$,继而可得 $k = 6$.

76. 解 $\because \angle EDC = 2\angle BAC = 2\beta,$

$\therefore \angle FDB = 180° - 2\beta, \angle FCD = 90° - \beta,$

$\therefore \angle DFC = 90° - \beta,$

$\therefore \angle DFC = \angle FCD,$

$\therefore DF = DC = AB.$

作 $AH /\!/ ED$ 交 $BC$ 于点 $H$(图 4.119).

$\therefore \angle HAC = \angle DFC = \angle FCD,$

$\therefore AH = HC.$

设 $DF = DC = AB = x, HD = y.$

$\therefore HC = AH = x + y, BH = 15 - y.$

$\because$ 在 Rt$\triangle ABH$ 中,$AB^2 + BH^2 = AH^2,$

$\therefore x^2 + (15 - y)^2 = (x + y)^2,$

$\therefore y = \frac{225}{30 + 2x}.$

$\because AH /\!/ ED,$

$\therefore \frac{HD}{BH} = \frac{AE}{AB},$

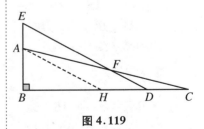

图 4.119

$$\therefore \frac{y}{15-y} = \frac{3}{x},$$

$$\therefore y = \frac{45}{x+3}.$$

$$\therefore \frac{45}{x+3} = \frac{225}{30+2x} \Rightarrow x = 5,$$

$$\therefore DF = 5.$$

**思路点拨**

一般来说，题设中有角度的和差关系与倍角关系，那么导角是必然要做的事情，正所谓"情况不明，导角先行". 本题通过导角，可知 $\angle DFC = \angle FCD$，则 $DF = CD = AB$. 但是条件中的 $AE$ 与 $CD$ 不在同一个三角形中，无法确定它们之间的数量关系. 在这种情况下，我们考虑通过构造平行线转移几何元素，将它们有效地联系在一起. 利用平行线，我们将相关的线段整合到 $\text{Rt}\triangle ABH$ 中，得到第一个关系式 $y = \frac{225}{30+2x}$，再根据平行线分线段成比例定理得到第二个关系式 $y = \frac{45}{x+3}$，求解即可.

77. 解 作 $AM \perp BC$ 于点 $M$，交 $BD$ 于点 $N$，连接 $MD$（图 4.120）.

$\because AB = AC, AM \perp BC$,

$\therefore BM = MC$.

$\because AD = CD$,

$\therefore MD \parallel AB, MD = \frac{1}{2}AB$,

$\therefore \frac{MN}{AN} = \frac{MD}{AB} = \frac{1}{2}$.

$\because AM \perp BC, GE \perp BC$,

$\therefore AN \parallel GF$,

$\therefore \frac{BF}{BG} = \frac{BN}{AB} = \frac{3}{5}$.

设 $BN = 3x$，则 $AB = 5x$.

设 $MN = y$，则 $AN = 2y$.

$\therefore AM = 3y$.

在 $\text{Rt}\triangle ABM$ 中，

$$BM^2 = AB^2 - AM^2 = 25x^2 - 9y^2.$$

在 $\text{Rt}\triangle BMN$ 中，

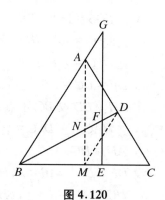

图 4.120

$BM^2 = BN^2 - MN^2 = 9x^2 - y^2$.

∴ $25x^2 - 9y^2 = 9x^2 - y^2 \Rightarrow \dfrac{y}{x} = \sqrt{2}$.

∴ $\dfrac{AN}{GF} = \dfrac{AB}{BG}$,

∴ $GF = 2\sqrt{2} \cdot \dfrac{y}{x} = 4$.

### 思路点拨

由于 $AB = AC$，遇等腰作垂线是常见的手段，这样便产生了平行线，又因为 $D$ 为 $AC$ 的中点，所以产生了中位线. 结合已知条件，建立线段之间的数量关系，再利用勾股定理，解得 $\dfrac{y}{x} = \sqrt{2}$，这是决定性的胜利，最后根据平行线分线段成比例定理解得 $GF$.

78. **解** 连接 $CF$、$DE$（图 4.121）.

∵ $\angle ADG + \angle GDC = \angle CDF + \angle GDC = 90°$,

∴ $\angle ADG = \angle CDF$.

∵ $\angle DFE = \angle DCE = 90°$,

∴ $D$、$E$、$C$、$F$ 四点在以 $DE$ 为直径的圆上,

∴ $\angle DCF = \angle DEF$.

∵ $\angle DGE + \angle DCE = 180°$,

∴ 四边形 $DGEC$ 为圆的内接四边形,

∴ $\angle GCE = \angle GDE$.

∵ $GD \parallel EF$,

∴ $\angle GDE = \angle DEF$,

∴ $\angle GCE = \angle DCF$.

∵ $AD \parallel BC$,

∴ $\angle GCE = \angle DAG$,

∴ $\angle DAG = \angle DCF$,

∴ $\triangle AGD \backsim \triangle CFD$（AA）,

∴ $\dfrac{CF}{AG} = \dfrac{DC}{AD} = \dfrac{3}{4}$,

∴ $CF = 3$.

∵ $\angle DAG + \angle ACD = 90°$,

∴ $\angle DCF + \angle ACD = \angle ACF = 90°$.

∵ 在 $\text{Rt}\triangle ABC$ 中，$AC = \sqrt{AB^2 + BC^2} = 10$,

∴ $\tan\angle CAF = \dfrac{CF}{AC} = \dfrac{3}{10}$.

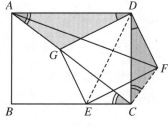

图 4.121

二次函数与相似

本题的关键是如何判定△AGD∽△CFD．两个三角形相似的判定有三种方法：① 三边对应成比例（这种题型较为少见）；② 两角对应相等；③ 两边对应成比例且夹角相等．本题采用第二种方法．本题中，根据两个直角三角形共斜边判定四点共圆起到了至关重要的作用．

79. **解** 过点 $B$ 作 $AC$ 的平行线交 $AE$ 的延长线于点 $F$，作 $DG \perp AB$ 于点 $G$（图 4.122）．

∵ $BF /\!/ AC$，

∴ $\dfrac{AC}{BF} = \dfrac{AE}{EF} = \dfrac{EC}{BE} = \dfrac{1}{2}$，

∴ $EF = 2AE = 6, BF = 2AC$，

∴ $AF = 9$．

∵ $GD \perp AB, AC \perp AB$，

∴ $GD /\!/ AC$，

∴ $\dfrac{GD}{AC} = \dfrac{BD}{BC} = \dfrac{1}{3}, \dfrac{AG}{AB} = \dfrac{CD}{BC} = \dfrac{2}{3}$，

∴ $DG = \dfrac{1}{3}AC, AG = \dfrac{2}{3}AB$．

设 $AC = x, AB = y$．

∴ $BF = 2x, DG = \dfrac{1}{3}x, AG = \dfrac{2}{3}y$．

在 Rt△ABF 中，

$$4x^2 + y^2 = 81.$$

在 Rt△AGD 中，

$$\dfrac{1}{9}x^2 + \dfrac{4}{9}y^2 = 16 \Rightarrow x^2 + 4y^2 = 144.$$

∴ $\begin{cases} x = 2\sqrt{3} \\ y = \sqrt{33} \end{cases}$，

∴ $\tan C = \dfrac{y}{x} = \dfrac{\sqrt{11}}{2}$．

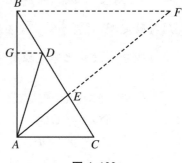

图 4.122

思路点拨

欲求 $\tan C$，即求 $\dfrac{AB}{AC}$．既然 $D$、$E$ 为斜边的两个三等分点，那么我们利用平行线来分析 $BF$、$EF$、$AG$、$GD$ 与 $AB$、$AC$ 之间的数量关系．得到相应的数量关系之后，这几条线段又都在直角三角形中，那么勾股定理就派上用场了，建立方程求解即可．

80. **解** 延长 $BE$、$AD$ 交于点 $G$，作 $BM \perp AD$ 于点 $M$，$EN \perp BC$ 于点 $N$（图 4.123）.

∵ $AD \parallel BC$，

∴ $\angle AFB = \angle FBC = 2\alpha$.

∵ $\angle FBE = \alpha$，

∴ $\angle EBC = \alpha$.

∵ $AG \parallel BC$，

∴ $\angle GBC = \angle G = \alpha$，

∴ $\angle FBG = \angle G = \alpha$，

∴ $BF = FG$.

∵ $DE = 1$，$DC = AB = 5$，

∴ $\dfrac{DG}{BC} = \dfrac{DE}{EC} = \dfrac{1}{4}$，

∴ $DG = \dfrac{1}{4}BC = \dfrac{1}{4}AD = \dfrac{5}{2}$，

∴ $FG = BF = 5$，

∴ $AB = BF$.

∵ $AF = AD - FD = \dfrac{15}{2}$，

∴ $AM = MF = \dfrac{1}{2}AF = \dfrac{15}{4}$，

∴ $\cos A = \cos C = \dfrac{AM}{AB} = \dfrac{3}{4}$.

∵ $EC = 4$，

∴ $CN = 3$，

∴ $BN = 7$，$EN = \sqrt{7}$，

∴ $BE = 2\sqrt{14}$.

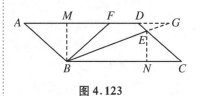

图 4.123

#### 思路点拨

利用已知条件，首先分析出 $BE$ 平分 $\angle FBC$，这一步是非常重要的，因为角平分线遇平行线会出等腰三角形，有了等腰条件就会产生等量关系，为解决问题打下基础. 于是根据平行线分线段成比例定理不难解得 $FG = BF = 5$，继而可知 $\triangle ABF$ 为等腰三角形，那么遇等腰作垂线势在必行，故可得出 $\cos A = \cos C = \dfrac{3}{4}$，由于所求线段在 $\triangle BEC$ 中，利用三角函数和勾股定理可求线段 $BE$.

81. **解** 延长 $ED$ 至点 $F$，使得 $EF = BE$，连接 $BF$、$CF$（图 4.124）.

∵ ∠BED = 60°,
∴ △BEF 为等边三角形,
∴ BF = BE, ∠EBF = 60°.
∵ AB = CB, ∠ABC = 60°,
∴ ∠ABE + ∠EBC = ∠CBF + ∠EBC = 60°,
∴ ∠ABE = ∠CBF.
∵ 在 △ABE 和 △CBF 中,
$$\begin{cases} AB = CB \\ \angle ABE = \angle CBF, \\ BE = BF \end{cases}$$
∴ △ABE≌△CBF(SAS),
∴ AE = CF, ∠AEB = ∠CFB = 120°,
∴ ∠EFC = ∠BEF = 60°,
∴ BE ∥ FC.
∵ ∠FEC = 90°,
∴ FC = AE = 2EF, EC = $\sqrt{3}$EF.
设 EF = x, 则 EC = $\sqrt{3}$x, AE = 2x.
∵ 在 Rt△ACE 中, $AC^2 = AE^2 + EC^2$,
∴ $63 = (2x)^2 + (\sqrt{3}x)^2 \Rightarrow x = 3$,
∴ EF = BE = 3.
∵ $\dfrac{BE}{FC} = \dfrac{ED}{DF} = \dfrac{1}{2}$,
∴ ED = $\dfrac{1}{3}$EF = 1.

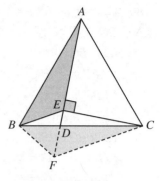

图 4.124

### 思路点拨

本题的关键在于构造"手拉手"全等三角形,同时又会产生平行线.结合已知条件解 △ACE 得到 EF,最后利用平行线分线段成比例定理解决问题.

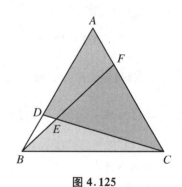

图 4.125

82. 解 ∵ ∠BED = ∠CBF + ∠DCB = 60°,
又 ∠ACD + ∠DCB = ∠ACB = 60°,
∴ ∠ACD = ∠CBF.
∵ 在 △ACD 和 △CBF 中,
$$\begin{cases} \angle DAC = \angle FCB = 60° \\ AC = CB \\ \angle ACD = \angle CBF \end{cases},$$
∴ △ACD≌△CBF(图 4.125),
∴ BF = CD, $S_{\triangle BCF} = S_{\triangle ACD} = 18\sqrt{3}$.
作 CH⊥BF 于点 H(图 4.126).

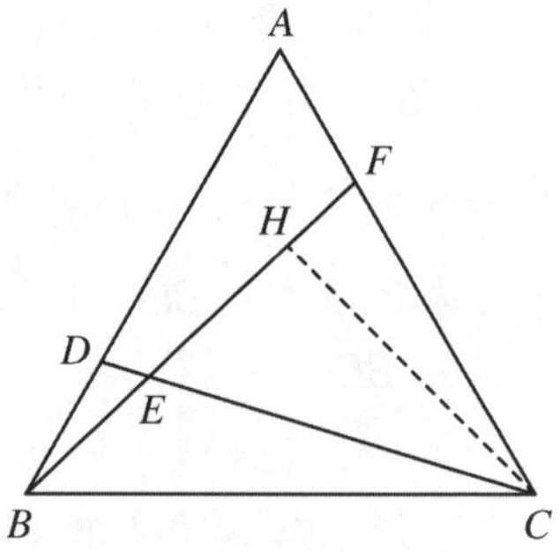

图 4.126

∵ ∠BED = 60°，CE = 8，

∴ CH = $4\sqrt{3}$，

∴ $S_{\triangle BCF} = \frac{1}{2}CH \cdot BF = 18\sqrt{3}$，

∴ BF = CD = 9，

∴ DE = 1．

∵ ∠DBE + ∠EBC = ∠ABC = 60°，

又 ∠DCB + ∠EBC = ∠BED = 60°，

∴ ∠DBE = ∠DCB．

又 ∠BDE = ∠CDB，

∴ △BDE∽△CDB（AA），

∴ $BD^2 = DE \cdot CD = 9$，

∴ BD = 3．

### 思路点拨

本题是通过全等与相似的结合来解决问题的经典题型．首先通过分析可知△ACD≌△CBF（ASA），结合已知条件解得 BF = CD = 9，DE = 1；再由子母相似可知 $BD^2 = DE \cdot CD = 9$，从而解决问题．

83．解 作 BM⊥AE 于点 M，DN⊥AE 交其延长线于点 N（图 4.127）．

∵ 易证△ABM≌△DAN（AAS），

∴ AM = DN．

∵ AB = BE，

∴ DN = AM = $\frac{1}{2}AE = \frac{DE}{\sqrt{2}}$，

∴ $S_{\triangle AED} = \frac{1}{2}DN \cdot AE = \frac{1}{2}DE^2 = 4$，

∴ DE = $2\sqrt{2}$．

∵ 易证△EDN 为等腰直角三角形，

∴ ∠DAE + ∠ADE = ∠DEN = 45°．

又 ∠ADE + ∠EDO = ∠ADO = 45°，

∴ ∠DAE = ∠ODE．

∴ $\frac{AD}{OD} = \frac{AE}{ED} = \sqrt{2}$，

∴ $\frac{AD}{AE} = \frac{OD}{ED}$，

∴ △ADE∽△DOE（图 4.128），

∴ $\frac{AE}{DE} = \frac{DE}{OE} = \sqrt{2}$，

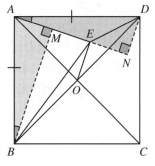

图 4.127

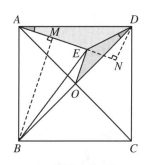

图 4.128

$$\therefore OE = \frac{DE}{\sqrt{2}} = 2.$$

**思路点拨**

本题的图形结构较为复杂,解决本题的关键在于构造十字架模型,利用全等求解线段 $DE$. 遇等腰作垂线是很自然的想法,这样一来,正方形双十字架模型就出现了,利用全等的性质并结合面积条件即可解得 $DE$,接下来再由共边相似解得 $OE$.

84. (1) 证  连接 $AC$、$BD$(图 4.129).

∵ $\angle 1 + \angle 4 = \angle 4 + \beta = 90°$,

∴ $\angle 1 = \beta$.

∵ $\angle 3 + \alpha = \angle 2 + \alpha = 90°$,

∴ $\angle 2 = \angle 3$.

∵ $\angle DAC = \angle ABD = 45°$,

∴ $\angle 2 + \angle DAC = \angle 3 + \angle ABD$,

∴ $\angle FAC = \angle EBD$.

∵ 在 $\triangle FAC$ 与 $\triangle EBD$ 中,

$$\begin{cases} \angle 1 = \beta \\ \angle FAC = \angle EBD, \\ AC = BD \end{cases}$$

∴ $\triangle FAC \cong \triangle EBD$(AAS),

∴ $FC = ED$,$AF = BE$.

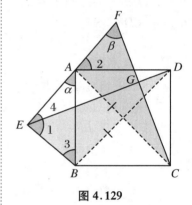

图 4.129

(2) 解  连接 $FD$(图 4.130).

∵ 在 $\triangle FAD$ 与 $\triangle EBA$ 中,

$$\begin{cases} AF = BE \\ \angle 2 = \angle 3, \\ AD = BA \end{cases}$$

∴ $\triangle ABE \cong \triangle DAF$(SAS),

∴ $AE = DF$,$\angle AEB = \angle DFA = 90°$,$\alpha = \angle FDA$.

∵ $\beta + \angle GFD = \angle FDE + \angle GFD = 90°$,

∴ $\beta = \angle FDE$.

设 $BE = AF = a$,$AE = DF = b$.

∴ $\tan \alpha = \frac{a}{b}$,$\tan \beta = \tan \angle FDE = \frac{a+b}{b}$,

∴ $\tan \beta - \tan \alpha = 1$.

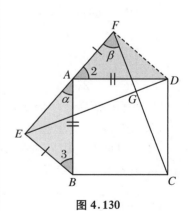

图 4.130

(3) 解  由(2)可知 $\tan \beta = \tan \angle FDE = \tan \alpha + 1$.

当 $\tan \alpha = \frac{1}{2}$ 时,$\tan \angle FDE = \frac{3}{2} = \frac{FG}{GD}$.

设 $GD=2k$，则 $FG=3k$，$FD=\sqrt{13}k$.

∵ $FG \perp ED$，

∴ $\triangle FEG \backsim \triangle DFG$（图 4.131），

∴ $FG^2 = EG \cdot DG$，

∴ $EG = \dfrac{9}{2}k$，

∴ $FC = ED = \dfrac{9}{2}k + 2k = \dfrac{13}{2}k$，

∴ $GC = FC - FG = \dfrac{13}{2}k - 3k = \dfrac{7}{2}k$，

∴ $S_{\triangle GDC} = \dfrac{1}{2}GD \cdot GC = \dfrac{7}{2}k^2$.

∵ 在 Rt$\triangle AFD$ 中，$\angle FDA = \alpha$，

∴ $\tan \angle FDA = \dfrac{1}{2}$，

∴ $\cos \angle FDA = \dfrac{2}{\sqrt{5}} = \dfrac{FD}{AD} \Rightarrow AD = \dfrac{\sqrt{65}}{2}k$，

∴ $S_{ABCD} = \dfrac{65}{4}k^2$，

∴ $\dfrac{S_{\triangle GDC}}{S_{ABCD}} = \dfrac{14}{65}$.

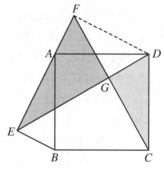

图 4.131

本题三个设问层层递进，环环相扣，是一道经典考题。第一问是解决本题的基础，要求证明两条线段相等，通常从全等的角度出发。我们借助正方形的两条对角线，不难证明 $\triangle FAC \cong \triangle EBD$（AAS），从而解决问题。第二问是承上启下的设问。由于 $\alpha$、$\beta$ 较为分散，不便于分析它们之间的数量关系，直接求解很困难。利用第一问的结论，不难发现 $\triangle ABE \cong \triangle DAF$（SAS），那么 $\tan \beta$、$\tan \alpha$ 的数量关系就凸显出来了，问题便得以解决。对于第三问，利用第二问的结论可知 $\tan \angle FDE = \dfrac{3}{2}$，再利用相似的性质和前面的结论可分析出相关线段的比值关系，从而得出答案。

85. 证 （1）作 $FM \perp BA$ 交 $BA$ 的延长线于点 $M$（图 4.132）.

∵ $FG \perp AD$，$AB \perp AD$，

∴ 四边形 $MAGF$ 为矩形.

∵ $\angle EFM + \angle MEF = \angle CEB + \angle MEF = 90°$，

∴ $\angle EFM = \angle CEB$.

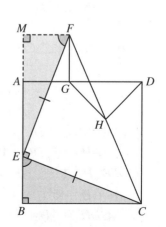

图 4.132

∵ 在△EFM 和△CEB 中,
$$\begin{cases} \angle EFM = \angle CEB \\ \angle M = \angle B = 90° \\ EF = CE \end{cases},$$
∴ △EFM≌△CEB(AAS),
∴ MF = BE, ME = BC = AB.
∵ ME = AM + AE, AB = AE + BE,
∴ AM = BE = MF,
∴ 四边形 MAGF 为正方形,
∴ AG = FG.

(2) 连接 AF、AH(图 4.133).
∵ AG = FG, FG⊥AD,
∴ △AFG 为等腰直角三角形.
∵ △EFC 为等腰直角三角形,H 为斜边的中点,
∴ $\dfrac{EF}{FH} = \sqrt{2}$.

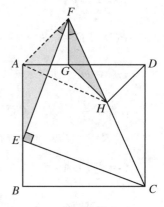

图 4.133

∵ ∠AFE + ∠EFG = ∠EFG + ∠GFH = 45°,
∴ ∠AFE = ∠GFH.
∵ $\dfrac{AF}{FG} = \dfrac{EF}{FH} = \sqrt{2}$,
∴ $\dfrac{AF}{EF} = \dfrac{FG}{FH}$,
∴ △AFE∽△GFH,
∴ ∠FAE = ∠FGH = 135°,
∴ ∠AGH = 135°.
∵ 在△AGH 和△FGH 中,
$$\begin{cases} FG = AG \\ \angle AGH = \angle FGH \\ HG = HG \end{cases},$$
∴ △AGH≌△FGH(图 4.134),
∴ AH = FH = CH.

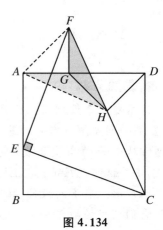

图 4.134

∵ 在△ADH 和△CDH 中,
$$\begin{cases} AD = CD \\ DH = DH \\ AH = CH \end{cases},$$
∴ △ADH≌△CDH(图 4.135),
∴ ∠ADH = ∠CDH = 45°.
∵ ∠FGH = 135°,∠FGD = 90°,
∴ ∠DGH = 45°,
∴ △GDH 为等腰直角三角形.

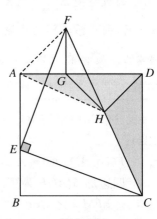

图 4.135

> **思路点拨**
>
> 第一问考查"一线三垂直"全等模型，这是比较基础的题型，证明全等之后利用线段之间的数量关系即可得证．第二问有难度，第一步证明△AFE∽△GFH 非常关键，为下面两次全等的证明创造了条件．

86. **解** 延长 $CA$ 至点 $E$，使得 $AE = AC$，连接 $ED$（图 4.136）.

∴ $AE = AB$.

∵ $AD \parallel BC$，

∴ $\angle DAC = \angle ACB$.

∵ $AB = AC$，

∴ $\angle ABC = \angle ACB$，

∴ $\angle DAC = \angle ABC$.

∵ $\angle BAD + \angle ABC = \angle EAD + \angle DAC = 180°$，

∴ $\angle EAD = \angle BAD = 3\alpha$.

∵ 在△$EAD$ 和△$BAD$ 中，

$$\begin{cases} AB = AE \\ \angle EAD = \angle BAD \\ AD = AD \end{cases}$$

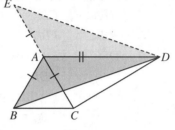

图 4.136

∴ △$EAD \cong$ △$BAD$（SAS），

∴ $\angle E = \angle ABD = \alpha$，$BD = ED = 12$.

作线段 $AE$ 的中垂线交 $AE$ 于点 $M$，交 $ED$ 于点 $N$，连接 $AN$（图 4.137）.

∴ $MN \parallel CD$.

∵ $EM = \dfrac{1}{2} AE$，$AE = \dfrac{1}{2} EC$，

∴ $\dfrac{EM}{EC} = \dfrac{EN}{ED} = \dfrac{1}{4}$，

∴ $EN = 3$，$DN = 9$.

∵ $\angle DNA = 2\angle E = 2\alpha$，$\angle NAD = 3\alpha - \alpha = 2\alpha$，

∴ $\angle DNA = \angle DAN$，

∴ $DN = DA = 9$.

设 $AB = AC = AE = x$.

∵ 在 Rt△$ACD$ 中

$$CD^2 = AD^2 - AC^2 = 81 - x^2,$$

又在 Rt△$ECD$ 中

$$CD^2 = ED^2 - EC^2 = 144 - 4x^2,$$

∴ $81 - x^2 = 144 - 4x^2$，

∴ $AB = x = \sqrt{21}$.

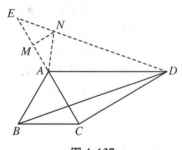

图 4.137

本题的难点在于如何处理三倍角三角形.对于三倍角三角形,可构造一倍角形成等腰三角形,这是常用的手段.遇等腰加平行线就要翻折处理,这是处理此类问题的通法.抓住这两点,势如破竹.最后利用平行线分线段成比例定理和勾股定理求解即可.

87. **解** 将线段 $BD$ 绕点 $B$ 逆时针旋转 $90°$ 得到线段 $BF$,交 $AE$ 于点 $G$,连接 $AF$(图 4.138).

∵ $\angle DBC + \angle CBF = \angle CBF + \angle FBA = 90°$,

∴ $\angle DBC = \angle FBA$.

在 $\triangle DBC$ 和 $\triangle FBA$ 中,

$$\begin{cases} DB = FB \\ \angle DBC = \angle FBA \\ BC = BA \end{cases}$$

∴ $\triangle DBC \cong \triangle FBA$(SAS),

∴ $\angle D = \angle F, \angle BAF = \angle BCD, AF = CD$.

∵ $\angle BCD = 3\angle BAE = 3\alpha$,

∴ $\angle D = \angle F = \angle AEB = 90° - \alpha, \angle FAG = 2\alpha$,

∴ $\angle AGF = 90° - \alpha = \angle BGE$,

∴ $\angle AEB = \angle BGE = \angle AGF = \angle F$,

∴ $BE = BG, AF = CD = AG = 3$.

作 $BH \perp AE$ 于点 $H$(图 4.139).

∴ $EH = HG$.

∵ 易证 $\triangle BEH \backsim \triangle AEB$(AA),

∴ $BE^2 = EH \cdot AE$.

设 $EH = HG = x$.

∴ $AE = AG + EG = 3 + 2x$,

∴ $5 = x(3 + 2x) \Rightarrow x = 1$(负值舍去),

∴ $AE = 5$.

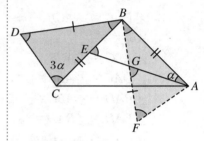

图 4.138

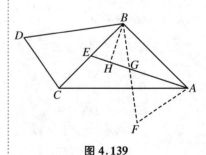

图 4.139

本题也存在三倍角关系.第86题中两个角在同一个三角形中,而本题中三倍角不在同一个三角形中,那么我们就要想办法让两个角处于同一个三角形中,这样才利于解决问题.$\triangle ABC$ 为等腰直角三角形,这就为采用旋转法创造了便利的条件.旋转之后,通过导角我们发现 $BE = BG, AF = AG$,这样一来,线段的数量关系就显现出来了.最后利用子母相似轻松解决问题.

88. **解** 作 $BF \perp BD$ 交 $DE$ 的延长线于点 $F$,延长 $ED$、$BA$ 交于点 $P$,作 $FH \perp AB$ 于点 $H$,$DG \perp AB$ 于点 $G$(图 4.140).

∵ $\angle EDB = 45°$,

∴ $\triangle FDB$ 为等腰直角三角形.

∵ $BD$ 平分 $\angle CBA$,$DG \perp AB$,$DC \perp BC$,

∴ $DG = DC$,$BG = BC = 6$.

∵ 易证 $\triangle DGB \cong \triangle BHF$(AAS),

∴ $BH = DG = CD$,$FH = BG = 6$.

设 $\angle DBA = \angle DBC = \angle BFH = \alpha$.

∴ $\angle P = \angle CDE = \angle PDA = 45° - \alpha$,

∴ $AP = AD$.

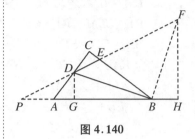

图 4.140

设 $DC = DG = BH = x$.

∴ $\tan P = \tan \angle CDE = \dfrac{1}{x}$.

∵ $\tan P = \dfrac{FH}{PH} = \dfrac{DG}{PG}$,

∴ $PH = 6x$,

∴ $PG = 5x - 6$,

∴ $\dfrac{1}{x} = \dfrac{x}{5x-6} \Rightarrow x = 2$ 或 $x = 3$.

(1) 当 $x = 2$ 时,$PG = 5x - 6 = 4$.

设 $AG = a$,则 $AP = AD = 4 - a$.

∵ 在 $Rt\triangle ADG$ 中,$AD^2 = DG^2 + AG^2$,

∴ $(4-a)^2 = 4 + a^2 \Rightarrow a = \dfrac{3}{2}$,

∴ $AB = AG + BG = \dfrac{15}{2}$.

(2) 当 $x = 3$ 时,$PG = 5x - 6 = 9$.

设 $AG = b$,则 $AP = AD = 9 - b$.

∵ 在 $Rt\triangle ADG$ 中,$AD^2 = DG^2 + AG^2$,

∴ $(9-b)^2 = 9 + b^2 \Rightarrow b = 4$,

∴ $AB = AG + BG = 10$.

**思路点拨**

首先要注意到本题出现了角平分线模型,那么作 $DG \perp AB$ 是顺理成章的事情.这样一来,由于 $\angle EDB = 45°$,"一线三等角"全等三角形就一目了然了.在此基础上,通过导角可知 $\angle CAB = 2\angle EDC$,那么延长 $ED$、$BA$ 交于点 $P$ 就会出现等腰三角形.如此一来,关键线段 $CD$ 的长度是必须要求解的.利用相似的性质解得 $CD = 2$ 或 $CD = 3$,分类讨论即可解决问题.本题中两个解均满足题意.

**89. 解** 作 $BM \perp AD$ 于点 $M$，$CN \perp AD$ 于点 $N$，在线段 $AD$ 上取点 $F$，使得 $EF = CF$（图 4.141）.

$\therefore \angle CFN = 2\angle DEC = 2\alpha$，$BM \parallel CN$.

$\because D$ 为 $BC$ 的中点，$BM \parallel CN$，

$\therefore BM = CN$，$\angle BEM = \angle CFN$，

$\therefore \text{Rt}\triangle BEM \cong \text{Rt}\triangle CFN$（AAS），

$\therefore BE = CF = EF$.

$\because \angle BAE + \angle ABE = \angle BAE + \angle CAF = \angle BAC = 2\alpha$，

$\therefore \angle ABE = \angle CAF$.

又 $\angle AEB = \angle CFA = 180° - 2\alpha$，

$\therefore \triangle ABE \sim \triangle CAF$（图 4.142），

$\therefore \dfrac{AB}{AC} = \dfrac{AE}{CF} = \dfrac{BE}{AF}$.

设 $AE = a$，$BE = CF = EF = 1$.

$\therefore a = \dfrac{1}{a+1} \Rightarrow a = \dfrac{\sqrt{5}-1}{2}$（负值舍去），

$\therefore \dfrac{AB}{AC} = a = \dfrac{\sqrt{5}-1}{2}$.

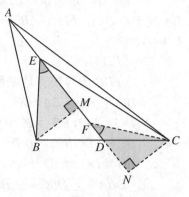

图 4.141

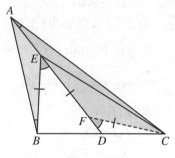

图 4.142

**思路点拨**

本题的关键在于构造"一线三等角"相似三角形. 据题意，在 $AD$ 上有两个等角，那么当务之急是构造第三个等角，于是在线段 $AD$ 上取点 $F$，使得 $EF = CF$. 有了这一步，还差一个等量关系. 不难发现，若过点 $B$、$C$ 分别作 $AD$ 的垂线，则 $BM = CN$，进而得出 $BE = CF$. 有了这样的数量关系，利用相似的性质即可解题. 对于两个变量的比值问题，可以设其中一个变量为 1，不必设两个未知数，这样可以减少计算量.

**90.**（1）探究结论：$k \cdot \tan\alpha = \tan\beta$.

**证** $\because \dfrac{S_{\triangle DFG}}{S_{\triangle DEG}} = k = \dfrac{FG}{EG} = \dfrac{S_{\triangle FGB}}{S_{\triangle BGE}}$（图 4.143），

$\therefore \dfrac{S_{\triangle DFG} + S_{\triangle FBG}}{S_{\triangle DEG} + S_{\triangle BGE}} = k = \dfrac{S_{\triangle DFB}}{S_{\triangle DBE}}$.

$\because \angle FDE = \angle EBF = 90°$，

$\therefore E$、$D$、$F$、$B$ 四点在以 $EF$ 为直径的圆上，

$\therefore \angle EFB = \angle EDB = \alpha$.

作 $DM \perp AB$ 于点 $M$，$DN \perp BC$ 于点 $N$（图 4.144）.

$\because AD = DC$，

$\therefore AM = DN$，

$\therefore \tan\beta = \dfrac{DM}{AM} = \dfrac{DM}{DN}$.

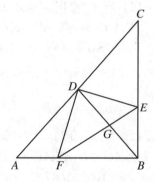

图 4.143

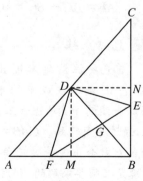

图 4.144

∴ $\dfrac{S_{\triangle DFB}}{S_{\triangle DBE}} = \dfrac{DM \cdot BF}{DN \cdot BE} = \tan\beta \cdot \dfrac{1}{\tan\alpha}$,

∴ $k \cdot \tan\alpha = \tan\beta$.

(2) **解** ∵ $AB = 8, BC = 6$,

∴ $\tan\beta = \dfrac{3}{4}$.

∵ $k = \dfrac{3}{2}$,

∴ $\tan\alpha = \dfrac{1}{2} = \tan\angle EFB = \dfrac{BE}{BF}$.

作 $DP \perp DB$ 交 $AB$ 于点 $P$(图 4.145).

∵ $\angle PDF + \angle FDB = \angle EDB + \angle FDB = 90°$,

∴ $\angle PDF = \angle EDB$.

又四边形 $DFBE$ 为圆的内接四边形,

∴ $\angle DFP = \angle DEB$,

∴ $\triangle DFP \sim \triangle DEB$(AA),

∴ $\dfrac{PF}{BE} = \dfrac{DP}{DB} = \tan\angle DBA$.

∵ $BD$ 为斜边上的中线,

∴ $AD = BD = 5$,

∴ $\angle DBA = \angle A = \beta$,

∴ $\dfrac{PF}{BE} = \tan\beta = \dfrac{3}{4}$,

∴ $\cos\angle DBA = \dfrac{4}{5}$.

∵ $BP \cdot \cos\angle DBA = BD$,

∴ $BP = \dfrac{25}{4}$.

设 $PF = 3a$,则 $BE = 4a, BF = 8a$.

∴ $3a + 8a = \dfrac{25}{4} \Rightarrow 4a = \dfrac{25}{11}$,

∴ $BE = \dfrac{25}{11}$.

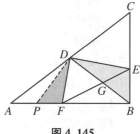

图 4.145

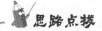
**思路点拨**

第一问的结论是解决第二问的关键.利用等比的性质可以确定 $k = \dfrac{S_{\triangle DFB}}{S_{\triangle DBE}} = \dfrac{DM \cdot BF}{DN \cdot BE}$,这样一来,似乎柳暗花明.不难发现 $E$、$D$、$F$、$B$ 四点共圆,则有 $\dfrac{BF}{BE} = \dfrac{1}{\tan\alpha}$,又 $\dfrac{DM}{DN} = \tan\beta$,三者之间的数量关系就明朗了.第二问在第一问的基础上有所拓展.利用第一问的结论为第二问创造解题条件,构造 $\triangle DFP \sim \triangle DEB$ 是解决问题的核心手段.

91. 解 (1) 连接 $PC$,作 $PH \perp CE$ 于点 $H$(图 4.146).

∵ 四边形 $ABCD$ 为菱形,点 $P$ 在对角线 $BD$ 上,

∴ $\begin{cases} AB = BC \\ \angle ABP = \angle CBP, \\ BP = BP \end{cases}$

∴ $\triangle ABP \cong \triangle CBP$(SAS),

∴ $AP = CP = PE, \angle APB = \angle CPB$,

∴ $\angle CPH = \angle EPH$,

∴ $\angle APE = 2(\angle BPC + \angle CPH) = 2\angle BPH$.

∵ $\angle ABC = 60°$,

∴ $\angle PBC = 30°$,

∴ $\angle BPH = 60°$,

∴ $\angle APE = 120°$.

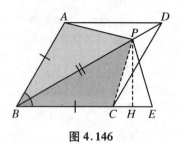

图 4.146

(2) 连接 $FE$、$AE$(图 4.147).

∵ $FG$ 垂直平分 $BE$,

∴ $FB = FE$,

∴ $\angle FEB = \angle FBE = 30°$,

∴ $\angle PFE = \angle ABE = 60°$.

∵ $AP = EP, \angle APE = 120°$,

∴ $\angle PAE = \angle PEA = 30°$,

∴ $\angle FEP = \angle PEA + \angle FEA = 30° + \angle FEA, \angle BEA = \angle BEF + \angle FEA = 30° + \angle FEA$,

∴ $\angle FEP = \angle BEA$,

∴ $\triangle FEP \sim \triangle BEA$(AA),

∴ $\dfrac{PF}{AB} = \dfrac{FE}{BE}$.

∵ $\angle FEG = 30°, FG \perp BE, BG = GE$,

∴ $\dfrac{FE}{BE} = \dfrac{FE}{2GE} = \dfrac{1}{\sqrt{3}}$,

∴ $\dfrac{PF}{AB} = \dfrac{\sqrt{3}}{3}$.

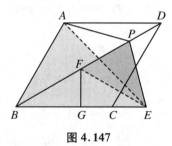

图 4.147

(3) 连接 $AC$,作 $AN \perp BE$ 于点 $N$(图 4.148).

∵ $\angle CME = 45°, \angle MCE = \angle ABC = 60°$,

∴ $\angle MEC = 75°$.

∵ $\angle PEA = 30°$,

∴ $\angle AEB = 75° - 30° = 45°$,

∴ $\triangle ANE$ 为等腰直角三角形,

∴ $AN = NE$.

∵ $\triangle ABC$ 为等边三角形,

∴ $\dfrac{BN}{AN} = \dfrac{1}{\sqrt{3}}$.

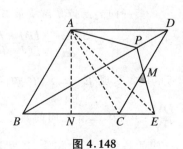

图 4.148

设 $BN=NC=k$,则 $AN=NE=\sqrt{3}k$,$BC=2k$.

∴ $CE=NE-NC=(\sqrt{3}-1)k$,

∴ $\dfrac{CE}{BC}=\dfrac{\sqrt{3}-1}{2}$.

**思路点拨**

第一问主要考查全等三角形,利用全等的性质可知 $\angle APE=2\angle BPH$,从而解决问题.

第二问主要考查相似三角形,通过构造 $\triangle FEP \backsim \triangle BEA$ 可知 $\dfrac{PF}{AB}=\dfrac{FE}{BE}$.

第三问主要考查 75°角和解直角三角形.75°角也是中考高频考点,一般都是分割成 45°和 30°来解决问题.

92. **解** 作 $CF/\!/BD$ 交 $AB$ 的延长线于点 $F$,$FG\perp CE$ 交 $CE$ 的延长线于点 $G$(图4.149).

∵ $CF/\!/BD$,$CD=ED$,

∴ $BD$ 为 $\triangle EFC$ 的中位线,

∴ $BF=BE$,$\angle GCF=\angle BDE=30°$,

∴ $GF=BD=\dfrac{1}{2}FC$.

设 $BF=BE=x$,则 $AF=1+x$.

∵ 在 $Rt\triangle ACF$ 中,$FC^2=AC^2+AF^2$,

∴ $FC=\sqrt{x^2+2x+2}$,

∴ $GF=BD=\dfrac{\sqrt{x^2+2x+2}}{2}$.

∵ 在 $Rt\triangle ACE$ 中,$EC^2=AE^2+AC^2$,

∴ $EC=\sqrt{(1-x)^2+1^2}=\sqrt{x^2-2x+2}$.

∵ 易证 $\triangle GFE \backsim \triangle ACE$(AA),

∴ $\dfrac{GF}{AC}=\dfrac{FE}{CE}$,

∴ $\dfrac{\sqrt{x^2+2x+2}}{2}\cdot\sqrt{x^2-2x+2}=2x$,

∴ $x^2+2=2\sqrt{5}x$(负值舍去),

∴ $x=\sqrt{5}\pm\sqrt{3}$.

∵ $BE<AB=1$,

∴ $BE=\sqrt{5}-\sqrt{3}$.

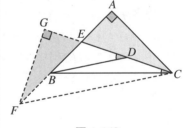

图4.149

**思路点拨**

本题的突破口在于如何利用 D 为 CE 的中点和 ∠BDE = 30° 这两个条件. 首先由中点想到中位线, 利用中位线转化几何元素, 将 ∠BDE 转化到 ∠ECF 中, 这是关键的一步. 接下来构造斜 8 字型相似三角形, 图形中关键线段的长度都可以用 BE 来表示, 那么方程就建立起来了, 即可求解.

93. 解 (1) ∵ $BH = HF$(图 4.150),

∴ $\angle HBF = \angle HFB$.

设 $\angle HBF = \angle HFB = \beta$.

∴ $\alpha + \beta = \angle ABD = 45°$,

∴ $\angle AFE = \angle ABF + \angle BAF = \alpha + \beta = 45°$,

∴ $\angle AFD = \angle AFE + \angle EFD = 45° + \beta$.

∵ $\angle FAD = 90° - \alpha = 45° + \beta$,

∴ $\angle AFD = \angle FAD$,

∴ $AD = FD = AB$.

设 $BH = HF = 1$, $AD = FD = AB = x$.

∴ $AH = x - 1$, $HD = x + 1$.

∵ 在 Rt△AHD 中, $HD^2 = AD^2 + AH^2$,

∴ $(x+1)^2 = x^2 + (x-1)^2 \Rightarrow x = 4$,

∴ $\dfrac{BH}{HD} = \dfrac{1}{5}$.

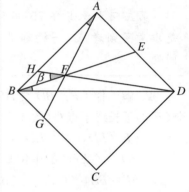

图 4.150

(2) 延长 CD、BE 交于点 Q, 作 $EM \perp BD$ 于点 M(图 4.151).

∵ $CQ \parallel AB$,

∴ $\angle ABF = \angle Q = \beta = \angle QFD$,

∴ $FD = QD = AD = AB$,

∴ $\dfrac{AB}{DQ} = \dfrac{AE}{DE} = 1$,

∴ $ED = AE$.

∵ △EMD 为等腰直角三角形,

∴ $EM = MD = \dfrac{ED}{\sqrt{2}}$.

设 $AD = 4k$.

∴ $ED = 2k$, $EM = MD = \sqrt{2}k$,

∴ $BD = 4\sqrt{2}k$, $BM = BD - MD = 3\sqrt{2}k$,

∴ $\tan\alpha = \dfrac{EM}{BM} = \dfrac{1}{3}$.

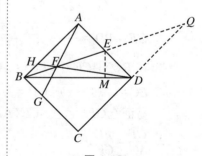

图 4.151

## 思路点拨

第一问的关键在于证明 $\angle AFD = \angle FAD$，继而得到 $AD = FD = AB$，从而在 $\mathrm{Rt}\triangle AHD$ 中利用勾股定理解得 $\dfrac{BH}{HD} = \dfrac{1}{5}$。第二问利用第一问的结论，通过平行线转化几何元素，容易得到 $ED = AE$，这就为计算 $\tan\alpha$ 创造了有利的条件。

**94. 解** (1) ∵ $\angle EBC = 2\angle ECD = 2\alpha$（图 4.152），

∴ $\angle BCE = 90° - \alpha$，

∴ $\angle BEC = 180° - 2\alpha - (90° - \alpha) = 90° - \alpha$，

∴ $\angle BCE = \angle BEC$，

∴ $BE = BC$。

设 $BF = AB = x$，则 $BE = BC = AD = x + 9$。

∴ $AE = AD - ED = x + 7$。

∵ 在 $\mathrm{Rt}\triangle ABE$ 中，$BE^2 = AB^2 + AE^2$，

∴ $(x+9)^2 = x^2 + (x+7)^2 \Rightarrow x^2 - 4x - 32 = 0$，

∴ $(x+4)(x-8) = 0$，

∴ $AB = CD = 8$，

∴ $\tan\alpha = \dfrac{ED}{CD} = \dfrac{1}{4}$。

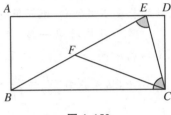

图 4.152

(2) 连接 $BM$（图 4.153）。

∵ $BE = BC$，

∴ $BM \perp EC$。

∵ $\angle BAE = 90°$，

∴ $A$、$B$、$M$、$E$ 四点在以 $BE$ 为直径的圆上，

∴ $\angle BAP = \angle MEP$。

又 $\angle APB = \angle EPM$，

∴ $\triangle BAP \backsim \triangle MEP$（AA），

∴ $\dfrac{AB}{ME} = \dfrac{AP}{EP} = \dfrac{BP}{PM}$。

∵ $ED = 2$，$AB = CD = 8$，

∴ $CE = 2\sqrt{17}$，$EM = \sqrt{17}$，

∴ $AP = \dfrac{8}{\sqrt{17}} PE$，$PM = \dfrac{\sqrt{17}}{8} BP$，

∴ $\dfrac{AP}{PM} = \dfrac{64}{17} \cdot \dfrac{PE}{BP}$。

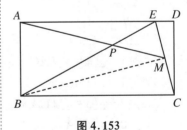

图 4.153

延长 $AM$、$BC$ 交于点 $F$（图 4.154）。

∵ $EM = CM$，$AE \parallel CF$，

∴ $\triangle AME \cong \triangle FMC$（AAS），

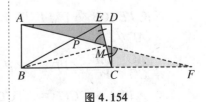

图 4.154

$\therefore CF = AE = 15$,

$\therefore BF = BC + CF = 32$,

$\therefore \dfrac{PE}{BP} = \dfrac{AE}{BF} = \dfrac{15}{32}$,

$\therefore \dfrac{AP}{PM} = \dfrac{64}{17} \times \dfrac{15}{32} = \dfrac{30}{17}$.

### 思路点拨

第一问较简单.通过导角我们发现 $BE=BC$,这是解决本题的关键,没有这个等腰条件,下面的一系列手段都无法施展.得到等腰以后,利用勾股定理求解相关线段的长度不成问题,继而解得 $\tan\alpha$.

第二问相对难一些.根据 $M$ 为 $EC$ 的中点,连接 $BM$,利用两个直角三角形共斜边可以判定 $\triangle BAP \backsim \triangle MEP$,从而得到 $\dfrac{AP}{PM} = \dfrac{64}{17} \cdot \dfrac{PE}{BP}$.那么欲求 $\dfrac{AP}{PM}$,只需求 $\dfrac{PE}{BP}$,显然 $\dfrac{PE}{BP}$ 与平行线相关.最后利用平行线分线段成比例定理解决难题.

95. 解 $\because \triangle ABG \backsim \triangle BCG$(图 4.155),

$\therefore \dfrac{S_{\triangle ABG}}{S_{\triangle BCG}} = \dfrac{AB^2}{BC^2}$.

$\because \dfrac{S_{\triangle ABG}}{S_{\triangle BCG}} = \dfrac{AG}{CG}, AD = BC$,

$\therefore \dfrac{AB^2}{AD^2} = \dfrac{AG}{CG}$.

$\because \angle 1 + \angle 4 = \angle FAC + \angle 4 = 90°$,

$\therefore \angle 1 = \angle FAC$.

$\because \angle 2 + \angle 3 = \angle FCA + \angle 3 = 90°$,

$\therefore \angle 2 = \angle FCA$.

$\because GE$ 为 $\text{Rt}\triangle AGB$ 斜边上的中线,

$\therefore GE = BE$,

$\therefore \angle 1 = \angle 2$,

$\therefore \angle FAC = \angle FCA$,

$\therefore AF = CF$.

延长 $FE$、$CB$ 交于点 $P$(图 4.156).

$\because AF // PC$,

$\therefore \dfrac{AG}{CG} = \dfrac{AF}{PC}, \angle PFA = \angle P$.

$\because \angle PFA + \angle CFD = \angle FCD + \angle CFD = 90°$,

$\therefore \angle P = \angle FCD$,

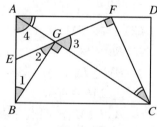

图 4.155

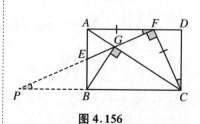

图 4.156

$$\therefore \frac{AG}{CG} = \frac{FC}{PC} = \sin P = \sin \angle FCD.$$

令 $AE = BE = 1, AF = FC = x$.

$\therefore DC = 2, FD = \sqrt{x^2 - 4}.$

$\because \tan \angle AFE = \tan \angle FCD,$

$\therefore \dfrac{1}{x} = \dfrac{\sqrt{x^2 - 4}}{2} \Rightarrow x^2 = 2 + 2\sqrt{2},$

$\therefore FD = \sqrt{2\sqrt{2} - 2}, FC = \sqrt{2 + 2\sqrt{2}},$

$\therefore \sin \angle FCD = \sqrt{2} - 1,$

$\therefore \dfrac{AB^2}{AD^2} = \sqrt{2} - 1.$

### 思路点拨

本题条件非常少,难度较大.由 $\dfrac{AB^2}{AD^2}$ 联想到面积比等于相似比的平方.可以先将线段的平方比转化为面积比,再通过相似三角形转化为线段比.沿着这个思路去做,可得 $\dfrac{AB^2}{AD^2} = \dfrac{AG}{CG}$.此时,似乎身处绝境.题目的条件很少,只有一个数量关系——$E$ 为 $AB$ 的中点.显然,仅凭这一个条件解决本题是不够的,那么我们必须进一步寻求等量关系.通过导角,我们发现 $AF = CF$.这样一来,借助平行线将 $\dfrac{AG}{CG}$ 转化为 $\dfrac{FC}{PC}$,从而有 $\sin P = \sin \angle FCD$,这就为我们解决问题创造了有利的条件,使得绝处又逢生.由于本题要求的是比值关系,不需要设两个未知量,可以设 $AE = BE = 1$,使得计算量减少很多.

96. **解** 连接 $AE$(图 4.157).

$\because AC$ 为 $\odot O$ 的直径,

$\therefore AE \perp BC.$

在 Rt$\triangle ABE$ 中,由勾股定理得 $AE = 12$.

在 Rt$\triangle ACE$ 中,由勾股定理得 $AC = 13$.

连接 $AF$.

$\because$ 四边形 $AECF$ 为 $\odot O$ 的内接四边形,

$\therefore \angle EAF + \angle ECF = 180°.$

$\because AD \parallel BC,$

$\therefore \angle D + \angle ECF = 180°,$

$\therefore \angle D = \angle EAF.$

又 $\angle AEF = \angle DCA,$

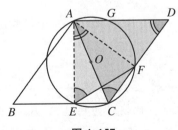

图 4.157

∴ △AEF ∽ △DCA(AA),

∴ $\dfrac{AE}{DC} = \dfrac{EF}{AC}$,

∴ $EF = \dfrac{52}{5}$.

本题是一道经典的压轴小题,涉及的知识点有:直径所对的圆周角为直角,勾股定理,圆周角定理,相似三角形的判定定理.

首先连接 AE,利用勾股定理可求得 AE、AC,这两条线段是相当关键的.再连接 AF,利用圆的内接四边形的性质和圆周角定理可判定 △AEF ∽ △DCA.这样一来,问题就解决了.

97. **解** 取 AD 的中点 M,BC 的中点 N,连接 MN(图 4.158).

∵ ∠BAC = ∠BDC = 90°,

∴ A、B、C、D 四点在以 BC 为直径的 ⊙N 上.

由垂径定理知 MN 垂直平分 AD.

取 BD 的中点 P,连接 PM、PN.

∴ $PN \underline{\underline{\parallel}} \dfrac{1}{2}DC, PM \underline{\underline{\parallel}} \dfrac{1}{2}AB \underline{\underline{\parallel}} \dfrac{1}{2}DE$,

∴ $\dfrac{PM}{DE} = \dfrac{PN}{DC} = \dfrac{1}{2}$,

∴ $\dfrac{PM}{PN} = \dfrac{DE}{DC}$.

又 ∠MPN = ∠EDC,

∴ △MPN ∽ △EDC,

∴ EC = 2MN.

连接 DN.

在 Rt△MND 中,由勾股定理得 $MN = \sqrt{7}$.

∴ $CE = 2\sqrt{7}$.

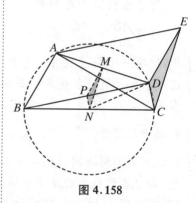

图 4.158

比较容易判定 A、B、C、D 四点共圆,但是 CE 在圆外.无法利用圆的相关知识求解,那么我们可以通过构造中位线,利用平行法将线段 CE 缩小为一半,将目标线段转移到圆内.这样所学的知识就有用武之地了.利用相似的性质与勾股定理轻松解题.

98. **解** 延长 $AB$ 至点 $E$，使得 $BE = 2AC$，连接 $DE$（图 4.159）.

∴ $AE = 2AC + AB = 6$.

∵ $ABDC$ 为圆的内接四边形，

∴ $\angle ACD = \angle EBD$.

∴ $\dfrac{CD}{BD} = \dfrac{AC}{BE} = \dfrac{1}{2}$，

∴ $\dfrac{CD}{AC} = \dfrac{BD}{BE}$，

∴ $\triangle ACD \sim \triangle EBD$，

∴ $ED = 2AD, \angle CDA = \angle BDE$.

作 $EF \perp AD$ 交 $AD$ 的延长线于点 $F$（图 4.160）.

∵ $\angle CDA = \angle BDE$，

∴ $\angle CDA + \angle ADB = \angle BDE + \angle ADB$，

∴ $\angle CDB = \angle ADE$.

∵ $\angle CAB + \angle CDB = 180°, \angle FDE + \angle ADE = 180°$，

∴ $\angle CAB = \angle FDE$.

设 $DF = x$，则 $DE = 4x, AD = 2x$.

∴ $AF = 3x, EF = \sqrt{15}x$.

∵ 在 Rt$\triangle AFE$ 中，$AF^2 + EF^2 = AE^2$，

∴ $9x^2 + 15x^2 = 36 \Rightarrow x = \sqrt{\dfrac{3}{2}}$，

∴ $AD = 2x = \sqrt{6}$.

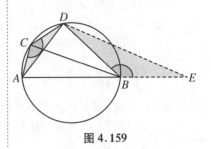

图 4.159

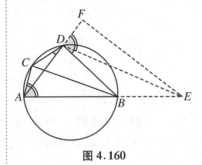

图 4.160

**思路点拨**

题设条件中有明显的截长补短的暗示，那么我们延长 $AB$ 至点 $E$，使得 $BE = 2AC$，就得到定长 $AE$，这是比较关键的数量关系．同时不难发现 $\triangle ACD \sim \triangle EBD$．有了这个结论，问题的焦点就是求解 $AD$．利用角度之间的数量关系，我们构造直角三角形，发现 $\angle CAB = \angle FDE$，此时问题明朗化，即可轻松解题．

99. **解** (1) ∵ $ED$ 为正 $\triangle ABC$ 的中位线（图 4.161），

∴ $ED \parallel BC, AE = BE$，

∴ $\triangle AED$ 为正三角形，

∴ $\angle 1 + \angle 2 = 60°$.

∵ $AFBC$ 为 $\odot O$ 的内接四边形，

∴ $\angle AFB + \angle ACB = 180°$，

∴ $\angle AFB = 120°$，

∴ $\angle 1 + \angle 3 = 60°$，

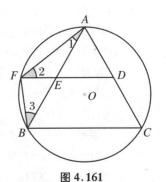

图 4.161

∴ ∠2 = ∠3,
∴ △ABF∽△AFE(AA),
∴ $AF^2 = AE \cdot AB$.
设 $AB = 2$,则 $AE = AD = ED = 1$.
∴ $AF = \sqrt{2}$,
∴ $\dfrac{BF}{EF} = \dfrac{AB}{AF} = \sqrt{2}$.

(2) ∵ ∠ADF = ∠FEB = 60°, ∠2 = ∠3,
∴ △FEB∽△ADF(图 4.162),
∴ $\dfrac{EF}{AD} = \dfrac{BE}{DF} = \dfrac{BF}{AF}$.

设 $EF = a$.

∴ $a = \dfrac{1}{1+a} \Rightarrow a = \dfrac{\sqrt{5}-1}{2}$(负值舍去),

∴ $\dfrac{BF}{AF} = a = \dfrac{\sqrt{5}-1}{2}$.

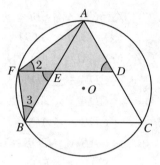

图 4.162

**思路点拨**

本题求两条线段的比值,由此自然联想到相似.第一问中不难发现△ABF∽△AFE,这是典型的共边相似,再结合线段之间的数量关系,可知 $\dfrac{BF}{AF} = \sqrt{2}$.第二问在第一问的基础上有所拓展,只要把握住△FEB∽△ADF,即可大功告成.

100. 证 (1) 连接 AD(图 4.163).
∵ ∠CAD = ∠CED, ∠BAD = ∠BCD = ∠ACD,
∴ ∠CED = ∠CAD = ∠CAB + ∠BAD = ∠CAB + ∠ACD.
∵ ∠AND = ∠CAB + ∠ACD,
∴ ∠AND = ∠CED.

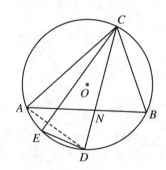

图 4.163

(2) 设 ∠BDC = α, ∠DBE = β.
∴ ∠BDC = ∠CAB = ∠CEB = α, ∠DBE = ∠ECD = β.
∵ AB 为 ⊙O 的直径,CD 平分∠ACB(图 4.164),
∴ ∠DCB = ∠DEB = 45°,
∴ ∠CED = α + 45°,
∴ ∠CDE = 180° − β − (α + 45°) = 135° − (α + β).
∵ 2∠BDC = 90° − ∠DBE,即 α + β = 90° − α,
∴ ∠CDE = 135° − (90° − α) = 45° + α,
∴ ∠CDE = ∠CED,
∴ CD = CE.

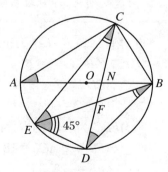

图 4.164

(3) 在 $BE$ 上取点 $M$，使得 $BD = BM$（图 4.165）．

∴ $ME = BE - BD = 4$．

∵ △$CED$ 与 △$BMD$ 均为等腰三角形，且顶角相等，

∴ $\angle CDE = \angle BDM$，

∴ $\angle MDE = \angle BDC$，

∴ △$EMD \backsim$ △$CBD$（AA），

∴ $\dfrac{EM}{BC} = \dfrac{ED}{CD} = \dfrac{2}{\sqrt{10}}$．

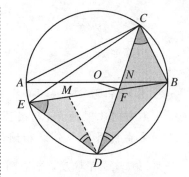

图 4.165

作 $CH \perp ED$ 于点 $H$，$EG \perp CD$ 于点 $G$（图 4.166）．

∴ $EH = HD$，$EG \cdot CD = CH \cdot ED$．

设 $ED = 2k$．

∴ $CD = CE = \sqrt{10}k$，$HD = EH = k$，

∴ $CH = 3k$，$EG = \dfrac{6}{\sqrt{10}}k$，

∴ $\sin \angle ECD = \dfrac{EG}{CE} = \dfrac{3}{5}$．

作 $DP \perp BE$ 于点 $P$，连接 $AD$（图 4.167）．

∵ $\angle ECD = \angle EBD$，

∴ $\sin \angle PBD = \dfrac{3}{5}$．

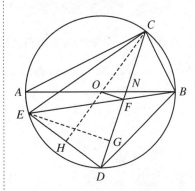

图 4.166

设 $BD = 5x$，则 $BP = 4x$，$PD = PE = 3x$．

∴ $BE = 7x$，

∴ $BE - BD = 2x = 4$，

∴ $BD = 10$，$BE = 14$．

∵ 易证△$ADB$ 为等腰直角三角形，

∴ $AB = 10\sqrt{2}$，

∴ $AC = 4\sqrt{10}$，

∴ $\tan \angle CAB = \dfrac{BC}{AC} = \dfrac{1}{2}$．

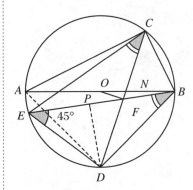

图 4.167

由(2)可知 $\angle CDE = 45° + \angle CAB$，

∴ $\angle PDF = \angle CAB$（图 4.168），

∴ $PF = \dfrac{1}{2}PD = 3$，

∴ $EF = PE + PF = 9$．

连接 $AE$，作 $OQ \perp BE$ 于点 $Q$（图 4.169）．

∴ $EQ = BQ = 7$，

∴ $QF = 2$．

在 Rt△$AEB$ 中，$AB = 10\sqrt{2}$，$BE = 14$，

∴ $AE = 2$．

∵ $OQ$ 为 Rt△$AEB$ 的中位线，

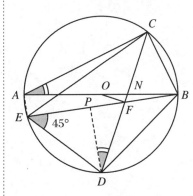

图 4.168

∴ $OQ = \dfrac{1}{2}AE = 1$,

∴ $OF = \sqrt{5}$.

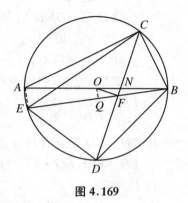

图 4.169

### 思路点拨

第一问比较简单,利用圆周角定理就可以解决.第二问主要利用角平分线和圆周角定理并结合题设条件导角.第三问有难度,首先利用相似的性质解得 $\dfrac{ED}{CD} = \dfrac{2}{\sqrt{10}}$,再利用等面积法解得 $\sin \angle ECD = \dfrac{3}{5}$,继而解 $\triangle BED$,再利用中位线解得 $OQ$.